升级

新场景 新推广 新销售 新招商 新运营
讲 义 要 点

张金　张建疆　编著

中国商业出版社

图书在版编目（CIP）数据

升级：新场景　新推广　新销售　新招商　新运营讲义要点 / 张金, 张建疆编著 . -- 北京：中国商业出版社, 2023.3
ISBN 978-7-5208-2358-6

Ⅰ . ①升… Ⅱ . ①张… ②张… Ⅲ . ①零售业—商业模式—研究 Ⅳ . ① F713.32

中国版本图书馆 CIP 数据核字 (2022) 第 226982 号

责任编辑：孔祥莉

中国商业出版社出版发行
（www.zgsycb.com　100053　北京广安门内报国寺 1 号）
总编室：010-63180647　编辑室：010-63044798
发行部：010-83120835/8286
新华书店经销
三河市天润建兴印务有限公司印刷
*
889 毫米 ×1194 毫米　16 开　25.75 印张　425 千字
2023 年 3 月第 1 版　2023 年 3 月第 1 次印刷
定价：98.00 元
****
（如有印装质量问题可更换）

前言
Preface

这是一本介绍商业地产如何实现互联网化和实体商业如何新零售升级的工具书，从写作到出版经历了5年的时间，这本书之所以拖这么长时间才出版，是基于以下几个原因。

首先，经过国内App平台大战厮杀以后，平台之间变化很大，许多App刚流行就面临淘汰或重组、并购，同时每年又产生很多新的App；相对而言，如今平台大战已经落下帷幕，这是以某知名电商平台罚了35亿元为标志点而落下帷幕。目前，我们很难再出现一个现象级的、以亿级为单位客户储备的App。

其次，也是电商当下的发展结果。现在电商在线上的流量，吸一个粉的成本大约是在300～500元，已经到了发展的瓶颈期；很多流量的费用占了商品本身价值的二分之一，这已经是流量投入的极限，除了局部的一些窄众客群空间还可以往前走，整体的线上引流已经很难向前继续发展。相反，吸粉引流回归到线下实体，线下的流量成本相对便宜，只占线上成本的百分之几。

最后，当前线下实体商业也急需走到线上，实体商业以"品牌+租金"的模式日渐向"流量+转化率"的模式转变。在这样一个转折点和需求背景下，这本书具备了出版条件。同时，也希望在接下来十几年的商业发展历程中，这本书有相对长的一个生命周期，以方便大家操作、学习和应用。因此，拖

升级
新场景 新推广 新销售 新招商 新运营讲义要点

延修改的时间达5年之久。

本书不同于以前的同类书籍，采用了PPT+文稿的表达方法，以讲义的写作手法来呈现内容，旨在方便读者快速阅读。

由于本书篇幅有限，大部分的内容只是经验之谈。基于个人的认知以及社会发展变化，有些信息或案例在使用时，或许已经过时，在写这本书的时候，我尽量避免这类情况的发生。但由于部分信息更迭迅猛，不尽之处，希望大家谅解。

App平台这个行业未来发展的情况，虽然现象级的App平台在短时间内很难再产生。但是在未来，App行业里面还有三类领域可以产生现象级App。

第一，随着6G时代的到来，VR（元宇宙）领域会形成一个大的App世界。

第二，虚拟社交的放开会形成一个现象级的App世界。现在个人的微信好友规模受限制，一般在5000人以内，放开到几百万、几千万时，会产生新的现象级App。

第三，随着将来的VPN放开，又可以形成一个现象级领域。

我们共同期待那个时候的到来。

受电商和疫情的冲击，众多实体商场经营举步维艰，面临盘活存量商业、升级商业模式的问题，本书从场景、推广、销售、招商、运营五个方面提出升级方法，有效地解决众多商场的困境，为行业从业人员提供了一本很有实操经验和指导价值的工具书，希望能通过此书对你有所帮助。

目录 Coftents

第一章 新零售概论 / 1
第一节 我国商业模式的发展 / 2
第二节 我国电商发展的历程和分类 / 4
第三节 实体商业新零售化的发展历程 / 7
第四节 新零售下的消费者特征及行为变化 / 9
第五节 Z世代的消费行为 / 11
第六节 Z世代的消费标签特征 / 12
第七节 新零售和传统零售的区别 / 16
第八节 新零售的特点 / 19
第九节 新零售的人、货、场关系重构讲解 / 23
第十节 电商的新阶段之一——社交电商 / 30
第十一节 电商的新阶段之二——内容电商 / 34
第十二节 新零售的未来——全渠道新零售 / 37

第二章 新场景升级 / 41
第一节 线上场景的升级意义 / 42

第二节　线下场景的升级意义　/46

第三节　线下场景升级的类型　/51

　　一、爱情主题场景　/51

　　二、怀旧主题场景　/53

　　三、英伦主题场景　/55

　　四、儿童主题场景　/57

　　五、魔幻主题场景　/58

　　六、花园主题场景　/61

　　七、潮酷主题场景　/63

　　八、文艺主题场景　/65

　　九、红色文化主题场景　/68

　　十、科幻主题场景　/71

第四节　各类黑科技在场景中的应用　/73

第五节　场景汇总要点　/80

第三章　新推广应用　/83

第一节　商业地产新零售受众的App应用场景（售楼处+商场）简述　/84

第二节　新媒体各类App平台分类汇总　/86

第三节　微信各生态介绍　/88

　　一、微信生态分类　/88

　　二、微信礼仪　/89

　　三、朋友圈　/92

　　四、视频号　/96

　　五、微信直播间　/99

六、公众号 / 103

七、微信小程序 / 107

八、企业微信 / 115

九、微信社群 / 120

十、微视 / 124

十一、微信LBS / 127

十二、微信生态汇总 / 130

第四节 互联网常用App平台介绍 / 134

一、抖音 / 134

二、快手 / 141

三、B站 / 143

四、百度 / 148

五、知乎 / 151

六、今日头条 / 155

七、微博 / 161

八、小红书 / 167

九、QQ生态 / 174

十、购物类App / 177

十一、音频类 / 182

十二、垂直行业类 / 184

十三、门户资讯类 / 187

十四、其他类 / 190

第五节 各类App里常用媒介 / 198

一、短视频 / 199

二、直播工具 /204

三、图文 /208

四、其他 /213

第六节　新媒体推广和应用策略 /218

第四章　新销售应用 /229

第一节　产品体系 /230

第二节　互联网拓客方法 /233

一、传统销售与新零售下销售渠道的区别 /233

二、互联网拓客——摇一摇 /234

三、互联网拓客——转发裂变 /237

四、互联网拓客——群发 /240

五、互联网拓客——秒杀 /242

六、刮刮卡 /244

七、大转盘 /246

八、社群营销 /248

九、拼多多模式 /251

十、抖音霸屏模式 /254

十一、推介会（会销模式） /256

十二、其他模式 /258

第三节　互联网拓客案场管理方法 /260

第四节　案场管理注意事项 /268

第五章　新招商应用　/ 271

第一节　传统招商和新零售招商的区别　/ 272
第二节　新零售招商的互联网媒介工具　/ 273
第三节　新物种　/ 277
一、购物类业态　/ 280

二、宠物类业态　/ 287

三、娱乐类业态　/ 290

四、文创类业态　/ 295

五、运动健身类业态　/ 298

六、美学类业态　/ 299

七、市集类业态　/ 301

八、其他类业态　/ 302

第四节　新零售实体商场品牌规划简述　/ 305
第五节　新零售下的招商模式　/ 307

第六章　新运营应用　/ 309

第一节　商场消费者行为的四个特征　/ 310
第二节　商场吸粉　/ 314
第三节　线上商城　/ 323
第四节　社群经济　/ 333
第五节　全渠道　/ 342
第六节　全渠道打通　/ 344
第七节　商业地产新零售案例　/ 348

第七章　新零售的未来发展趋势　／355

　　第一节　人工智能　／357

　　第二节　区块链　／364

　　第三节　云计算　／368

　　第四节　大数据　／373

　　第五节　物联网　／379

　　第六节　IP　／382

　　第七节　元宇宙　／386

附件

　　常用专业名词英文缩写之名词解释　／396

　　常用互联网媒介工具栏　／402

第一章 新零售概论

> 在新形势下，传统商业模式受到严重冲击，实体商业面临新的改造和升级，体验式+场景式+互联网的商业模式已经成为发展的主流，即新零售商业模式。

◎ 我国商业模式的发展

◎ 我国电商发展的历程和分类

◎ 实体商业新零售化的发展历程

◎ 新零售下的消费者特征及行为变化

◎ Z世代的消费行为

◎ Z世代的消费标签特征

◎ 新零售和传统零售的区别

◎ 新零售的特点

◎ 新零售的人、货、场关系重构讲解

◎ 电商的新阶段之一——社交电商

◎ 电商的新阶段之二——内容电商

◎ 新零售的未来——全渠道新零售

第一节　我国商业模式的发展

一、我国商业模式的发展历程

在新形势下，我国传统商业模式受电商的冲击，已经不能适应市场需求与变化，实体商业将面临全新的升级改造，体验式+场景式+互联网的商业模式将成为未来商业发展的主流，我们将其称为互联网+商业模式——新零售商业模式。我国商业模式的发展路径：供销社→专业市场→百货商场→购物中心→新零售商业。

图1-1　我国商业模式的发展路径

二、主要商业模式介绍

（一）供销社

供销社，又称为供销合作社，相当于现在的商店，它是计划经济时代下的产物。在当时的农村，一个村或者几个村子才有一个供销社，供销社是社员群众自我服务的组织，自主经营，自负盈亏。在20世纪90年代之前，供销社是在农业合作化过程中，我国农民自愿筹集股金并由国家扶助起来的社会主义合作经济组织，是农村商业的主要形式。它在活跃城乡经济，促进商品流通，扶持农业生产合作社，方便农民群众生活等方面起到重要作用。其主要任务是：根据国家的政策法令，承担国家计划产品的购销任务，供应农业的生产和生活资料，提供市场信息，组织农民发展多种经营，领导和管理农村市场。

（二）专业市场

传统意义上的专业市场是一种以现货批发为主，集中交易某一类商品或者若干类具有较强互补性或替代性商品的场所，是一种以大规模集中交易的坐商式个体户为主的商业模式。专业市场的主要经济功能是通过可共享的规模巨大的交易平台和销售网络，节约中小企业和批发商的交易费用，形成具有强大竞争力的批发价格。专业市场从农村兴起，是传统集贸市场向专业化方向发展的结果。

（三）百货商场

从1852年世界上第一家百货商场Bonmarche（廉价商场）在法国巴黎诞生，百货商场经历了从成长期到成熟期的发展。百货商场的定位是综合化的，以品牌服装为主，包含化妆品、鞋、包、少量餐饮等，发展至今，部分地区的百货商场成为以老年客户为主的购物场所。

（四）购物中心

这种商业集合体内通常包含数十个甚至数百个服务场所，业态涵盖大型综合超市、专业店、专卖店、饮食店、杂品店以及娱乐健身休闲场所等。

购物中心是20世纪50年代以来在西方国家兴起的一种商业组织形式。开发者根据实际需要，经统一规划、设计，将多种零售店铺、服务设施集中在一个建筑物内或区域内，向消费者提供综合性服务的商业集合体。所有承租的商店共同使用公共设施，也分担公共支出，彼此既互相联系，又相互竞争。

我国的购物中心从2000年左右开始兴起，主要是以万达广场为代表的一大批购物中心，其中现在以华润万象汇、中粮大悦城为翘楚。

（五）新零售商业

新零售，即以消费者为中心，围绕消费升级的需求，通过云计算、大数据、人工智能等基础设施建设，对零售的人、货、场要素进行重构，进而实现升级用户体验、降本增效的零售目标。简而言之，新零售就是吃、喝、玩、乐、购+线上线下一体化，即线上线下和物流结合在一起。

第二节　我国电商发展的历程和分类

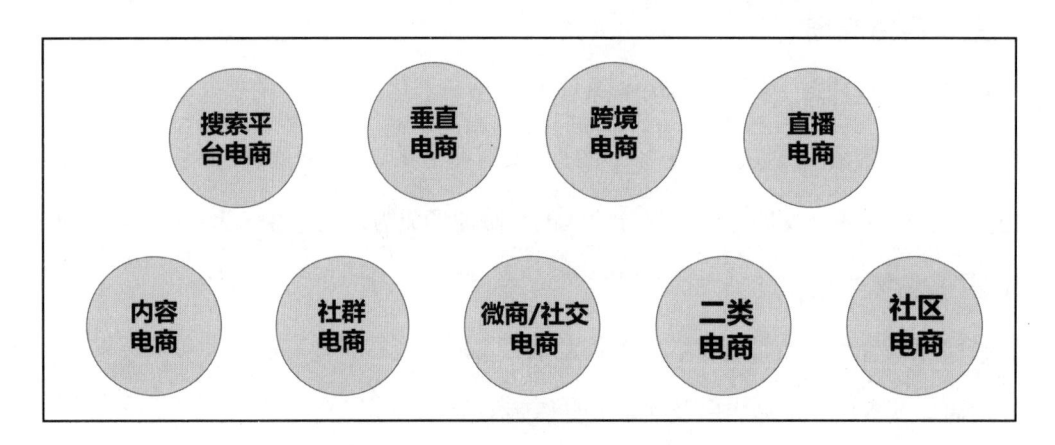

图1-2　电子商务的分类

一、电子商务的分类

我国电子商务主要分为搜索平台电商、垂直电商、跨境电商、直播电商、内容电商、社群电商、微商/社交电商、二类电商、社区电商等。

二、各类电子商务介绍

（一）搜索平台电商

淘宝、天猫、京东等都属于搜索平台电子商务模式。以平台汇集流量，然后以低价、坑位费等分发售卖流量。用户在使用搜索平台电商时，可以慢慢阅读产品图文详情，有足够的时间浏览产品。

（二）垂直电商

垂直电商是指在某一个行业或细分市场深化运营的电子商务模式。对于垂直电商品类，一般是前10%的畅销品贡献80%的销售额。如今垂直电商从采购供应链到进销存，都没有能与平台电商产生核心区别，于是很多倒在全品类化的路上。现在著名的垂直电商有叮当买药、每日优鲜等。

（三）跨境电商

跨境电商是指分属不同关联的交易主体，通过电子商务平台达成交易、进行支付结算，并通过跨境物流送达商品、完成交易的电子商务平台和在线交易平台。跨境电子商务不仅冲破了国家间的障碍，使国际贸易走向无国界贸易，同时也引起世界经济贸易的巨大变革。

（四）直播电商

直播电商是一种购物方式，主要以抖音、快手、视频号等直播平台为代表。一般用户在直播间很快能做出购买决定，转化的时间特别短，快手直播平台目前做得很好。

（五）内容电商

内容电商的内容主要包括视频、图文、音频和直播等形式。内容电商的运营主体包括内容的创造者、内容播放平台、专业的内容制作团队、传统的电商运营商等。因为内容形式的多样化，有利于用户的分享，所以内容电商的传播方式有一对多和多对多两种模式。我们在公众号上经常看到的购物链接就是内容电商的一种形式。

(六)社群电商

社群电商是指借助于社群进行产品交易,以实现商业上的变现。在社群电商模式下,用户被好的内容吸引,聚集成社群,内容的分享是个体与个体之间连接的纽带,为社群的运营提供了持久力。优秀的社群电商会通过服务把兴趣一致的人聚集起来,让他们情愿为大家认可的产品付费。例如主打生鲜的"有好东西"平台。

(七)微商/社交电商

社交电商行业是指基于人际关系网络,利用互联网社交工具,从事商品或服务销售的经营行为。常说的微商就属于社交电商。微商是基于移动互联网,以社交软件为工具、以人为中心、以社交为纽带的新型商业模式。微商=消费者+传播者+服务者+创业者,是电子商务的一种新的衍生模式。它借助社交网站、微信、社交媒介、社群的传播途径,通过社交互动、用户自生内容等手段来辅助商品的购买和销售行为。早期比较出名的是贝店、阿里系的淘小铺以及京东的东小店。

环球捕手曾为社交电商的代表,它主要是基于微信体系,随着微信的月用户数和微信公众号达到量级以后,通过微信形成一个层级代理关系。微商大部分都是以赚快钱为主,以单品打爆市场,七八个月就离场的一种模式。随着流量的增加,很多微商转型为社交电商。我们看到的"云集"靠着这一模式,用3年时间冲入电商第一梯队,成了微信生态估值中仅次于拼多多的电商平台。

(八)二类电商

二类电商是指在天猫、京东等知名电商平台之外独立的产品网站。通过一切可以引流的渠道进行推广,产生订单,一般单品火爆率很高,不受各种电商平台规则限制,广告创意内容和购物车相结合的商品推广形式。

(九)社区电商

社区电子商务和O2O模式的社区电商,都是以社区为服务单位,针对区内居民,以本地化集成服务为理念,满足社区居民消费的一种模式。它可以有效地整合社区闲置资源,通过连锁平台使黏度加强。社区电商是连接电商与消费者的最后一公里，是各大电商抢夺的战场。如出名的水果零售品牌百果园，就主打社区、线上线下一体化。

以上所述仅是现在常见的几种电商。随着社会经济的发展，还会产生新的各种各样的电商。

第三节 实体商业新零售化的发展历程

2010年	2012年	2013年	2014年	2015年	2018年	2022年
·OTO模式	·淘宝、天猫旗舰店	·1688.com	·电商物流园	·新零售、智慧零售App	·微店 ·新零售商业开始起步	新零售商业全面开花

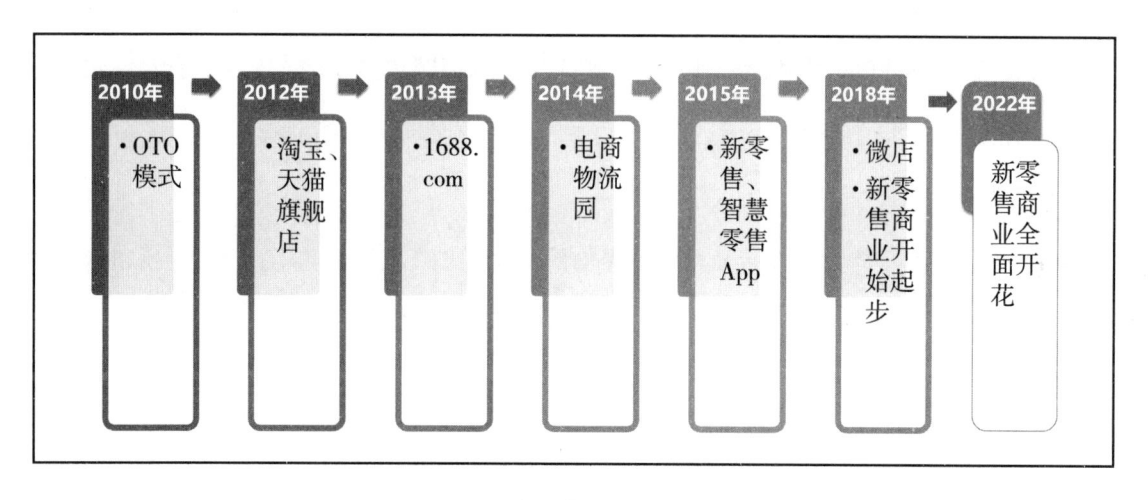

图1-3 新零售化的发展历程

一、新零售化的发展历程

（一）2010年

2010年，OTO模式刚刚兴起，淘宝、天猫"双十一"的销售额为191亿元。当时的OTO模式就是给线下实体商家在淘宝网上开一个线上网店。为了推广此种模式，淘宝平台推出了一系列教程，如培训怎么开网店、做流程、做网页等。

（二）2012年

2012年，淘宝、天猫"双十一"销售额为900多亿元。这个阶段个人在淘宝、天猫上做网店，效果较差，浏览量很少。相较个人，诚信通则卖得比较火，实体商场在淘宝、天猫上注册一家商城，把它作成旗舰店模式。旗舰店可帮助线下各商家、商户提升品牌价值，获得更多订单。

（三）2013年

2013年，主要做1688.com，在1688产业带，包括淘宝、天猫店等都在1688上做产业带。事实上，1688产业带模式现在已初具规模。例如，卖翡翠的基本集中在广东四会；中低端服装集中在山东临沂，通过快手直播来销售。

（四）2014年

2014年，1688的电商物流园产业兴起，整个电商物流园包括库房、仓储、打包、物流配送等。现在某些城市的电商物流园运营起来了，但大部分物流园运营状况堪忧。

（五）2015年

2015年，很多实体商场开始开发独立界面的App，比如万达的飞凡。但因为手机容量的问题，很多人都不下载App，所以独立界面的App就慢慢地不流行了。

（六）2018年

到了2018年，微店崛起。微店通过社交裂变等方式在微信上运行，随后小程序开始发力，继而出现小程序商城。小程序商城的出现，一是真正解决了用户黏度的问题，二是解决了交易的问题。从2018年开始，到2020年，小程序打通了整个线上线下，实现了线上线下一体化，再加上企业微信号、服务号、直播等的出现，形成一个大的矩阵，新零售商业全面发展起来。

二、新零售线上线下一体化模式

传统的商业交易模式以实体店铺的线下交易为主导，商场以商铺出租物业收取租金，百货商场以商品扣点、统一收银作为收入，商家以品牌代理商为主，消费者以会员卡模式进行管理。而新零售的商业交易模式是线上线下一体化模式，线上部分，以厂家或是电商零售商直接面对消费者，去掉了品牌代理商；线下则不仅以传统交易为主，还会将线上的消费者从互联网上导流过来。例如，现在很多餐厅来客是通过小红书、美团、大众点评导流过来的。线上导流到线下消费，而线下消费者通过点评、种草、分享、裂变线上客户，这样又可以实现线上的交易。总之，新零售是一种线上吸粉导流，线下交易体验；线下吸粉导流，线上交易，双向吸粉，双向交易，线上线下一体化的新模式。

第四节　新零售下的消费者特征及行为变化

图 1-4　新零售对应的三种消费者（SOMOLO消费者）

一、新零售对应的三种消费者

SO（Social consumer）：社交消费者。

LO（Local consumer）：本地消费者。

MO（Mobile consumer）：移动消费者。

SOLOMO由"Social"（社交的）"Local"（本地的）"Mobile"（移动的）三个单词的

开头两个字母组合而成，连起来就是"社交本地移动"，它代表着未来新零售消费者发展的趋势。

二、新零售下的消费者特征和行为变化

（一）消费特征

在新零售下，人们的生活习惯、上网习惯发生了很大变化，主要表现为四个特征：碎片化、体验经济、情感营销、个性化需求。

1. 碎片化

碎片化带来的最直接的效应体现在以下两个方面：一是品牌效应逐渐减弱，面对碎片化的消费者，某些品牌接近于神化的作用正在逐渐减弱；二是大众媒体地位迅速衰落，小众媒体和个性化媒体地位极大提升。

2. 体验经济

体验是内在的，存在于个人心中，是个人在形体、情绪、知识上参与的所得。成功的主题体验设计必然能够有效地促进体验经济的发展。

3. 情感营销

消费者在消费购买商品的同时，更看重情感上的满足和心理的认同。情感营销就是从消费者情感需求出发，唤起消费者情感需求与心灵上的共鸣。

4. 个性化需求

随着人们生活水平的提高和消费心理的日趋成熟，个性化需求已经成为消费市场的一大发展趋势，更多的厂家都在根据用户的个性化需求生产适合的产品。但在移动互联网时代，需求只是成交的基础，信任和情感才是决定因素。

（二）消费者的行为变化

在新零售下，消费者的购买路径发生变化，主要表现为：购物前看评论、看推荐、看种

草，然后上网搜索，再下单购买；购买后再评论、推荐，促进裂变。在这个流程中，尤其重视关键意见领袖（KOL）和关键意见消费者（KOC）的意见。

第五节　Z世代的消费行为

- 中国消费者群体变了，Z世代（"95后"）成为消费主力
- Z世代（"95后"）消费者具备七个特点：宅、互联网重度用户、参与感、爱分享、吃货、消费升级、消费降级

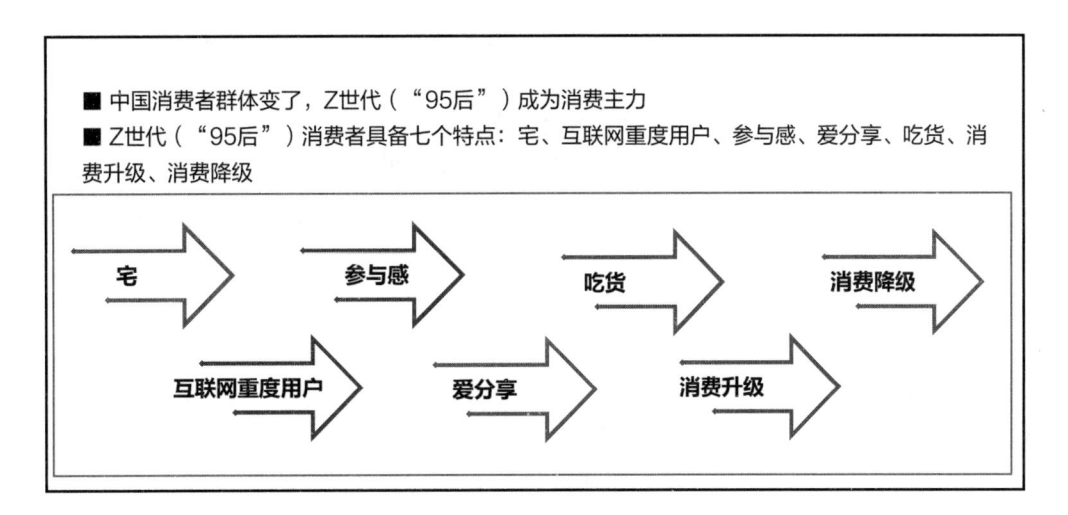

图 1-5　Z世代消费者的特点

中国消费者群体变了，Z世代（"95后"）成为消费主力。

Z世代消费者具备以下7个特点：宅、互联网重度用户、参与感、爱分享、吃货、消费升级、消费降级。

宅：源于他们多为独生子女，从小独立，养成了喜欢独居的习惯。

互联网重度用户：平均使用网络7~8年，每日在线时间超过8小时，习惯在网上下单。

参与感：消费前先看点评，同时参与口碑和粉丝打造。比如，小米抓住这一关键点，让粉丝参与小米硬件的生产、宣传和销售。

爱分享：喜爱分享，自我意识强。分享经济，改变一切，车可以分享(如曹操专车)，房

子可以分享(如途家网),分享可以迅速扩大知名度,提高交易效率,降低宣传成本。

吃货:爱吃不爱做,点外卖风行。目前餐饮门店销售中,30%～60%是外卖订单。

消费升级:一是购物时间更自由。消费者的购物时间碎片化,随着移动端的快速发展,消费者可以随时随地想买就买,不受时间和地点的限制。二是购物地点更随意。随着网络的发展及线上购物体验,电商升级,物流配送快且便捷,消费者的购物需求不单单局限于某一个地方,而是放眼全市、全国、全球。三是购物诉求更清晰。消费者已经不是盲目地逛街,而是有了更清晰的消费目的,或购物,或社交,全在消费者一念之间。四是消费方式及支付方式更多元。随着微信支付和支付宝支付,出门带钱包已经成了过去,线上支付极大方便了人们的生活。五是体现在小众、轻奢、环保等产品内在质量要求上不断提升。

消费降级:主要体现在受疫情和部分行业裁员的影响,部分Z世代出现消费降级,因房贷、车贷等压力使消费行为只集中在基础日常生活,以拼多多等平台的便宜商品为主,注重价格。

第六节 Z世代的消费标签特征

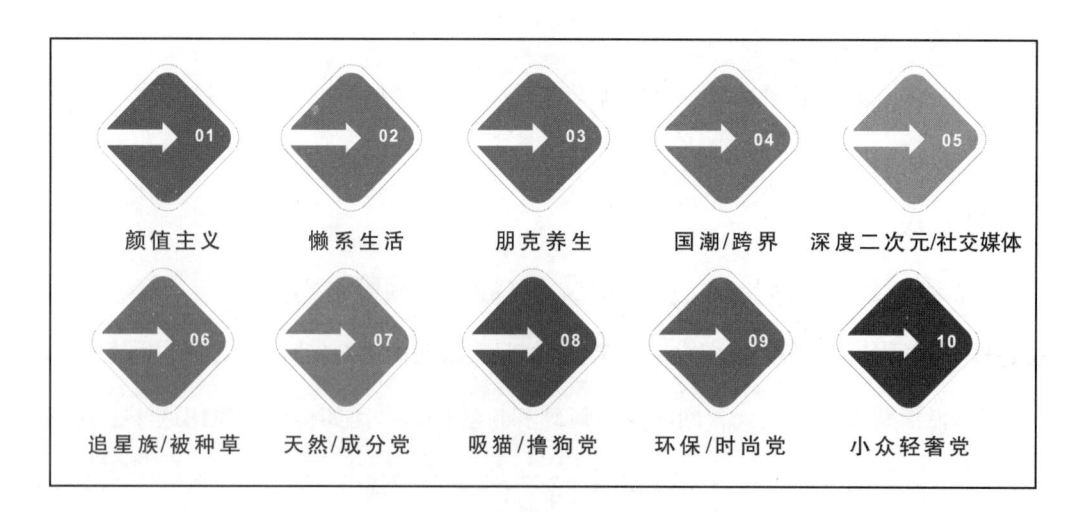

01 颜值主义	02 懒系生活	03 朋克养生	04 国潮/跨界	05 深度二次元/社交媒体
06 追星族/被种草	07 天然/成分党	08 吸猫/撸狗党	09 环保/时尚党	10 小众轻奢党

图1-6 Z世代的消费标签

一、Z世代的消费标签

Z世代有以下10个代表性的消费标签：颜值主义、懒系生活、朋克养生、国潮/跨界、深度二次元/社交媒体、追星族/被种草、天然/成分党、吸猫/撸狗党、环保/时尚党、小众轻奢党。

二、Z世代的社交认同

通过打造共同话题的方式维持社交圈的存在，而打造共同话题最常见的方式，就是消费行为。

利用这种社交认同驱动力的同时，在营销中强调产品的社交分享属性，可以吸引Z世代的注意，也可以快速地在他们的圈子中建立话题，然后通过社交认同驱动力，加速用户的集群与裂变。

三、Z世代人设

Z世代有更加鲜明的个性，追求新鲜事物。互联网企业特别看重消费者习惯的改变。商家在推广前期会通过消费补贴的方式，促使消费者形成新的消费习惯。当习惯养成后，商家会降低或取消补贴，这时商家便可持续赢利了。滴滴打车就是典型的案例，前期烧钱营销，当消费者形成新习惯后，平台便很少给予消费者补贴了。网上不断有特价"爆品"优惠打折的信息，让消费者不断有"占到便宜"的感觉，也是在培养消费习惯。

消费者接受产品的渠道也在发生变化。"60后"看文字，"70后"看图片，"80后"看视频，"90后"看评价，"00后"看直播。时代不同，消费者购买产品的渠道也在发生重大变化。

消费习惯主要有三个方面的深刻变化：一是消费者接收信息和处理信息的方式变了，这是最大变化。二是消费者购买商品的决策要素和决策方式变了，呈现消费升级变化。三是技术变了，更加多元化。原来用PC计算机，现在用手机；原来通过搜索获取信息，现在通过口碑、种草、KOL、KOC、社群等渠道获取更多信息。

四、Z世代的消费标签特征

工业时代是功能商业的时代，拼的是产品的功能、性能、价格。商家生产的产品功能性强、性能稳定、价格低，就能够占据竞争优势，赢得客户。但是移动互联网时代是精神商业的时代，人们购买某个商品，不仅是为了满足功能需求，更主要是满足精神需求和心理需求，人们追求的不仅是吃饱穿暖，更是吃好穿好。

（一）颜值主义

"网红"店比"名牌"店更受跨界营销青睐；越来越多商品的"晒照"价值优先于实用价值。新潮的明星周边、衍生产品、萌系的二次元动漫、复古的文艺风格……可以看出，产品的颜值一定程度上代表着用户的个性，正在成为品牌的新生产力。

（二）懒系生活

Z世代大部分上网时间都超过8个小时，喜欢宅在家里，青睐速食外卖，请小时工打扫房间，喜欢网络社交，部分Z世代喜欢简约生活、佛系生活。

（三）朋克养生

Z世代注重养生，健康饮食、每周健身、定期体检……Z世代对养生系列产品的偏好度明显上升，从养生食品来看，蜂蜜、枸杞、乳清蛋白、养生茶和酵素是较受喜欢的养生产品。

（四）国潮/跨界

Z世代对国学文化更加热爱，国货品牌陆续崛起，以中国李宁、鸿星尔克、喜茶等为代表。

（五）深度二次元，喜欢社交媒体

游戏平台上的二次元深受Z世代喜爱。他们经常使用B站、抖音、知乎、网易云音乐、芒果TV等网络平台，这也反映了他们痴迷社交媒体、偏爱"边玩边练脑"类手游、喜欢音乐、善于线上学习等兴趣爱好。

随社交媒体长大的一代，他们将社交媒体视为日常生活的重要组成部分。例如，喜欢用知乎的原因是可以获取知识，大家围绕着某一感兴趣的话题进行讨论，可以找到兴趣一致的人。资讯社交应用更爱知乎、微博和贴吧；泛娱乐社交应用更喜爱手游、弹幕和直播；陌生人社交应用更喜爱探探和Soul。Z世代使用社交媒体的原因中，"打发空闲时间"和"寻找娱乐内容"超过了"与朋友保持联系"。

（六）追星/种草

追星/种草是指粉丝饭圈愿为明星花钱，购买明星同款产品；购物消费上认同小红书、大众点评等种草社区，对直播间购物有偏好。

（七）天然成分

线上学习：B站正在成为年轻人学习的首要阵地。B站上的学习视频种类包罗万象，有英语、日语等语言类学习，有高考、研究生考试等各种教育类学习视频，还有各行各业的技能教学。除了B站，网易公开课、超级课程表、百词斩、考研帮、手机知网、星火英语等占据了Z世代的时间。英语和网课是Z世代大学生经常进行的线上学习内容，爱用百词斩背单词，喜欢在网易公开课上拓展课外知识。星火英语、每日英语听力、中国大学MOOC等App也受到Z世代群体的青睐。

（八）吸猫/撸狗

Z世代对猫、狗、鸟等各类宠物非常热爱，喜欢吸猫/撸狗，从而引发宠物经济热。从宠物医院到宠物托管等一条龙服务正成为社区商业的核心业态，是社区底商的标配业态之一。也日渐成为购物中心的必备业态。

（九）环保/时尚

Z世代更注意环保，环境保护意识崛起，推崇低碳生活，节约用水，节约用纸，垃圾分类，对环保皮草以及环保材料包装更加认同，认为环保也是一种时尚。

（十）小众轻奢

小众轻奢就是对很多大品牌不再盲从，而是更加喜爱一些有特色且价格不像奢侈品那样可望而不可即的消费品。从小红书种草，受KOL、KOC的影响，小众品牌开始崛起，亚文化社群开始流行。

第七节　新零售和传统零售的区别

变化
1. 思维、心态、精神的不同；
2. 渠道的布局不同：单一渠道vs全渠道；
3. 场景的不同：单一vs多样化；
4. 购物时间、空间、方式的不同；
5. 对待社群的态度不同；
6. 对待顾客的态度不同；
7. 对导购的赋能不同；
8. 对待IT系统的态度不同；
9. 对待互联网的态度不同。

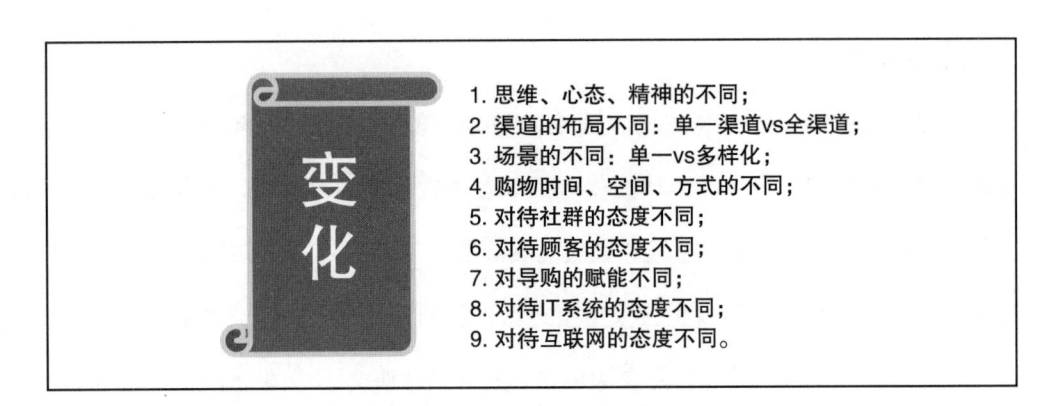

图1-7　新零售和传统零售的区别

一、思维、心态、精神的不同

传统零售：一般比较保守，满足现状，不想突破。

新零售：思维活跃，心态开放，喜欢新鲜事物。

二、渠道的布局不同：单一渠道vs全渠道

传统零售：线下店铺位置或平台流量产生购物。

新零售：从单一渠道到多渠道，再到所有渠道的协同。

三、场景的不同：单一vs多样化

传统零售：传统场景是到店，拿货，付款，离开；电商零售的场景是浏览，加入购物车，付款，收包裹。

新零售：场景因为时间和空间的变化而多样化，App购、店中店触屏购、VR购、智能货架购、直播购等。

四、购物时间、空间、方式的不同

传统零售：消费者只能在规定的时间、固定的场所买到大众化的商品。

新零售：消费者希望在任何时间、任何地点，用任何方式购物，想买就买，并且有到店自提、门店配送、快递配送、定期送等多种取货方式可供选择。

五、对待社群的态度不同

传统零售："中间化"，一件商品要经过好几层传递。

电子商务："中心化"，流量聚集在平台，花钱买流量才有生意。

新零售："社群化""内容化""私域化"。

六、对待顾客的态度不同

传统零售：以商品为本，想方设法把商品卖给消费者。

新零售：以人为本，聚集同一社群属性的消费者，根据他们的特点和所需提供相应的产品和服务。这就要求商家可以提供更多的商品和服务资源给消费者。

七、对导购的赋能不同

传统零售：传统意义的导购，在店铺里面等待顾客，并引导顾客消费。

新零售：赋予导购更多的职能，顾客引流、社交传播、销售引导、售后服务等，满足顾客任何时间、任何地点、任何方式的购物需求。

八、对待IT系统的态度不同

传统零售：很多企业就没有IT这个部门，也没有IT系统。

新零售：IT系统是经营的基础和核心，首先要把顾客、商品、营销、交易、管理在线化，打通各个环节，然后运用大数据智能让经营决策更科学合理。

九、对待互联网的态度不同

传统零售：集中在PC互联网时代，流量高度中心化，零售商即使拥有搭建网店的技术和运营能力也无法成功，电商业务只能依靠平台流量。

新零售：集中在移动互联网时代，线上流量碎片化以及实体门店自带流量，解决IT系统和线上线下一体化的运营能力，零售商形成了自己的新零售私域体系。

总之，新零售的落地，需要企业从上而下、从内而外地彻底改变，包括思维、包容、求知精神等。新零售需要数字化、智能化、社会化改造。在未来10年，没有完成数字化改造的零售企业大部分会消失；没有实施智能化战略的零售企业，一定做不强；未能融入社会化零售共享体系的零售企业，一定做不大。

新零售的发展是依靠消费升级和科技发展推动的，IT和大数据技术把零售在线化和智能化，从而改变商家经营方式和提升效率，背景就是消费升级。消费升级是因为人的需求发生了改变，消费者需要更高品质的商品和服务，从而推动新零售的发展。

第八节　新零售的特点

- ◆ 新零售的定义，即以消费者为中心，围绕消费升级的需求，通过云计算、大数据、人工智能等基础设施建设，对零售的货、场、人要素进行重构，进而实现升级用户体验、降本增效的零售目标。
- ◆ 简而言之，新零售即吃、喝、玩、乐、购+线上线下一体化，线上线下和物流结合在一起。
- ◆ 界定标准：是否做了客户的线上CRM一体化管理。

图1-8　新零售的特点

一、新零售的定义

新零售，即以消费者为中心，围绕消费升级的需求，通过云计算、大数据、人工智能等基础设施建设，对零售的人、货、场要素进行重构，进而实现升级用户体验、降本增效的零售目标。简而言之，新零售就是吃、喝、玩、乐、购+线上线下一体化，即线上线下和物流结合在一起。其界定标准则是是否做了客户的线上CRM一体化管理。

二、新零售的特点

（一）零售渠道边界融合

线上线下的边界正越来越模糊，行业效率提高，购物体验提升。比如，滴滴打车提升了乘客找车和司机找客户的效率，饿了么提升了客户订餐和餐厅找客户的效率。新零售以客户体验为中心，借助互联网的力量，最大限度地提高交易效率和生产效率。新零售将统一线上线下同款商品价格、质量和体验，且提供专业的服务，同质同价。

（二）零售终端提供叠加式体验

零售终端是重要的体验场景，提供良好的消费体验和丰富的定制化服务成为零售终端主要的功能，无人超市、无人零售店、无人售卖机等新零售业态，通过技术和硬件，重构零售的卖场和空间。

（三）消费场景碎片化

零售从原来的规模性驱动，转向个性化、灵活化和定制化的"三化驱动"；社区化运营也成为零售业发展的重要方向，而精细化运营是未来方向，社区便利店、社区生鲜店、社区药房成为必争之地。

（四）实现渠道化管理

即订单打通、商品打通、库存打通、财务打通及会员打通。新零售的目的是提升线下零售的效率。为此，有两点做法要注意，将门店转变为在线状态，甚至24小时不打烊；做好线上、线下利益分配工作。

（五）新零售的三个特征

1. 新零售就是消费者赋能

具体体现在两方面：一是以用户为中心，一切以消费者的需求为出发点；二是使购物选择成本更低、效率更高。

2. 新零售三位一体的赋能体系

经营赋能：体现在产品赋能、增值赋能、金融服务等方面。

供应链赋能：体现在品牌商、经销商和物流配送等方面。

管理赋能：线上线下一体化智能管理。

3. 新零售就是升维体验

升维体验商业模式通常有：（1）消费场景+数据赋能，即终端+算法；（2）消费场景+会员营销，即终端+社群；（3）数据赋能+会员营销，即算法+社群；（4）消费场景+数据赋能+会员营销，即终端+算法+社群；（5）升维模式：数据赋能（算法）+会员营销（社群）。

（六）打造撮合交易平台

用算法和社群打造升维体验，孩子王和拼多多等就是这种模式代表。宜家家居，通过创造极致的场景体验营销，门店就是家，创造购物与休闲的双重体验、营造温馨如家般的感觉、专设儿童乐园带动全家消费。

（七）新零售的门店优势

1. 数字化技术改造零售门店，业务流程的优化提升门店坪效和运营标准化的能力。

2. 从经营产品向经营客户转变，提高客户黏度，形成消费闭环管理。

3. 具备线上线下一体化的获客能力，实现两个基本元素的升级——产品品质升级、客户体验升级。

4. "高频业务"将成为新零售的主战场，在客户体验、成本效率、消费升级等方面，商家将不断投入，使得消费空间更广，消费体验更佳。

（八）新零售有三个"新"

第一个新，是指用户心智模式（比如对本土品牌的认同感上升）和行为方式，比如越来越多的时间消费在短视频上，越来越有能力了解品牌和产品信息变化，这些新变化给零售企业带来新挑战和新机会。零售的体验和产品要有很大的升级，才能符合现在的市场。第二个新，是人群的变化，"85后""90后""95后""00后"的审美、需求都是不一样的。第三个新是新技术。不论你是做上游的品牌零售，还是做终端渠道的零售，如果不能把这些新技术利用好，边界就非常小。通过线上渠道和用户保持长链接，比如通过AI实现千人千面的用户沟通，创造的新玩法和新价值空间。

在消费端，未来的趋势要围绕提升"消费体验"展开。这里的体验就包括好的商品、好的服务、好的履约、好的场景等，为消费者带来获得感、幸福感。

在媒体或流量端，未来会越来越分散，诸如KOL、KOC带货的去中心化场景会越来越常见，而中心化的B2C模式将逐渐消失。

（九）新零售的未来消费场景

未来会出现能够高效连接供给渠道（小b、KOL/KOC）、需求的头部服务商或平台，因为媒体/流量端以及供应端会日益分散和去中心化，所以就需要中间的服务商或者平台来收集、理解、匹配供需两侧的需求，从而形成新的圈层文化。当下很多产品早期都是从小圈子破圈走向大众消费，如汉服、Cosplay、潮玩等。

相比于传统模式，新零售旨在为商场延展出新的消费场景。例如，零食延展出的副餐场景、打造餐饮+超市模式延展出的体验场景；租赁手机、租赁电脑等"出租经济"延展出的低成本消费场景等，体现更多的消费者需求，从而进一步升级了业务范围。

第九节　新零售的人、货、场关系重构讲解

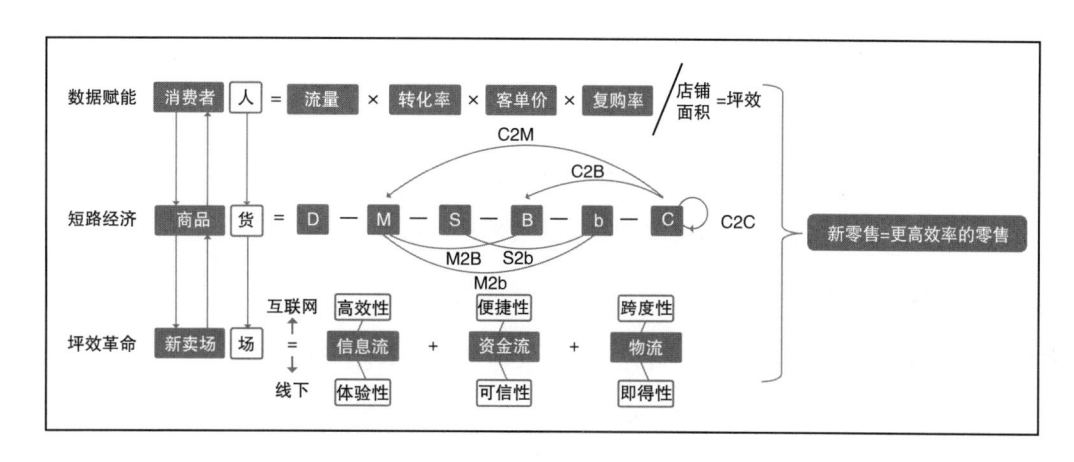

图 1-9　人、货、场商业关系的重构

新零售本质就是对人、货、场商业关系的重构。在这个过程中，必须实现数据的全向流通，只有实现了数字化，人、货、场的重构才能真正实现。

从"人"的层面来看，新零售智能变革的关键词是数字化解析。利用大数据对人进行解析，深入挖掘人的需求，并据此对用户进行分类，从而精准地触及用户，增强用户对品牌的信任，进而提高商品的转化率。

从"货"的层面来讲，新零售的关键词是数字化支撑，利用数据选择合适的商品，构建一条柔性化的供应链，提高供应的精准度。此外，物流企业还可通过数据化提高物流效率。

从"场"的层面来讲，新零售的关键词是数字化沉淀，将数字化引入各个场景，如交互场景、交易场景、交付场景等，实现商品数字化、支付自动化以及服务升级。

（一）人、货、场升级思维释义

新零售重新定义了人、货、场的概念。

人，是指消费者和客户，这是一个"场"外的变量。

货，不仅是指商品，还有供应商和制造商。

场，是指场景+渠道，渠道四要素为商品、服务、场景和交付，所以传统零售"货"（商品）是作为"场"的一个要素出现的。

我们可以把一件商品从设计、生产到消费市场的整个链条，归纳为D—M—S—B—b—C。

D：Design（设计），指产品款式的设计过程；

M：Manufacture（制造商），也有人称其为工厂；

S：SupplyChain（供应链），通常指的是总代理、省代理、分销商、经销商等机构；

B：Business（大B，商场），指的是大卖场、超市、连锁店等；

b：business（小b，商店），指的是夫妻店、地摊、微商等个人销售者；

C：Consumer（消费者），也就是最终端的客户。

零售是围绕人、货、场进行拆解、重组的过程，具有以下三个阶段。

第一阶段：货—场—人的组合，物质匮乏，有货就有市场，好的品质产生品牌。

第二阶段：场—货—人，渠道裂变，货品需要有更好的识别度被渠道认可，得渠道者得天下。

第三阶段：人—货—场，供需过剩，创造商品文化属性获取用户认可，人与货之间通过精神层面链接，并完成渠道转化，新零售是通过新技术、线上线下结合抢占用户品牌心智。

零售就是由人、货、场三个要素组成，新零售时代以消费者为核心，从传统的B2C模式转变为C2B模式，更多地满足消费者的定制化需求。

在新零售时代，人、货、场的定义都不仅局限于单纯消费者、商品与销售场所，每个角色都有了更宽泛的定义。人可以是消费者、商家、品牌方等，可以来自线上或是线下。

货不局限于单一渠道获取，线上线下多渠道，供应链层级缩短，更方便快捷，也不局限于实物商品，还有更多的虚拟商品买卖。场也不只局限于单一的线下售卖场所，可以是线上、线下、配送的最后一公里。

总之，人、货、场的变革让新零售变得更为丰富便捷，让消费者、品牌方以及小商户都从中受益。

（二）人

消费者数字化，要想做到消费者洞察，数字化是前提，商家或品牌方通过智能设备收集消费者画像信息，建立消费者数字标签体系，便于日后的精准营销和差异化服务。

从人的角度来提高零售效率，需要从销售漏斗公式中的流量、转化率、客单价、复购率这四个要素上想办法。

用流量思维取代旺铺思维。流量革命想要进入新零售，传统线下零售企业需要做的第一件事，就是用流量思维取代旺铺思维，深刻理解所谓"旺铺"，不过是某个特定历史阶段，由于某些特殊原因而形成的流量汇聚的地方。

消费者去哪里，流量就到哪里；流量到哪里，我们就应该去哪里建立自己的场，架起自己的销售漏斗，让人流向自己的场，购买自己的货。

在互联网时代，一群有共同兴趣、认知、价值观的用户更容易抱团，形成群蜂效应，在一起互动、交流、协作、感染的过程中，对产品品牌本身产生反哺。

以小米之家为例。小米之家最早也是以小米手机的粉丝群体为主，也就是社群经济的雏形。新的小米之家则在此基础上更进一步，用爆品战略和大数据选品，将优质低价的产品推向更多用户。

（三）货

零售是整个商品供应链的最后一站。一件商品从设计、生产到消费市场的整个链条，可以归纳为D—M—S—B—b—C。企业从D（设计）开始构思产品，经过M（制造）、S（供应链）、B（大商家）、b（小商家），终于与C（消费者）见面。

在新零售浪潮下，商品供应链缩短，其中附加的交易成本减少，成为提高零售效率的一大关键。这种新零售的趋势，可以称为"短路经济"。

短路经济主要体现在两个方面：一是缩短环节。比如，梅西百货缩短制造商（M）和零售商（B）之间的供应链（S），形成M2B的短路经济模式。二是链条反向。比如，团购网站把从零售商（B）到消费者（C）的商品供应链，反转为从消费者到零售商，形成C2B的短路经济模式。

因此，要么借助新科技，缩短商品供应链中的不必要环节，降低定倍率，给消费者提供性价比更高的产品；要么消费者越过零售商，直接找上游，甚至最终制造商。

实现商品数字化，将能够实现多种应用，如跟踪商品的动销情况。

在消费升级下，消费者需要的不仅是商品，还有服务、体验以及内容。

CTOM的模式主要是指用户直接连接，强调的是制造业与消费者之间的衔接，核心是短路经济和柔性生产。短路经济是面向消费者，只省去中间商，工厂直接发货到消费者，降低流通成本，使消费者得到实惠；柔性生产则是让生产商基于消费者需求，按需生产降低库存压力，通过规模化平衡订单成本，实现利润最大化。在这里，CTOM以消费者导向为出发点，通过消费者需求去指导制造，实现个性化消费，明智购物和按需生产。

BTOC是指商家直接将产品或服务销售给消费者，淘宝、天猫等电商平台，就是典型的BTOC商城。

StobC中的S是指供应平台，C不是指通过一个大B直接服务，而是通过很多小b，小b在利用S的供应链平台完成服务，我们把这种模式归类为小b优选模式，小b负责商品的筛选，再通过各自的渠道销售给客户，之前的大B电商由大平台变身为零售服务商，服务于众多小b渠道，由小b直接连接客户。

要真正实现CTOM，最可行的路线就是BTOC—CTOS—TOM—CTOM这一过程，它的过渡阶段就是CTOS—TOM。在这个模式中消失的S是被场景要素和用户需求训练出来的智能算法取代了，这里的算法是基于单场景到多场景再到全场景的用户消费行为。

数据由此构建的全场景的需求和商品之间的匹配算法，其有效性远高于一切单场景。这种新的链接算法代替了场景，专属渠道这种新的交付方式代替了传统渠道作用，使消费者与制造企业之间形成了密切无间的链接。

因此，实现CTOM的核心环节需要做到以下三点：一是需求的洞察与需求的匹配；二是构建短链的链条,通过渠道零售能力基础设施的建设,加强渠道资源的整合,从而压缩供应链中库存、分销、零售等中间环节,提高供应链的效率和商品的交付效率;三是柔性制造。

(四)场

营运数字化:我们所有的营销过程全部要数字化,哪个活动做得有效,通过数据就能体现出来。

场景体验力:如这有山、文和友等,IP体验是这类商场的核心。

导购数字化:过去,消费者在商场里走上一公里才找到想要的皮包是常有的事,这违背购物体验。现在消费者的时间越来越稀缺,数字化导购可以帮助消费者解决"这里是否有我需要的商品"。

交互场景是指社交互动的场景,交付场景是指购买商品进行交易的场景。多元化背后是碎片经济,即交互和交易场景的碎片化。

场的本质是信息流、资金流和物流的组合。在重新组合这"三流"之前,需要充分了解它们的各种特性。

信息流:在购买商品之前,消费者需要知道商品的相关信息,用以帮助决定是否购买。而今天最容易获取信息的方式无疑是网络。但是,传统互联网电商在提升信息流效率的同时,损失了体验性。

资金流:在新零售的效率要求下,将线上的便捷性和线下的可信性结合起来,势必成为资金流提高效率的必然选择。京东白条,阿里巴巴的花呗、借呗、芝麻信用等,都是通过数据赋能互联网的资金流,让零售不再必须在便捷性和可信性之间做单选题。

物流:物流在线上和线下也有明显的区别。互联网线上的跨度性和线下的即得性,正在进行激烈的对抗和合作。衡量跨度性物流,最重要的指标是快;衡量即得性物流,最重要的指标是近。在新零售的效率要求下,用数据为物流赋能,让"快"和"近"殊途同归。为此,各种新技术、新专利都在努力,从亚马逊的"预测式出货"专利,到天猫、京东的大数据分析提前备货,再到无人机配送,以期实现库房更近、物流更快。

要想提高零售的效率,必须做到以下三点:一是用"数据赋能",优化信息流、资金流、物流的组合;二是用"坪效革命",提升流量、转化率、客单价、复购率的效率;三是用"短路经济",缩短D—M—S—B—b—C的路径。

(五)在CTOM、互联网的推动下,商业模式演化的进程在加快

原先靠着"大生产+大零售+大渠道+大品牌+大物流"成长起来的传统商业模式正在慢慢地没落。例如,宝洁、达芙妮、拉夏贝尔、海澜之家等都在没落。

人们在移动互联网上,如哔哩哔哩、豆瓣、抖音上花的时间越来越多,年轻人更加追逐审美小众的品牌、小众的文化,电商的大订单模式也成为过去,小单快返成为一种趋势。品牌商依赖互联网渠道进行小批量试水,小批量返单既是以线下渠道为主的品牌,也是希望商品的库存周转率变得较低,这样使小单走得更快。

同时,定制产品在崛起,不管是服装定制还是家电定制,或者喝个喜茶都要定制,定制产品的性能更能满足个性化的需求。这里的CTOM就是指消费者直连制造商,用户的需求直达生产或者是驱动生产,同时砍掉了库存、总销、分销、物流甚至店面等中间不必要的环节,减少不必要的一些成本支出,用户可以以超低价格买到商品,实现自己的个性化定制需求。以服装行业为例,在传统商业模式下,品牌从制造到用户手中需要一个漫长的过程,先是品牌研发设计,定款定色,根据预估的销售数据下单到工厂,工厂根据订单生产制造,由工厂发货给品牌商,自己有工厂的品牌商直接发货给总代理,总代理再到各个城市的分代理,从城市分代理到商场门店,再到消费者。这个过程最大特点是以需要定产量。

而现在,企业使用大数据和云计算会收集到相对准确的客户用户数据。现在CTOM有以下三种形态:第一种形态是用户直连工厂,去掉中间渠道,制造商通过大数据洞察用户需求,根据用户需求研发和制造商品,用户能够享受到高性价比的商品。例如,洗衣液、袜子等日用品,就是这种形态。第二种是用户先下单,工厂再生产,产品由制造商定义,完全实现零库存,制造商获得零售收益,用户获得高性价比的商品。例如,眼镜店的定制眼镜等就是这种模式。第三种形态是用户先下单,工厂再生产,完全实现零库存,用户参与了产品设计和定义,产品满足的是用户的个性化需求。例如,家具定制、尚品宅配、量品定制,就是

这种模式。这种用户驱动生产模式，使得用户在整个商品生产和流通链条中的作用被放大。

制造端通过和用户的实时连接，运用计算机系统随时进行数据交换，按照用户的订单要求，设定供应商和生产工序，生产出个性化的产品，它是商业运行的一种底层思维。以用户为中心，之所以能实现CTOM的模式，是基于现代的互联网和物联网的发展，在信息流、支付和物流实现闭环的基础上发展起来的。

例如，打开今日头条、电商平台都是千人千面，各不相同，它是机器决策的结果，是由云计算大数据算法支持，根据之前的浏览进行推荐。线上零售在短时间内迅速地超越线下零售的核心因素，就在于离用户近，这种近不是物理空间上的"近"，而是数据意义上"近"用户的行为，通过数据掌握用户的喜好和用户的购物反馈。正是由于离用户近才能更清晰、适时地洞察和满足用户的需求，企业才能对零售服务和商业模式进行迭代升级。

六、BTOC模式的衰落

在过去没有网络的时代，大部分都是BTOC的模式。

品牌商采取的是地区分销体制，在这种地区分销体制下，品牌商把全国分为若干个区域。不同的区域，不同的经销商、品牌商根据区域的消费水平制定价格，就会形成相同的产品在不同地区的价格差异。

分销渠道中的厂商和经销商通过级差价格以及级差利润及分配机制，使每一层的经销商通过产品分销过程获得利润。当时这种模式下最大的弊病就是串货，比如说把货卖到别的地方获得更大收益。当年淘宝平台出现了大量品牌商的货品，本质上就是一些区域代理商的串货行为。

七、STOB模式的崛起

如今必要商城、网易严选、小米有品等，利用制造业的柔性生产，锁定了一批忠实用户，出现了快速生长。所谓的柔性生产，就是小批量、多品类、快速生产。就是这三个要素，以C端用户的个性化需求，在M端以智能化的手段高效而快速地实现，这也是制造业的未来。在智能制造方面，例如淘宝旗下服装商家做得非常好，因为淘宝有着广大的用户基础，所以它是通过CTOM的模式来实现的。

未来对的零售都会是云零售，都是STOB的商业模式。

新零售的未来发展方向：一方面，前端的零售终端演变为体验中心和数据采集的触点，也就是b（小b），在这里实现与消费者的互动，实现消费数据的采集和交易的触动。另一方面，后端的供应链成为一个超级数据中心和资源平台，也就是S（平台）。首先，数据在这里集合并运算，再将计算结果传送到前端；其次，资源在这里调配，基于对消费者画像和需求挖掘，高效地整合资源，满足多样化需求。后端对前端是一种赋能关系，通过后端S的数据赋能和资源调配，让前端b成为一个有趣、有心、有爱的完美终端，让消费者乐不思蜀、爱不释手。

第十节　电商新阶段之一——社交电商

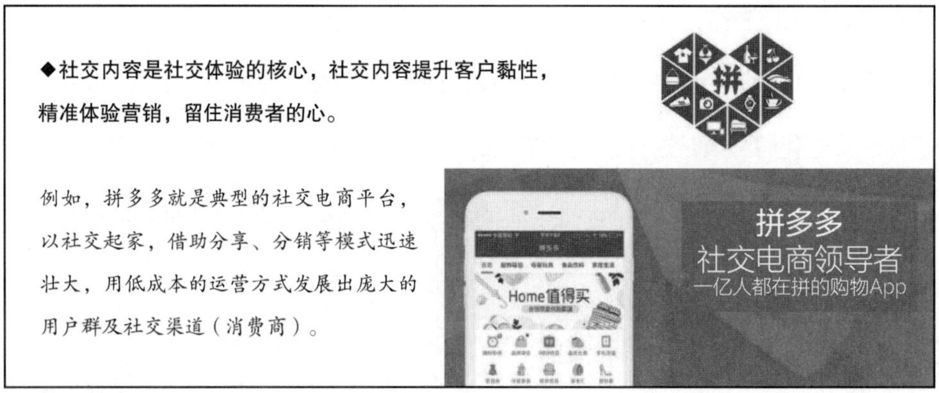
◆社交内容是社交体验的核心，社交内容提升客户黏性，精准体验营销，留住消费者的心。
例如，拼多多就是典型的社交电商平台，以社交起家，借助分享、分销等模式迅速壮大，用低成本的运营方式发展出庞大的用户群及社交渠道（消费商）。
拼
拼多多
社交电商领导者
一亿人都在拼的购物App
Home值得买

图1-10　社交电商

一、什么是社交电商

社交电商,是一种基于社交网络而迅速发展的新型零售模式,是社交商业与新零售融合的产物。社交电商的出现是多方演变、进化的结果,即新零售的社交化、社交电商的新零售化、传统零售的社交电商化。

新零售的社交化:新零售是通过社交平台和社交媒介来进行的。

社交电商的新零售化代表拼多多社交电商平台:以社交起家,借助分享、分销等模式迅速壮大,用低成本的运营方式发展出庞大的用户群及社交渠道(消费商)。

传统零售的社交电商化:传统零售企业在转型过程中,遇到社交电商,借助社交电商模式的优势武装自己,布局全渠道,加强线上板块、线下板块、社交板块的有效连接,它们在获客拉新、开拓新渠道时会融入更多的社交元素,并且充分发挥社交网络的优势,提高零售效率,降低运营成本,实现业绩的倍增。

二、社交电商的本质

社交电商围绕消费者、消费商两个维度,通过人、货、场三要素展开,融入社交元素,实现更低成本的获客、更高效率的零售(消费者维度)、更低成本的运营(消费商维度)。

随着社交电商的不断迭代升级,其最终将实现线上板块、线下板块、社交板块的无缝衔接、无界融合,帮助消费者获得更高的购物效率,拥有更好的体验性、即得性、便捷性,帮助企业用更低的运营成本获得更高的收益。

社交电商从业者也可以称为消费商、经营者,用公式表示如下。

社交电商从业者=消费者+分享者+服务者+创业者+线上、线下、社交渠道

社交电商将成为主流的商业模式。未来,社交电商企业发展的核心是用优质的产品和服务

融入更多的社交元素，提升消费者的体验性，其购物模式以"线下体验、线上购物"为主。

三、社交电商逐渐壮大

消费碎片化、移动化以及入口变化导致社群本地化电子商务发展迅猛，社交电商在部分消费领域攻城略地。拼多多、拼好货等移动社交平台，成为新兴并快速成长的网络销售平台。更多传统企业开始涉足社交电商，并利用企业粉丝做生意，例如，良品铺子、贵州茅台等传统企业借用社交电商获得了长足发展。

在社交电商的影响下，互联网用户行为发生变化，他们通过"晒日常穿搭""测评心情好物"等吸引粉丝，打造自有流量中心，通过偶像效应来卖货，成为社交网红（达人）的日常。

社交新零售在产品输出、引流吸粉、社群运营、视频营销、扎心文案、活动促销、信任机制以及团队裂变等板块都有许多新颖的做法。

四、社交节点裂变分销

移动终端的全民化、网络技术的快速发展和更低的资费，直接刺激了图文、直播、视频等多元化社交媒介的兴起，网红经济、KOL红利，社群红利启发了一批批有用户心理洞察力的创业者，开始利用社交媒介来进行去中心化模式的创业，典型案例为小红书、拼多多等。

传统电商市场已经饱和，以京东、苏宁、天猫为代表，垂直电商如唯品会、国美、当当等在各细分跑道上坚守。

最初的微商是通过线上社交关系进行产品销售，之后延伸出的社交电商则是利用线上社交关系进行传播与销售，例如拼多多、网易推手等。

其变化路径为：商场导购—朋友圈代购—网红带货—社交节点裂变分销。

以拼多多为例，这是一个以社交裂变为核心切入零售市场的社交电商平台。通过流量裂变来得到巨额流量支持,在这个基础上开拓了零售、生鲜产品(需求量高、利润高),通过牺牲掉部分利润获得更高的成交量,把每一个裂变的节点纳入自己的用户资源。

五、社交网络赋能社交电商

新零售用数据赋能现金流,提升了线上的信任度,而社交电商则通过社交网络做信任背书,让线上交易更高效。一是零售商在消费场景中融入更多社交元素,建立互动关系,并促使消费者在自己的社交网络中传播口碑;二是新零售企业为了提升效率,降低运营成本,充分挖掘社交网络的价值,借助社交网络获客拉新,建立KOL信任,实现客户裂变;三是开拓社交渠道,将消费者变成自己的渠道或KOC关键意见消费者,进行节点裂变。

六、社交内容是社交体验的核心,社交内容提升客户黏性

社交电商运营的内在逻辑是:客户拉新→客户激活→客户留存→客户转化→自传播。

AARRR模式高效率获客拉新,包括广泛客户获取、提高活跃度、提升留存率、社交变现、社交传播五大环节。

社交电商行业的一大特点是:渠道商集消费者、合作伙伴、服务者角色于一身。

具体操作时,售中环节,熟人社交产生强关系,兴趣社交衍生弱关系,两者社交关系产生的信任背书、精准推荐、服务维护可以提升客户转化率。

在形式上,社交电商兼容了电商的流量数据形式,线下体验店通过利用庞大的用户数据和AI技术,快速识别客户需求,同时又具备微商的手法,利用社群实现线上裂变、培训分享,又有专业化、职业化的微商代理为客户实现一对一的专业贴心服务。

新零售包含用户与大数据的融合,未来市场上大数据将会是企业最大的价值,可以通过电商融合实体场景、智能售货机、线上App、社群、社交场景、分销场景,通过多个服务场

景获取用户的行为数据和信息数据。

例如，拼多多从下沉市场起家，是微信社交流量红利的最大受益者。相比于阿里平台，拼多多专注于商品的运营，更注重的是打造爆款，这与淘宝、天猫的运营逻辑完全不同。拼多多弱化了店铺运营，强调单件商品的拼单、数量，这样就能够给后端工厂更简单的SKU，最小库存单位使得工厂生产更加标准化，效率更高，成本更低。拼多多帮助平台上的每一位商家卖货，实质上是把商家的商品呈现给需要它的人，再利用社交订单的手段，迅速将用户聚合起来，形成订单。因此，拼多多能够实现平台的规模化定制，就是基于数据与品牌的高效匹配。

第十一节　电商的新阶段之二——内容电商

内容电商是指以消费者为中心，以触发情感共鸣的内容为原动力，通过优化内容创作，内容传播和销售转化机制，来实现内容和商品的同步流通与转化，从而提升营销效率的一种新型的电商模式。

一、内容电商与社群电商的区别

内容电商的内容规划侧重于用户的转化率，而社群电商是注重知识性和传播性；内容电商会不断增强和粉丝的情感连接，而社群电商注重社群类成员之间的沟通和交流；在运营模式上，内容电商主要依据线上交流，而社群电商采用线上线下相结合的营销模式；在营销逻辑上，内容电商是以内容为切入点，形成引导用户多次购买成交的商业闭环，而社群电商会考虑如何做大社群，然后再做电商。

二、微商和内容电商的区别

微商主要是借助微信为工具,以社交为纽带的经营模式。常见的经营方式有两种,一是朋友圈,二是公众号。

内容电商与微商在运营模式上有很大的区别。从运营模式来看,内容电商是以内容销售产品,而微商在销售产品时兼顾发展代理内容,电商的运营场所是电商平台及新媒体中的内容频道,内容电商的门槛高,微商的门槛低,内容电商属于兴趣或情感形成的价值认同,而微商是熟人关系。从平台来说,内容电商更广泛,从信任基础上来说,内容电商更容易获得认可,而微商是处于社交的模式,现日益衰落下来。

三、内容电商的组成

具体来说,内容电商包括用户运营、产品运营和内容运营三大部分。用户运营就是吸引粉丝和粉丝维护,常见的方式是加大曝光度吸粉;产品运营是指挑选的产品能够满足用户的需求;内容运营是通过内容输出者不断进行市场调查,写出既有垂直化又有差异化的文章。内容输出者要遵守平台的要求,做完内容后要进行内容审查。例如,淘宝平台不允许带有商标的图片,今日头条禁止链接个人微信号等。

要想做好内容电商,必须重视以下几点。

(一)提升产品的转化率

提升产品的转化率有三种方法:一是产品要有稀缺性,二是要符合用户的属性,三是服务的路径要短。内容电商想要用户进行消费,通常会给对方创造冲动式、隔离式、沉浸式、单独评估的消费场景。其中隔离是指在相对独立的场景下进行消费,也就是单独评论,虽然消费者只关注产品的某一优点,但一般会进行综合评价。

（二）确定内容

内容电商的运作，通常是先确定内容，吸引用户，然后再卖产品，这和传统电商直接展示和推销商品完全不同。因为这个原因，我们在选择产品时需要先根据内容划分产品的领域和类型。内容电商把内容领域划分得越细，产品类型确定起来就越容易。当然，内容电商的核心竞争力并非内容，而是产品。

（三）满足个性化需求

在用户个性化越来越鲜明的今天，人们对产品的需求越来越多样化，因此，选择柔性化可供应的产品至关重要。柔性化可供应的产品是指多批次、小批量、快速返单的产品。内容电商吸引大量的用户购买，没有充足的货源不行，但也不能囤积大量的货源，因此需要返单率。内容电商采用的传播形式通常是微场景，微场景一般是通过链接扫码和商家互动，场景包括音频、图片、视频、产品链接等，其他的还有短视频、微信、小程序问答等。另外，传播的方式还有图集、图文、直播、视频等，图集是内容电商通常采用的一种表现形式，它是简单的文字配上多图来烘托购物的场景。内容电商要想传播得快，一定要从用户的视角来做内容。

（四）购物场景更注重体验

内容电商的购物场景主要是产品，强调产品能够给人带来改变，人们关心的是产品能否提高自己的生活质量。传统电商的场景是让用户更加关注性价比、评论等信息。从用户体验上看，内容电商的体验会更好。传统电商的业务员就是卖东西的，内容电商则通过持续输出内容，在用户群体中形成独特的魅力，赢得用户的青睐，并结合互动的形式，把产品有关的信息植入内容，帮助商家完成销售转换。

第十二节　新零售的未来——全渠道新零售

```
01 全渠道库存资源整合    02 全渠道会员资源整合
09 全渠道结算中心         03 官方下单，门店发货
08 线上领券，门店消费     04 微商城下单，门店发货
07 A店下单，B店发货       05 微商城下单，门店自提
              06 门店下单，电商仓配送
```

- 产业链从前端到终端打通
- 线上渠道全打通
- 线上线下一体化全打通

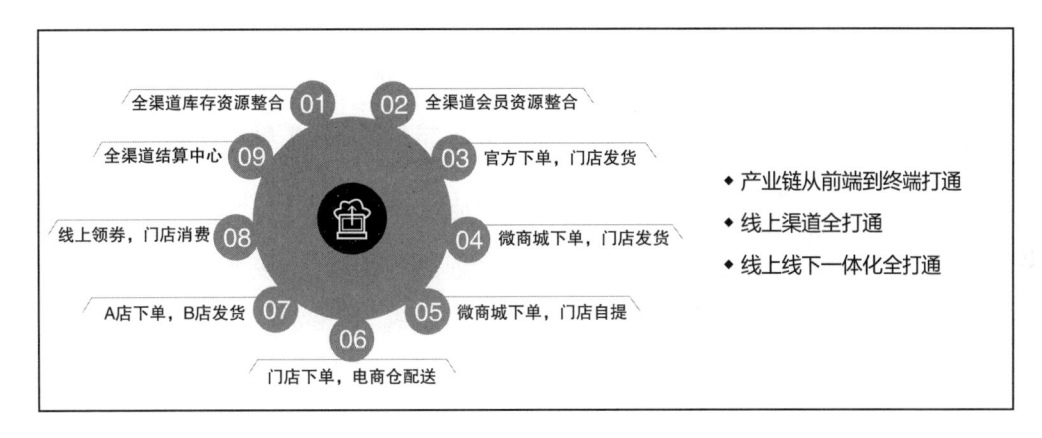

图1-11　全渠道新零售

全渠道新零售是指在互联网和电子商务时代，零售商通过各种渠道与顾客互动，将各种不同的线上+线下的渠道、产地、货场、客户等环节全部打通，整合成"全渠道"的一体化无缝式体验。具体可概括为：一是产业链从前端到终端打通；二是线上渠道全打通；三是线上线下一体化全打通。

一、全渠道新零售的核心

全渠道新零售是有效结合互联网移动社交流量、门店流量、抢占线上线下市场，帮助企业快速搭建新零售格局。全渠道新零售汇聚所有线上线下销售路径和渠道，不漏掉任何一个潜在客户。

因此，全渠道新零售的核心是融合、协同。普通传统门店的交易方式是单一的现货交

易行为，其商圈客群范围往往只能覆盖方圆一公里，但是在移动互联网技术和电子商务出现后，可实现以门店为载体，为客户提供"产品预售、门店自提、使用电子提货券、门店外送"等综合服务，极大地丰富了门店的交易方式。而每种交易方式均可形成门店新的销售额增量，最终实现销售半径扩大、交易触点增多，以及无边界化服务、规模化效应，也就提高了门店坪效。

现在传统零售最大的痛点在于线上与线下是完全独立的，造成了传统电商和传统零售是相互竞争的关系，甚至还会出现串货、乱价、互斗等问题。新零售大数据系统平台制作以线下为主、线上为辅，将线下门店改造成数字化商店。通过移动互联网把线下消费的流量转换为数字消费的流量；通过数据分析营销推广，管理智能物流；链接供应链端，贴近门店用户，提升全渠道新零售的生存能力。

随着线上线下的结合，需求及生产供给信息相互融合，零售大数据系统平台从生产到消费可以通过大数据等科技手段进行预测，以控制产能，提高效益。

二、四大趋势

随着消费升级和人们消费观念的转变，新零售电商平台不再是以商家为核心提供商品的输出，而是以消费者体验为核心的全方位购物体验。而全渠道新零售系统充分地融合线上线下和智能物流，轻松地完成了有客上门到送货上门的转变。

一是线上与线下的专业化和统一化。在这种背景之下商品的价格、购物的体验以及产品的质量都将统一，消费者得到的将是更加专业的服务、更加优质的产品。与此同时，线下零售行业存在的诸多弊端也将消失。

二是大型综合市场要接受整合进行重组；一种新的商业形态形成必然会对现有的商业秩序带来冲击，当初大型综合超市开始兴起的时候，一大批小超市开始倒闭。现在这些大型的商业超市也要面临来自社区小型新零售体的挑战，重组整合将会是大势所趋。在社区消费的模式引领之下，未来零售行业的发展方向之一必然是向着社区化发展演变。在未来，这种精细化运营的小型新零售门店将遍布我们生活的各个社区。

三是体验式消费、个性化服务将全面融入消费者生活。消费者需求个性化、多元化成为新的消费趋势，而体验式的消费、个性化的服务则很好地适应了这种趋势的变化，而且也受到越来越多的消费者欢迎。在这种趋势下，消费者的购买潜力开始得到激发，零售企业也因此得到快速的发展、壮大。

四是企业生产更加智能化、科技化。互联网、云计算、大数据、人工智能等新技术的不断发展，给行业注入了高速增长的动力。与此同时，在技术的支撑之下，零售行业从商品的生产到消费都能够实现有效的监控，零售商得以实现对商品生产的控制，实现零库存的经营，这种变化对零售行业起到了减负的作用，直接推动了行业的快速发展。

三、零售业生活化的五大变革

一是渠道业态生活化。从经营内容上，生活类的新兴业态将随着消费者生活水平的提高和变化而不断涌现。同时，传统的零售业态将进一步转型，转向生活化场景，贴近生活形态。优秀的新型零售实体商业，不仅创造生活方式，而且引领人们的生活。

二是零售场所生活化。商业渠道重心下沉，向消费者生活的地方靠近。原来的老商业中心逐步升级为社交生活化的场所，包括商务、旅游、文化、艺术、交际等。

三是服务方式生活化。传统的零售服务方式，是基于自身商业利益设计的各种经营方式，无论是传统百货还是传统超市，虽然客观上是为了消费生活，但主观上更多是以自我为中心。未来的商业服务，更强调生活场景的体验感。

四是价值来源生活化。企业从消费者未来生活的服务和满足中，获取更多的价值。进一步说，原来的价值主要是来自商业场所这一硬件本身，包括建筑物的商业设计风格、商业布局及组合、物业管理及服务等。在各商业场所中，尽管近几年，生活内容所占的比例越来越大，但总体而言，真正转化为生活方式和生活内容提供者的实体商业仍然不多。

五是商业模式生活化。传统实体商业的开办者到经营者，重新学习如何自主经营、自有品牌和自建渠道。在未来全渠道打通的情况下，零售业又会兴起一场革命性的发展。

第二章 新场景升级

> 场景升级又称场景重构，是目前实体商场的首选，即先把线下的购物空间的体验场景、网红场景进行升级重构，以适应Z世代消费者的变化。

◎线上场景的升级意义

◎线下场景的升级意义

◎线下场景升级的类型

◎各类黑科技在场景中的应用

◎场景汇总要点

升级
新场景 新推广 新销售 新招商 新运营讲义要点

第一节 线上场景的升级意义

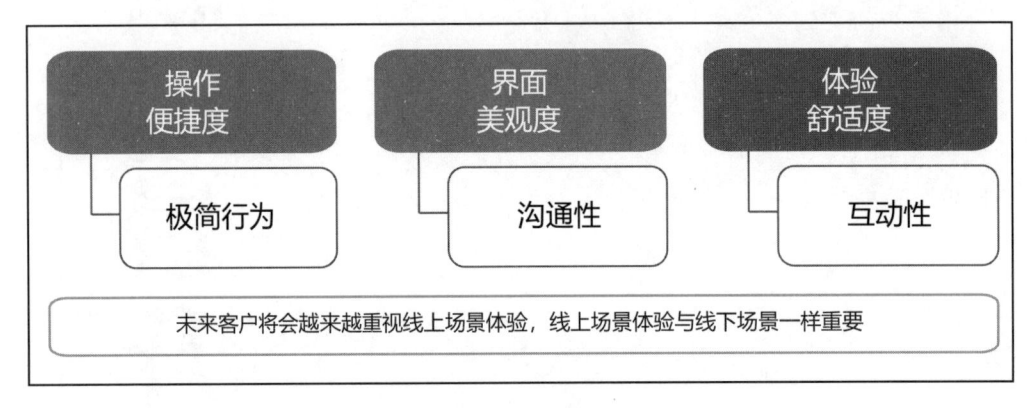

```
┌─────────────┐  ┌─────────────┐  ┌─────────────┐
│  操作       │  │  界面       │  │  体验       │
│  便捷度     │  │  美观度     │  │  舒适度     │
└──────┬──────┘  └──────┬──────┘  └──────┬──────┘
       │                │                │
   ┌───┴───┐        ┌───┴───┐        ┌───┴───┐
   │极简行为│        │沟通性 │        │互动性 │
   └───────┘        └───────┘        └───────┘

未来客户将会越来越重视线上场景体验，线上场景体验与线下场景一样重要
```

图 2-1 线上场景的作用

一、线上场景的作用

从本质上说，线上场景的作用就是将消费者的注意力从产品特征转移到用户的自身需求。当消费者意识到自己的需要被及时满足时，会更容易接受，更易购买商品，同时线上场景还避免了直接向用户介绍产品功能，从而规避了用户对产品功能的过度关注和过高预期。这一点和传统渠道传递的信息有很大的不同，传统模式下无论是线上还是线下都是介绍产品的重要功能，导致用户过早锁定某个功能。

二、线上场景实现信息价值的最大化

线上场景提供的信息改变了传统零售的弊端，将信息的价值最大化地展示给用户。线上场景具有以下几个优势。

一是场景帮助用户完成了信息的收集，场景聚集、聚焦的领域范围窄，在这个范围内的用户相似度高，大量用户相互提供信息，并以互助的方式完成信息收集。

二是场景的信息价值相对更高，在同样的场景下用户的需求相似，因此它具备同理心，反馈的信息维度主题也相对一致，对其他用户来说收集的信息更客观，更值得信赖，就像keep的用户一样，都有运动健身的需求，根据自身的健身知识储备，又分为健身小白和资深用户，用户将运动的过程和记录数据经验分享到社区，当这些信息指向某些特定的商品时，该商品进行信息收集的过程在互动和讨论中自然完成。

三是场景强化信息的整合。与传统零售商品信息分散在各个渠道、信息复杂和冗长不同，新零售的信息具有更强的相关性和自主性双向整合等特点。

因此，在特定的场景中，聚焦大量类似的用户自发或有组织地收集信息。新零售是为用户提供的，通过这种场景理解洞察用户的需求，通过具有同类需求用户的经验指导，搭建出合理的商品分析框架，从而为不同的用户推荐合适的商品和服务，定制个性化的解决方案。而互联网传统电商之间存在缺乏产品的横向比较，信息量冗长，缺少系统的分析框架，对评价者没有权重分析，缺乏信用背书，评价内容被操纵等问题。场景中的意见领袖会让用户更加信赖，认为其提供的信息更加具有参考性。所以在线下场景中，消费者作出购买决策的感性因素会被放大。而现有的平台型电商缺乏场景角色的深入引入，因此，要从内在重塑渠道，未来的零售将通过渠道上移植的场景，渠道由中心化的电商平台向场景化的专属渠道转化，由此直接带来渠道的广度、深度、顺滑度的改变，从而最终实现渠道和用户之间商品整体交易的优化。

三、线上场景涌现许多为消费者代言的新品牌

伴随一些应用场景的流量成长起来的，如小红书、知乎、抖音等，在场景中诞生出许多真正为消费者代言的新品牌。

以小米为例，小米MIU话题搭建自己的论坛，这个论坛由人物对应的任务形成一个场景，所有用户在论坛上反馈的问题或需求，在新的版本中都会有响应，用户可以用自己的手机进行体验，从而促进生产。

四、直播带货，就是通过场景的构建，实现信息的高效传播

直播重要的一件事就是营造场景，场景起到了需求筛选和识别的作用，有类似需求的用户，因为相似性和自主性陆续聚集到特定的场景中，并且在与主播的互动和自发讨论中又继续激发了一些潜在的需求。

很多用户一旦进入直播间，本来只想买一支笔，结果又买了很多其他东西，正是因为潜在的需求被激发，直播本质上提供的是一种商品的信息服务，因为场景狭窄而有深度的特点，使得信息更加聚焦。主播通过讲述商品背后的故事，对商品的多维度进行比较，叙述、使用、体验等深层次的信息，给用户提供了丰富的消费决策，帮助用户更好地完成了商品的选择。

主播就是直播场景中最重要的要素之一。主播在与用户的信息沟通中，除了使用客观数据、主观体验外，还充分运用好友熟悉、权威影响力等方法，起到了非常好的沟通作用。以前的流量平台是把流量直接卖给了渠道，现在的流量平台是把流量贩卖给了场景要素——直播，由场景要素再贩卖给渠道。由于场景要素直播可以实现较高的商品转化率，所以渠道商从直播间购买流量的收益要比直接从平台购买的收益要高，实现了电商的流量平台、场景要素、渠道三方的共赢。

五、打造非中心化的流通平台

新零售的一个主要特征就是电商由中心化的流量平台转变为非中心化的流量平台，所以

电商流量平台的直播间的场景打造非常重要。

例如在吃播里，直播内容不以销售为目的，也不是强推形式的表现，它是通过场景对用户的需求进行非常自然的引导，通过刺激用户对美食的热情，间接激发了用户的潜在消费需求，让你在不知不觉中买单。所以当一个商品融入需求场景后，用户除了对商品本身产生兴趣，也会对该场景产生情感认同，因为场景天然具备了筛选、连接的功能，会把具有相似个性价值观需求的人聚合在一起。

线上场景在不同平台中对用户的体验感不同，以小程序商城为例，购买的便捷性、页面的美观陈列、退换货的方便度、评论区的快捷回复等，都要有场景体验感。因此，线上场景的升级对客户的黏度非常重要。

第二节 线下场景的升级意义

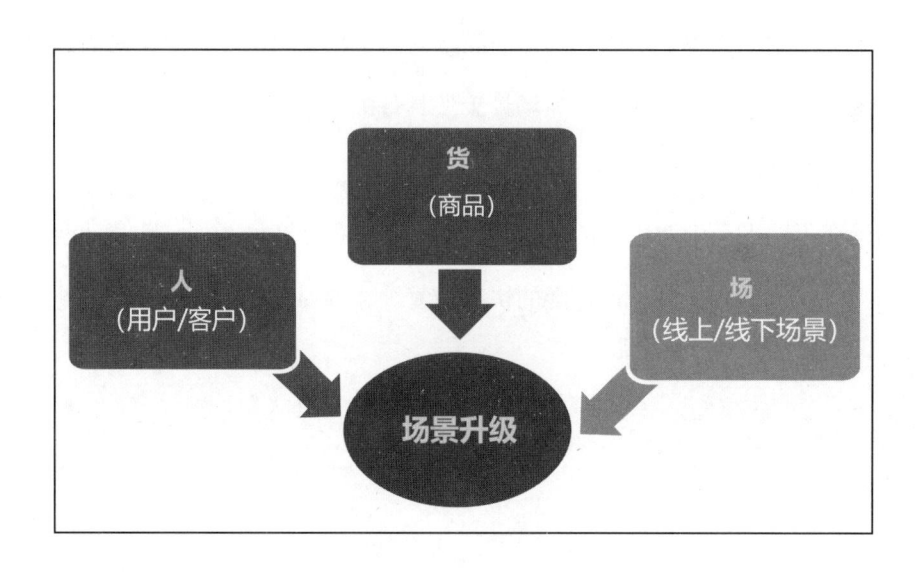

图 2-2 线下场景升级

线下场景升级，以人为中心的体验细节。场景升级打通了一种连接方式：人与场、人与货的连接方式；场景升级体现了一种新的价值交换方式和新的生活方式；场景升级以简洁的方式把时间、地点、人物、事件连接起来。

一、场景升级让零售更有温度，构建消费场景，让终端更人性化

一是购物中心作为线下的流量入口，打造场景营销活动，能迅速凝聚相关的社区消费者，引爆更多的关注，使入口流量最大化，并且活跃粉丝，同时加强粉丝的黏性。

二是流量的二次分发，购物中心的场景活动"圈粉"后，场景内容驱动购物中心或其他

门店，实现流量分发，品牌门店通过营销体验活动继续提高消费者的参与度，充分利用粉丝资源，导流到线下资源，实现流量二次分发。

三是收入多元化，通过场景使门店取得更多的收入来源，以及通过场景营造吸引更多的广告、活动等场景式收入。购物中心不再是一个消费型的购物场所，而是一个关于人文科技的展示新空间。总有一天你会发现，购物中心比你更懂你，比以前更有温度。

二、消费场景体验的作用

用户的消费体验来自三个方面：一是消费场景，在这里消费者与产品直接发生连接，愉悦、轻松、舒适的购物环境让消费者更容易产生购买欲望，也让他们更加认可这家门店；二是数据赋能，大数据的意义可以用一个公式来说明，即"有价值信息=大数据+算法+云计算"；三是通过场景的数据采集和云端的服务，让消费者获得更全方位、更定制化、更贴心的服务体验，大家有共同的标签，形成一定的价值认同，获得一种被关爱、被尊重、有互动的体验。

场景主要有两大作用，一是数据收集的超链接；二是与消费者交互的体验终端，能够有效地吸引消费者驻足、入店、体验以及购买。未来的门店，将混合融入电竞、网咖、影咖等跨界业态，构建多业态结合的休闲娱乐场景，以适应客群年轻化趋势。比如，通过构建生活美食相结合的餐饮场景，如烘焙课堂、餐厅等形式，能吸引更广泛的消费群体。

场景的价值是创造需求，推动消费者产生购买行为。因此，企业就需要找到那个最能激发消费者需求、能让消费者感受到自家产品价值的时机和场合。这就是营销语境下，场景的定义，企业也要基于此来为自家产品构筑场景。

场景设计包含两个部分，一是场景体验，二是场景触发。体验是心理层面的，目的是让消费者感受到产品的价值，激发需求。触发是行为层面的，目的是提醒消费者采取行动，触发购买行为产生。

场景体验包括三个层面：感官、情感、意义。首先，产品带给消费者的感官感受是什么，产品的价值如何在消费者那里"可视化"，也就是说要让消费者看到、听到、闻到、尝到、触摸到产品的功能与品质。感觉才是真实的，能被感受到的价值才是真正的价值。其次，产品能和消费者的情感关联在一起，也就是消费者在消费产品时的心境，是高兴还是平和，是自信还是张扬。最后，产品带给消费者的意义是什么，如自我尊重和实现意义上的，群体归属意义上的。

三、场景打造的几个点面

大型购物中心需要通过场景打造，吸引各类人群，推动客流量增长。同一个品牌下的多个购物中心，可以运用不同的"IP"主题组合，如亲子卡通、艺术设计、选秀明星、地方文化等，实现辐射区域内的影响力最大化。

比如，上海大悦城摩坊More Fun166的业态分布以目标客群的喜好为标准，且每个主题各具特色，手作人街、轻餐小食、酒吧街和摩天轮广场，构成摩坊街区的个性业态配套。

（一）外立面翻新再造

建筑物的外立面是一个商业项目最重要的标识。好的外立面用元素和构图诉说着一个项目的内在气质和主题特色。符合现代审美和个性化的外立面，是商业精神内在展示的重要元素。

（二）室内空间主题重构

如果说建筑物外立面的再造代表了新兴商业的精神气质，那么室内空间主题的重构就代表了零售的灵魂，电影院式空间、剧场式空间、公园式空间等，皆是如此。

（三）优化功能设施

大到一个商场内部的管线设施、声光电设施、舞台效果布局，小到一个商场的休憩花台、功能座椅，卫生间形象，都要重视优化其功能设施。如果说管线如同血管动脉，声光电如同美容品，那么这些细小的细节空间则代表了每一寸肌肤上的细胞。

新的场景革命，以"娱乐、互动、体验"为主诉求，将商业环境极大地融入娱乐的主题、艺术的主题、人文的主题等，将商业嫁接更多跨界的元素，给予消费者人性化的关怀，丰富多元化的体验，形成新的商业空间和氛围，许多建筑设计院也纷纷转型场景设计，例如北京GMD设计等都是其中的佼佼者，未来将迎来一个场景改造的浪潮。

四、场景体验

场景搭建的良好体验性主要体现在以下几个方面：建筑的标志性、体验的可逛性、概念的主题性、场景的独创性。

（一）标志性

标志性：最直接表达是外立面、建筑形态、光影效果，高标识性。消费者从远处看到，即使不知道场内的商品内容，也能产生想要进去的冲动。

（二）可逛性

可逛性的塑造，其实是为了留住现场的注意力，场景的打造不应留存死角和冷区。在第一时间让顾客的脑海中形成清晰主题印象的同时，还不失趣味性，能把顾客留下来，就提高了消费触发的概率。

在曼谷Mall，有号称全亚洲最大的人工瀑布，其以40米高人造瀑布做景观设计，为都市生活注入度假元素。人工瀑布的形态与建筑动线相契合，在这里，景观不仅是景观，还是动线的显现化与视觉化。大量真实的绿色植物的娴熟运用，营造了室外的自然氛围。除了真实的绿化，还有人造的创意植物。同时，巨大的休闲平台也增强客流的驻留，具备"时间消费"的概念。

（三）主题性

通过一个具备延展性的概念，把建筑特性与商业的消费属性统一起来，为消费者营造完整独特的感官体验。主题性是一个系统,而不仅仅是一个名字,或者若干个品牌。

(四)独创性

在规划设计中强调有震撼力的亮点,具备强大的视觉冲击,占据消费者的独特心智(如国内大悦城的摩天轮、成都国金中心的大熊猫),有利于吸引远方客流。独此一家的业态、景观、建筑都是抢占心智的重要手段。

五、互联网赋能升级的实体店场景案例

以某项目为例,介绍新零售时代互联网赋能升级的实体店场景。

一是店面的互联网化改造。比如店面的无线覆盖、电子价签系统、多种多样的顾客数据采集终端等。

二是虚拟现实出样。比如触屏出样,一双鞋子摆在货架上,货架背面什么颜色都没有,如果在货架背面增加触摸屏,那么通过刷触摸屏,就可以把各种颜色、各种款式的鞋子全部陈列出来。

三是开放交互式导购。不仅是销售人员与顾客之间的导购互动,还是引进专业的第三方测评信息,比如对产品性能的评价等,以产生诱导式消费。

四是增强生活体验。随着消费购物更多地转移到线上,实体店的销售实现价值正在衰减,但提供的消费服务却始终不会改变。通过把实体店升级成消费者的社交场景,可以增加顾客黏性。开发嗨家云店等新型业态,让互联网平台在线下以不同的形式与用户接触。包括线上线下融合交易体验、游戏互动体验、服务休息体验等功能专区。

五是主要围绕两大主线。一是线下零售的数字化、平台化,获取海量交易和用户数据,进而进行精准营销、选品布局等;二是以消费者为中心,围绕消费者进行人、货、场重构,注重用户体验和便利快捷。

第三节 线下场景升级的类型

一、爱情主题场景

图 2-3 爱情主题场景

爱情主题场景是以"浪漫、唯美、梦幻"的爱情作为主题来打造的。例如,爱情许愿池/墙/箱/树、丘比特射箭雕塑、1+1=爱鲜花墙、同心锁、爱情宣言涂鸦、月老来签到处、室内灯光爱情秀、爱在转角处、爱情迷宫等。

一条爱的星光大道、一面宣泄爱的箴言表白墙、一个表达爱的舞台、一条关于漫步人生的主题街,无不渗透着爱情主题在商业场景中的应用之广泛。

在某商场,项目墙面上用各国语言书写了"我爱你",同时利用红外线动态捕捉技术,随着消费者的进入,红色玫瑰花跟随步伐会呈现出花开的画面,实现漫天花开的效果。不难想象，多数女孩子到这里会开始产生一阵小兴奋。

除此之外，在每个转角位置，还特定利用高科技投影技术营造了巴黎埃菲尔铁塔、爱琴海、普罗旺斯薰衣草花田三个大背景拍照场景，而布景的上空将出现浪漫的星空效果。这里将世界上几个浪漫的情景体验在一个区域里完成，并且效果逼真，以达到一个极佳的商业旅游、分享体验的效果。随着照片在微信朋友圈、小红书的传播，利用场景引爆社群的商业目的也能随之达到。

在引导区出口，项目特意策划打造爱的信物馆、礼品店。消费者在这里，可以选购商品和进行照片打印，照片可做成明信片、杯面照、钥匙坠等不同形式。同时明信片可在外围的邮箱自行投递。

例如，上海大悦城9楼摩天轮，通过线上到线下的触发系统，满足会员/顾客私人定制的智慧云端大数据。消费者在存储个人信息的专属账户中，通过情感云可轻松完成摩天轮购票预约，还能根据需求一键订购摩天轮下午茶和摩天轮情侣套餐；"有爱大声说装置"也是依托情感云实现语音存储、告白转发等情感表达功能；消费者可在8楼引导区的电话亭录下留言，语音将被上传至情感云存储，通过扫描二维码可将语音转发至告白对象；也可移步至9楼"有爱大声说装置"，使用全世界最长的传爱扩音器进行表白。

爱情主题场景极易形成网红打卡地，种草传播。常见的爱情同心锁、涂鸦表白墙、月老庙、丘比特射箭、爱情留言表白墙、许愿池、许愿树、桃花树等，都是花钱不多、效果很好的场景。

随着时代的变化，将会涌现出更多有创意的爱情主题场景。

二、怀旧主题场景

图 2-4 怀旧主题场景

怀旧主题场景多以"怀旧课堂、民国风、老上海、老香港"等为主线,打造独有的怀旧主题场景,是以20世纪80年代、90年代的金曲演唱、经典美食、老照片展览、场景搭设、老物件等元素,共同营造出经典过去年代场景代入感。

一家商场设置了一间怀旧课堂,课堂均按"80后"记忆中的样子布置——红领巾、大队长符号等。这些怀旧物件引发了一代人的集体回忆,许多消费者看到这样的布置后都忍不住进去坐一坐,回忆一下自己过去的青春岁月。

怀旧主题最具代表性的是长沙文和友的20世纪90年代市井场景。

升级
新场景 新推广 新销售 新招商 新运营讲义要点

怀旧主题场景举例：长沙文和友

长沙超级文和友，是在大商场里重建的一个长沙的往日市井，是20世纪八九十年代长沙的最初模样。主打复古风和怀旧风，人进去了就一秒穿越回那个年代。

一共7层2万平方米的老楼里，包含了近100户人家，商铺20余间，是一个20世纪80年代老长沙的超级楼中社区，全方位还原老长沙的文化与情怀。

90年代的红砖房、老旧的灯箱、各色的招牌，以及窗口晾晒着的衣服床单，高悬着的"五讲四美三热爱"标语，还有各种老式的小吃、饮料档口……

外露的破旧楼道，复古感极强的招牌和霓虹，四方桌在每层楼排列着，将整个老长沙市井社区呈现在了眼前。

其复古而又市井的设计与周边高楼林立、现代化的建筑形成鲜明的对比，造成强烈的视觉反差。

外场将石材建筑立面改成整面的超白玻璃幕墙，幕墙外使用水幕瀑布，内部则重新构建了长沙80年代风格的7层"老楼"，甚至入口处还有使用20多万块老砖重新修砌的"时空虫洞"。

它让每位前来的客人从熙熙攘攘的闹市区走进这个空间，仿佛进行了时空穿越，掉进了一方新世界。前一秒还身处长沙最繁华的市中心，周围高楼林立、车水马龙，下一秒就回到了20世纪80年代初的老旧社区——杂乱的广告牌、昏暗斑驳的墙皮、牛皮癣小广告，看起来那么熟悉。

这不仅勾起了老一辈的老城时光记忆，也满足了"80后"和"90后"的复古情结，更是让"00后"产生了眼前一亮的新意。

文和友的真实感，是用收集到的几十万件建筑旧物与日常物品，去重新还原一个完整的过去的生活场所，一个消失的生活场所，让人记忆深刻，也成为长沙热门的网红景点。

三、英伦主题场景

图 2-5　英伦主题场景

　　英伦主题场景简单的理解就是"英国的风格"，源自英国维多利亚时期。英伦主题场景主要表现在红邮筒、红巴士、红人偶、英伦街道、红砖墙等，都是极具英伦风格的元素。

　　英伦风格多以红色为主，线条优美、颜色鲜艳。英国人又特别喜爱碎花、格子等图案，在场景布置上多有应用。另外，搭配上简洁大方，注重配色与对称之美。

　　由于英伦的红砖墙风格在拍摄照片时很出效果，所以深受Z世代的喜爱，小红书上排名较好的照片，很多都选择红砖墙背景。上海的武康路、成都的一些商业街都选择使用红砖墙立面，成本低、有感觉，拍照易出效果。

升级
新场景 新推广 新销售 新招商 新运营讲义要点

英伦主题场景举例：某项目B1层

英伦主题IP：在入口处摆放10米高的英伦卫兵，B1层、M层是英伦火车站主题场景的核心呈现区域。

B1层以红砖壁墙、火车车厢、色彩斑斓的行李箱、盆景绿植、火车站大钟、穹顶灯带等设计元素，打造了一条火车站主题情景步行街。漫步其间，仿如瞬间"穿越"至20世纪的英伦火车站大厅。

质感浓郁的红砖艺术、严格规划的外立面、设计典雅的风情景致，爵士的慵懒、氤氲的咖啡香气、时尚精致的礼服……皆是商家精心打造的独具美感的英伦主题商业街。

聚合英国皇家礼兵、胡桃夹子、绅士街舞、管弦乐队等元素的"潮玩英伦时尚快闪"以及英国著名的爱丁堡街、泰晤士街、莎翁大道、伦敦桥、温布利球场、大本钟、双层巴士、皇家马车等，每个街景都源自英国的著名景点，一砖一瓦都体现了原汁原味的英伦风情，顾客在此随处拍照分享愉悦，仿建的的国王十字车站是《哈利·波特》的标志性地点之一，也是英伦风格的代表场景；以古老的蒸汽火车元素为主体，有着复古风十足的火车头和四列车厢、真实铁轨，以世界知名的英国站点为蓝本打造的街区，带来的是极具英伦古典主义特色的街道、建筑风格。复古蒸汽火车带领你穿越英伦时代，充满英伦风情的主题街区，别样的小资情调，成为新晋打卡胜地。

四、儿童主题场景

图 2-6　儿童主题场景

随着三胎政策的放开，儿童业态消费升级自然日渐升温。拉动人气，刺激消费，儿童场景重构必不可少。商场中引入童话场景主题已经不是个案，多数商场都在想办法留住儿童。为此开发了儿童游乐、儿童零售、儿童教育、儿童玩具、儿童培训、儿童摄影、儿童手作等一系列儿童主题场景。

典型代表如迪士尼，迪士尼公主梦幻城堡、迪士尼小镇，让客户旅游观光的同时仿佛置身童话般的世界，随之而来的便是拉动零售，刺激消费，让人们在吃喝玩乐中感受美好的童年时光。乐在其中的不只是孩子，甚至大人也仿佛回到了童年时代。

儿童主题场景举例：北京某项目

北京市某商业购物中心，约20多万平方米，分东西两个区，在三楼与四楼之间用连廊相接，打造成北京市一站式的儿童主题购物中心。在外场，有利用灯光秀做的独角兽、旋转灯光木马、彩色喷泉灯,夏季还增加儿童喷泉供小孩乘凉;在室内的中庭,应不同的节假日做儿童类快闪店,如宠物猫展、儿童赛车、文艺表演等;在东区的三楼露台,打造了北京第一家室外的史努比乐园,门票以购物小票为准,不单独收取费用;尤其出彩的是专门定制的儿童厕所,门口有史努比玩偶,厕所的坐便都以小孩子的尺寸设计成卡通的形状;商场内儿童类的业态形成一条龙,如2000平方米大型冰场、儿童探奇乐园、悠游堂、电玩城、儿童餐厅、儿童文创示例(陶艺、厨艺、宝宝厨房等)、儿童才艺培训、宝宝摄影等,让小孩子流连忘返;还有大型互动节目"爸爸去哪儿了"主角客串活动,影响力较大;从而在一体化的儿童场景氛围下,带动儿童集合店、玩具店、服装店、亲子餐饮、楼上的众餐饮,从而形成一个儿童主题IP,在京城享有盛誉。

五、魔幻主题场景

图2-7 魔幻主题场景

在魔幻世界里,人们可以找到梦寐以求的想象空间,也正因为这样,各种魔幻游戏、魔幻小说、魔幻电影、魔幻主题馆应运而生,以超乎视觉、体感、味觉、心灵的形式,让人仿佛身临其境，把艺术的创新元素及时尚品位融于一体。

在场景方面，以杭州某项目为例，它是把街道、井盖、雕塑、天花板等都进行了相关处理，并结合魔幻主题IP，如"魔兽世界、外星人"等进行打造。北京环球影城的哈利·波特馆外围的商业街，复古中世纪的魔幻城堡也是典型的魔幻主题场景。

魔幻主题场景举例：越南疯狂的房子

疯狂的房子（Crazy house）是越南大叻市的一个旅馆，因为其设计非常怪异而闻名，是建筑设计艺术、魔幻、3D等集大成于一体的著名建筑。

人们走进Crazy house，第一感觉就像是进入一个丛林探险区。这里的建筑多以枯树枝为连接，错综复杂且奇异无比，很容易让人第一眼就爱上它，立刻就会想到儿时看的动画片或者漫画书里关于森林童话的场景，让人又爱又怕。

一棵巨大的榕树——这是看到"疯狂的房子"的第一印象，整栋建筑就是一座呈蛛网状的魔幻树屋。盘根错节的巨大"枯木"、硕大的人造蜘蛛网、口眼发光的动物雕塑……设计大胆疯狂，却也巧妙。在盘旋台阶的拐角处，都设有桌椅；顶层房间在床的正上方设计了玻璃天窗，可以夜观繁星；所有房间的水电供暖俱全，却看不到一根水管和电线……

藏身于树丛的石质长颈鹿起到了立柱的作用，它以一定的角度倾斜，并分成枝杈，将屋顶的重量导向地面，又无须外墙承重。

树屋内部有不断向上的阶梯，可抵达由树洞构成的一个个房间。沿着树的阶梯往上，会带你到一个个神奇的迷宫。

旅馆内部沿着修建好的奇特楼梯走，不知道下一个看到的风景将是如何，因为这里面就像是迷宫，不同的是，它比迷宫更具神秘色彩。各种没有任何规则性的曲线，造就了Crazy house的独特性。

升级
新场景 新推广 新销售 新招商 新运营讲义要点

旅馆里有几个不同主题的房间：象征着力量的"老虎洞"运用了中国元素；"棕熊屋"充满俄国情调；"老鹰屋"运用了美国的设计风格；"蚂蚁屋"则是越南式样……每一间房都是独一无二的，位置、朝向、高低和形状，皆找不出一间相同的。屋内的装饰、摆设、家具皆是单独设计的："袋鼠"的眼睛是屋内的灯泡、"棕熊"的爪子是储物间的把手……这些设计无一不天然巧妙。

在树洞穿梭，就像在童话与现实间穿梭。游客们纷纷从一个个树洞间探出头来，很多人在穿梭树洞中各种不规则的台阶后才发现，绕着绕着又绕回了原点。

蜘蛛网状的天窗，四周点缀着绿意，没有破坏感却多了几分浪漫。

走入Carzy house就仿佛来到了森林梦境，各种铺天盖地、盘根错节的真假树木将几幢奇形怪状的建筑串联其中。环顾四周，伸出墙的三角梅、巨型的蜘蛛网、硕大的蘑菇……这些细节让游客们瞬间坠入了迷宫，细节令人信以为真，其实这一切都是钢筋水泥筑起来的童话，它却如施了魔法一般有神奇的视觉感受。

如果中国能复制一个，估计火爆程度需要游客提前半年预约才能有机会参观一下。

六、花园主题场景

图 2-8 花园主题场景

自然、生态型购物中心，可以打破传统商业的设计禁锢，给消费者带来更为舒适、时尚、轻松的购物空间，也更具市场吸引力。

（一）以四季花园为主题，营造花园式生活体验

以重庆某商场为例：室内以"四季花园"作为主题和设计理念，每一层依次被营造成四个季节（秋冬春夏）氛围，在材料使用和色彩运用上反映各个季节的不同特色，通过地坪和天花图案象征落叶洒满地面的感受，配合局部绿植点出花园城主题。

为增加空间趣味性，增强体验感和互动感，中庭打造"水族世界"概念，让儿童和家长真正实现在一座充满阳光、自然的商业空间内寓教于乐。中庭顶部的水滴造型与海洋主题相呼应，走进购物中心就像置身海洋世界。

主流线的枫叶元素、关键点的绿植墙、树屋楼梯等，整个室内精装将绿色、有氧的生活态度诠释得淋漓尽致。

（二）在主入口重点打造百花广场和水韵广场

重庆某购物公园项目墙幕外设计连廊雨棚，搭配建筑体做到遮阳、避雨和美化空间的功能。水韵广场将打造成音乐喷泉广场，通过直流喷泉与波光跳泉的艺术结合，再加上喷泉灯光秀的锦上添花，将江河与鱼跃的灵动与趣味演绎得惟妙惟肖。

购物公园打造的"与生活共生长"创新主题空间"沐光森林"，是国内罕见的购物中心室内温室植物园。在42米室内立方体垂边植物园，有15米高的生命树，20多米的画质漾谷，40米高空悬浮森林，包含生命树、悬浮森林、花之瀑谷三大主题场景以及12处互动打卡景点，同时结合景观、科技、文化打造3D光影秀，通过水幕投影，让消费者享受自然和科技交融带来的全新体验。每晚定时上演沉浸式光影大秀，将光影、水波、环境和科技融为一体，唯美震撼！

（三）白色恋人秘密花园场景

某白色恋人秘密花园，占地不大，也就3000多平方米，依托白色恋人巧克力工厂，打造成迷你小花园。花园的大门用黑铁艺制，配上黄铜的装饰，然后加上花篮，映入眼帘就别具风味。在3000多平方米的小空间里做了双层喷泉，地面红砖与鹅卵石交错，在临街装饰有大风车。为了视觉效果拔高天际线，还专门建造了一座20多米高的钟楼，钟楼每层用花篮装饰，内有红巴士、霍比特人小屋、小天使，从而使每一个视觉点都是一幅美丽的画。整个园区造价不高，四季鲜花常开，鲜花色彩配比恰当，是非常值得借鉴的花园场景。

七、潮酷主题场景

图 2-9　潮酷主题场景

潮酷主题场景，以赛博朋克风格为代表，主要表现为五花八门绚丽的视觉冲击效果，比如街头的霓虹灯、街道标志性广告以及高楼建筑等，通常搭配色彩是以黑、紫、绿、蓝、红为主。

通过色彩、霓虹灯、机械这些未来感设计的元素，结合街头市集、涂鸦，化为亚文化生长新据点，给新生代带来街头文化与Shopping mall相融合的一个全新潮酷场景。

运用赛博朋克的打造手法，结合蒸汽波的元素，营造出神秘、科技、超现实空间氛围，带来个性、潮流、时尚的场景化、体验式消费空间，满足人们的个性化需求，创造新的精神社交圈层。

在设计上具有鲜明的特点：一是通过错位、拉伸、扭曲等图形体现电子科技的未来感；二是科幻的未来都市街道和建筑；三是虚拟现场、人工智能、网络；四是蓝紫暗冷色调为主，搭配霓虹灯光感的对比色。

例如，某商场主打金属工业和赛博朋克风，随处可见的超多电竞元素，仿佛进入另

升级
新场景 新推广 新销售 新招商 新运营讲义要点

一个次元，内部有激光通道、电竞广场等打卡点，可以举办电竞活动以及王者荣耀游戏比赛、剧本杀等。

潮酷场景主题举例：某创意街区

该项目共两层，近5000平方米的街区，打造了兔子市集、日不落公园、吃货研究所、脑洞镇、万花筒广场等8个各具特色的主题创意公园。这里，有家庭餐饮食材、DIY生活体验、生活配套、手工皮具、陶艺、花艺、阅读、小型美食街、照相馆、零售、DIY画室、创意市集、创客空间等。另外，还将亮眼的霓虹元素、独特的复古街头文化，以及年轻潮流主题装饰相结合，打造符合年轻人口味的潮酷主题街区，带给消费者全新的生活体验，集时尚、潮流、文创、玩乐为一体。

街区内动线处理方式较好，有走街串巷的感觉，多个店铺捆绑一起成组，分了不同的特色街区，使得动线宽度都在3米以上，形成通道，吸引客流，顾客很愿意在其中走来走去。

整个街区的地拼很丰富，与每个分区的主题呼应，突出每个节点的设计特色，使顾客有场景的代入感，穿梭其中体验丰富。

天花造型丰富，种类多样，特色招牌、三脚架式的、伞状的以及钢丝网上吊烟火灯的天花形式等布置，塑造了热闹活跃的商业氛围。并且材料多为软装，成本低，方便拆卸更换，从而保持与时俱进，紧跟时尚潮流及文化节日变化。

推出以"深夜食堂"为主题的21点夜间创意生活时尚汇，将亮眼的霓虹元素、独特的复古文化、街头文化以及年轻潮流主题装饰结合，被打造成网红街区，成为年轻人打卡的必去之处。

八、文艺主题场景

图 2-10　文艺主题场景

文艺主题场景是立足"小众化"的艺术主题购物中心，通过文艺美，将消费者引入卖场，从而形成消费。相比其他依旧在"百货+餐饮+休闲娱乐"模式上徘徊的其他购物中心，确实是一种开创艺术，比如上海K11、杭州天目里、北京芳草地等商业项目，都是文艺商业的代表作，是文艺青年的打卡地。

文艺主题的购物中心不再用商品吸引消费者，而是以艺术品为主题的文艺体验对消费者形成强大的拉力，可以在优美的景观环境中小憩，在风格别致的建筑里漫步，在精致的手工制品和创意小店里尽情消费，在幽雅的清吧里陶醉一下，在散发浓烈香甜气息的小吃店里大快朵颐……

购物中心的文艺范玩法正在升级，将艺术展呈现在商业中心，并逐步打开展区，跳出传统的展览空间和布展方式，从空间、策展、艺术文化、社群活力等方面，赋能传统空间，为传统商圈的改造注入创新元素。热门的大牌艺术家的作品展览，每一次开展都会吸引大量的人流前去参观，通过社交媒体重塑大众的艺术消费观，例如上海的K11、广州的K11等。推出的著名的雕塑展等。艺术展和商业空间的持续结合，给商业空间提供了更多可能性，成为年轻文化的孵化地和公共艺术的聚集地。例如，上海瑞虹天地的太阳宫，一楼加油站的快闪店，为了配合电影主题，用四种风味演绎人生的酸甜苦辣，电影与产品的创意结合，吸引消费者纷纷打卡。

就文艺商业空间来说，人们喜爱的开放式空间、绿色体验、游逛感受生活方式店铺等，都是对一种理想关系的回应。生活美学集合店、跨界集合店、文创艺术空间等新型的复合店铺应运而生。例如，苏州的诚品书店集合了人文书店、文创平台、专业画廊、艺术展演、餐饮、娱乐等元素，由此让人感觉到犹如在繁忙的都市生活中遇见自我。

在文艺空间视觉设计中，可将空间的指示图标通过拼贴重组的手法，形成一种犹如涂鸦艺术的字母形态，让图标成为空间的一种气氛装置；设置一些不规则的内外层空间，创造出许多能停留的空间，方便融合绿植和自然的采光；在设计中，着重突出休闲的生活方式，例如餐饮、酒吧、特色餐厅、人气品牌、独家代理品牌等；除了品牌门店围绕着蜿蜒的路径，还有若干小型质感的外卖店，散落在内场空间，让消费者可以感受自然空间光线的变化，绿色植物传递的美感，享受舒适的城市生活；还可利用空间创造丰富多元的社交，可开座谈会，可以做美术馆、典藏的库房、儿童探索馆等；每周举办一些市集活动、美食小作、手作屋、街头艺术等，吸引人前来参观；有一些老房子还可以保留老房子的斑驳，打磨的十字楼梯、铁花窗、斑驳的窗帘窗框等，感受时代的痕迹，发挥老建筑物的迷人之处，形成网红打卡地。

高层的部分可以考虑做一些共享空间，吸引一些室内设计、平面设计、品牌设计、运营创展等文创公司入驻，同时还可以做一些美发、咖啡、珠宝、首饰定制加工、摄影工作室等。

在一些公共空间，可以举办一些策展活动，打造一种生活美学。通过设计，裸露的红砖墙，地面瓷砖的拼接，打造一个非常好的拍照点。通过磨石子地板、铁锈的痕迹、红砖灰泥、古老的木桌、不再修饰的清水墙等，感受浓浓的文艺氛围。有的空间打造犹如玻璃碎片不规则的轮廓，形成不同角度不同感觉的层次感，例如金属、玻璃、木头形成的一种艺术感觉。另外，可以考虑一些循环再生环境，打造可再生的没有污染的环境循环。

文艺主题场景举例：杭州某项目

杭州某项目是一个集写字楼、美术馆、艺术中心、秀场、影院、酒店、设计师品牌买手店等于一体的综合性艺术园区。

17幢形态不一的单体建筑，共同围合成一个中心广场，称为"城市客厅"。

建筑外立面采用清水混凝土搭配玻璃和模块化铝板幕墙。所有的地面上都涂上了油性保护剂。自下而上在不同标高呈现为下沉庭院、地面植被、镜面水池、露台外挂花箱、屋顶茶园。绿色景观从地下自然延伸到地面，并沿着建筑立面向上攀升，直至屋顶。屋顶作为第五立面，种满了杭州的标志性树——绿茶。

因此，它不是一个封闭的办公园区，而是一个绿洲般的"城市客厅"和艺术生活的发生器。

"目里空间"是杭州城市内难得一见的多功能空间，配备了世界一流的音响、舞美设备，可用于举办时尚走秀、音乐现场、小剧场演出、论坛沙龙、商业发布会等类型丰富的展演活动，成为园区文娱内容的发生器。

阶梯中庭是开放的垂直图书馆，从三层至七层，两座通高中庭将所有开放式办公区域联系起来，形成了一座垂直的阶梯图书馆，多样化的使用场景也让这里成为一座自由的学校。

五至七层中庭配备了投影、幕布、音响设施、灯光，可以随时化身为阶梯教室，举行百余人规模的讲座活动；三至四层中庭利用高差形成多个小型讨论区，空间共享且互不干扰。沉浸式的图书展陈和便捷的交通流线，让这里成为"在工作中学习"的完美空间。

九、红色文化主题场景

图 2-11 红色文化主题场景

商场里采用红色文化主题场景是指以革命历史题材为主题场景,打造爱国主义教育基地,既有文旅商业特征,又有红色教育宣传作用,也是国家鼓励发展的方向。

红色文化主题场景举例:陕西延安红街

延安红街长1.5公里,是著名的红色文化主题场景。

游客抵达延安红街,首先进入会师广场,体验红军结束长征,胜利会师延安,开启延安革命之旅的红色岁月。

从会师广场出发,游客可以一路向前领略红街之美。依次穿过边区广场、圣地广场、抗大广场，游览一个个红色场景，到胜利广场结束。这一空间布局巧妙地将党中央在延安的革命历程进行了线性排布，每一个广场、每一段街区都承载着一段历史记忆，让游客在不知不觉中熟悉了党中央在结束长征后，扎根延安，领导中国革命一步步走向胜利的历史过程。

圣地广场通往延湖的彩虹步道千万不要错过。这里除了有按窑洞风格设计的时光之门，还有七彩的台阶，更有在每一级台阶上精心铭刻的关于一些重大历史事件的记录，让你在拾级而上的过程中了解党中央在延安13年中经历的一段段红色历史。

边区广场的练兵场，这座建筑以红旗与红星造型为灵感，立面严格对称，造型斗志昂扬，呼应周边陕北传统建筑，展现出边区广场火热的革命生活。另一个则是圣地广场旁边的再回延安体验馆，这座建筑外墙为红色铝板幕墙，立面以一颗象征中国革命的五角星为主要造型，在阳光下闪耀光芒，令人肃然起敬。

在红街，《再回延安》是各类红色主题演出的代表。这场以延安革命历史为背景的红色演艺由国内知名导演领衔创作，演出充分利用声光电、人造风雪等高科技手法，打造多重体感互动体验，观众可以通过在场景中行进，移步换景、沉浸其中，重温中国革命的艰难历程。

以红色文化为主题，还汇聚了会师体验馆、红色征程VR体验馆、红色记忆馆、红色钱币艺术馆、红色大生产博物馆、星火燎原主题蜡像馆、千金药局等多个红色文化展陈馆。红色展陈馆如此集中地呈现。有窑洞风格的酒店客房和红色军事主题的民宿客栈，还有南泥湾主题的生活市集。可以说，涉及游客吃住行、游购娱的全部内容几乎都与红色挂钩，延安红街的确是一条名副其实的"红"街！

将红街变成一个红培研学基地，让人们在红街接受一场红色的洗礼，增进人们对红色历史的深刻理解和对红色传统的敬重则无疑是延安红街的更高追求。

红街的红色文化要点：一是红色主题。还原革命战争时期的标志性建筑，如会师楼、新华书店、西北旅社、大众戏楼等；延湖边建设了长征主题步道，再现瑞金出征、遵义会议、飞夺泸定桥、过雪山、大会师等革命场景。二是红色业态。包括会师体验馆、美术馆、红色记忆博物馆、南泥湾大生产博物馆、红色钱币艺术馆、红色蜡像馆等12个项目；红色餐饮业态以寻味长征、寻味陕甘宁、寻味圣地延安为主题，汇聚红军长征沿途和陕北地区的特色美食；红培研学业态覆盖四大街区、五大广场，以会师馆、练兵场、隐蔽战线博物馆、红色钱币博物馆、大生产博物馆等八个线下场景植入自有版权的红色培训研学课程，理论和线下场景融合，创新红培研学模式。三是注重互动体验。以科技手段增强互动，创新红色旅游体验。《再回延安》是红色主题的大型沉浸式情景体验剧，游客可以融入剧情，在行进中体验红军长征时爬雪山、过草地的艰辛过往；在互动军事乐园练兵场里，游客可参与地道战、保卫延安等经典场景；军事乐园地下还建设了拥有24条弹道的西北地区最大实弹射击场。

通过游览延安红街，可以让消费者零距离触摸体验红色历史，探索红色遗风，追寻先烈足迹，了解革命历史，缅怀革命先烈。

十、科幻主题场景

图 2-12 科幻主题场景

科幻主题场景指以科技前沿技术的手法，打造科幻未来的场景，使商场吸引儿童和科幻爱好者，既满足科技主题的产品展示、销售，如机器人、新能源车等，又营造了与商场相吻合的氛围。

科幻主题场景举例一：北京某商场

北京某商场以"数字—模拟未来"为主题，创意制造了一个沉浸式的"科幻世界"购物场景。如同地球人类通向火星的入口，以独特的叙述方式，呈现一段"人类移民至火星的生活遐想"，建构了一处未来世界。

未来农场：就是一群羊，或在休息，或在吃草，会动，会叫。乍一看，还以为它们是真羊，经过旁边机械臂等的提醒，才知道它们其实是"仿生羊"。农场用房，惟妙惟肖，非常逼真，甚至有一台货真价实的手扶拖拉机。未来农场所表达的深层含义,是指未来数字时代,机器接管信息,由人工智能所复刻的羊,与人类记忆中的"生物羊"几乎一模一样,从而创造一个虚拟的现实世界,在这个空间,幻想和现实间的界限变得模糊。

二层另一头,是互动装置艺术《企鹅魔镜》,这是一套人的躯体动作捕捉设备,当人在附近走动时,企鹅会"反射"人的躯体动作轮廓从而转向。毫无疑问,除了大人,这里还特别受小朋友们的喜爱。

三层为发现主题。这层是沉浸感最深的,也是火星主题最为浓郁的一层。上去楼梯之后,没多久就转到"时空隧道",仿佛是去往火星的深空路径,又如同太空飞船的太空舱通道。

科幻主题场景举例二:某未来博物馆

某未来博物馆奇特的椭圆造型像是来自外星球的产物,虽然远观宛如一枚戒指,但其实这是一栋总面积30548平方米、高达77米的7层建筑。未来博物馆主要由三个部分组成:环形建筑、镂空部分、绿色山丘。其最特别之处在于,它的外观全是曲面,由1024多个单独的阻燃复合板无缝组成。每个面板都覆盖不锈钢工艺,因为全身遍布繁复交错的艺术书法,所以每个面板的设计都不一样。在机器人的辅助下,结合先进的3D打印技术,整个环形结构没有使用一根支撑柱,宛如浑然天成。它的内部还设计了独立式的双螺旋楼梯,书法在闪闪发光的墙壁上若隐若现,激发着参观者对于未来的思考。

未来博物馆,运用了虚拟技术、人工智能、人机交互、自动定制、医疗技术、气候探测、大数据分析,以及太空飞行等,在这里,你还可以见证月球如何成为新的栖息地,如何制造出可再生能源;同时,可以凝望到我们远处的家乡——地球。

你将在这里进入一个数字化的亚马孙丛林。

在混合现实娱乐的生态系统场景中，可以观察热带雨林里数百种物种如何存活和生长，如何影响我们的环境，看到那些现实肉眼不可见的细微之处。像人类末日来临前建造的物种储藏室，载上这个房间前往宇宙漂流，就能在新星球上重造人类的世界。

这里，沉浸式地展示了关于人类、地球、太空的各类未来问题，如太空旅行、地球生态、气候变化、生命科学等。

第四节　各类黑科技在场景中的应用

一、3D主题场景

由于与参观者的良好互动性以及超强的视觉冲击力，3D主题受到新一代追求新奇的年轻人热烈追捧。同时，3D主题现已成为越来越多的商场举办各种宣传活动的又一利器，在带来大量消费客群的同时，也为商场增添灵动的艺术气息。著名案例有首尔3D幻觉立体美术馆、天津某购物中心等。天津某购物中心在商场内特设有青年创意3D画一条街，通过特殊的绘画手段，模拟展示三维视觉艺术，使观赏者有身临其境之感。3D墙画共有几十幅作品，立体感十足，展示期间引来众多来往顾客驻足与拍照。北京某项目也有一个3D的专属大型展览馆。除了3D绘画馆的互动，现在又流行的裸眼3D电子屏，在商业街或购物中心中庭放置震撼的裸眼3D电子屏，效果也非常好。比较知名的成都太古里、北京三里屯太古里的裸眼3D大屏，吸引了相当多的拥趸者在抖音、小红书等平台点赞，转发达几十万条，对商场的宣传和导流起了很好的作用。

二、虚拟试衣镜

当购物者站在虚拟试衣镜前，装置将自动显示试穿新衣以后的三维图像。消费者甚至不用移动就可以更换服装款式，要做的只是简单地旋转屏幕上的按钮，便可以轻松换衣。只要顾客站在它面前，它就能展示店内各种衣服穿在顾客身上的3D效果。如果顾客不满意，也只需挥挥手，碰碰"试衣镜"中的虚拟按钮就可以实现换装。它可以让顾客在挑选衣服时，不用非得穿上才可以看到效果，体感技术可以察觉顾客的一举一动，比如顾客转身，就可以看到背后的衣服效果。

三、线下网红直播间

经历过这些年的发展变化，线下网红直播间现在以快手欢唱的模式风靡起来，之前我们在很多购物中心见到的咪咕唱吧或是一个小隔间的封闭直播间，类似线上直播间模式将落伍。

线下的网红直播间完全有别于线上直播，线下直播间要敞开的，而且必须是与线上实时直播连接打通的。它不仅可以实现线下的商场气氛营造和互动，同时还可以吸粉，线下吸粉并增强粉丝黏度，而且线上的直播还可以导流线下，双向的导流、点赞、打赏使顾客参与性大大提高，因此，线下快手欢唱模式的网红直播间将是所有购物中心的标配。

四、全息投影

全息投影技术又称虚拟成像技术，是利用干涉和衍射原理记录并再现物体真实的三维图像技术。

通过全息场景互动，配以合适的音乐，更能增强客户的体验感，使人与景有比较"真实"的结合，营造氛围，亦真亦幻，打造独特的光学空间。

现在全息技术发展得已经非常成熟，只是个别的成本有点高。在全息互动方面做得比较突出的是韩国济州岛的BigBang演唱会互动馆，从进门口大幕全息投影，全息明星演唱会，观众可以和全息人物互动，吸引了全球的粉丝去参观拍照。全息在商场里有非常多的应用，从进门口、中庭、卫生间、公共休息处都可以设置全息场景，对活跃气氛、拉动人气起到非常好的作用。

五、智能机器人

机器人互动，增强互动的趣味性；机器人导航代替服务员带路，降低运营成本；机器人导购/点餐，使购物/用餐流程更清晰。

目前，应用智能机器人功能包括机器人送餐、机器人配菜、机器人扫地、机器人烹饪、人工智能购物、人工智能配送、人工智能促销、人工智能化妆等。

未来商城内，智能机器人一天中的主要工作内容包括：一是当顾客进入商场或离开商场时，机器人可以主动迎客及送客，协助商场工作人员解答顾客问题，包括位置引导及各类商场基本问题咨询。二是通过智能硬件载体，机器人能向商场反馈实时购物信息，并向顾客推荐其可能感兴趣的热销产品，充当商场导购的角色。三是商场客流量较低时，机器人可以通过才艺表演和机智幽默的对话，增强顾客的参与感和互动性，吸引顾客的同时也能拉高消费频次。四是在顾客排队结账或休息时，机器人还可以扫描二维码，引导顾客关注商场信息，为商场拉客吸粉。五是可以利用顾客在商场的碎片时间，向顾客提供饮料或零食等小金额、需求频度较高的商品购买服务。六是在影院或餐厅客流量较大时，为顾客打印排队号码，起到引导分流的作用。

六、入口场景 / 互动电子屏

商场外广场和主入口是设计的重点。入口场景直接影响顾客的进场心理，现在很多商场都在主入口上方设置电子屏，以达到吸睛的效果。因此，对入口场景和电子屏的设计要求就会比较高，可以做互动电子屏，让顾客一进商场就留下难忘的一帧自拍，并上传到社交平台账号上。

七、跟随小车

在购物过程中，跟随小车会跟在顾客后面，小车可放置物品，减少顾客自主推拉小车。购物完毕后，小车自动到收银台清点商品，并将账单推送给顾客，顾客在手机端确认账单，并在线付款。结束后，小车自行返回充电。

八、理货摄像头

实时监控货架的牌面，让商家从后台能随时看到商品的动销情况和商品管理情况。同时，也能减少理货员拍照上传等重复机械性劳作。

九、智能价签

采用电子纸屏幕，实现变价自动管理，尤其在实时促销阶段，能快速更新价格。另外，顾客可以扫描价签获得商品详细信息或者扫描价签二维码获得优惠券，实现个性化营销。整个过程，无纸化操作，降低人工成本，节约耗材，绿色环保。

十、智能称重结算台

该结算台下方共有4个摄像头，能够通过图像识别获取商品信息，并结合智能感应装置，确认商品数量及价格。

十一、智能客流摄像头

通过摄像头抓取客流信息，根据顾客人数、年龄段、性别等量化数据来研究客流规律，最大限度地挖掘卖场的销售潜力，增加销售机会。同时，对于人流密度较大的区域采取相应的措施，进行有效的走向引导和安全预警，完善商家的组织运营工作。

十二、智能广告牌

当顾客走近广告牌，广告牌通过面部识别，能够判断顾客年龄、性别，匹配其信息，投放其可能感兴趣的商品，实现精准营销。

十三、室内AR导航

利用AR（增强现实）技术，为顾客提供虚拟的商品导购和路径指引。顾客拿出手机，选择想要的商品，手机拍摄现实场景。手机屏幕的画面中，将出现一条虚拟的导航箭头，箭头随着顾客行走而变化，直至引导顾客至商品所在处。

十四、智能悬挂链

悬挂链解决场内物流。这是实现仓店一体的必要环节，前台的现场工作人员根据顾客线上订单，现场拣货，放入升降系统，升降系统将货物投送至悬挂链，传送物品至后台，后台物流人员接单送货至顾客处。

十五、AR

从地下停车场到商场内所有品牌业态及综合体的全程AR导航导览，并为商户提供包括AR礼券、新品推荐、主题活动推广等营销功能；运用跨界合作的方式，探索城市综合体全场景AR导航的创新体验，并以AI+AR技术引领购物体验和营销模式，让顾客更加便捷地享受个性化、高品质商业空间；ARgo导航服务让顾客可以快速找到心仪的店铺，同时为场内的品牌租户提供更具交互性的营销方式。顾客在商场内的电子导视牌上都可获取ARgo的进入界面；智能化的购物体验便捷精准地引导顾客到达目的地，让顾客享受智慧化与沉浸式的购物体验。

全场的AR体验，瞬间化身商场地图；一键开启AR导航，只要举起手机摄像头，对准身边场景，就能自动完成"厘米级"精度定位；AR导航系统会根据顾客的所在位置全程路标指引，推送附近门店的营销活动；不仅为顾客提供了更有品质的购物体验，更基于全场景的AR导览，拓展了品牌商家曝光、引流的区域空间，形成了商区获得业绩提升的全新抓手，构造线下线上联动融合的营销闭环。

十六、光影艺术装置

在数字化时代,打造数字多媒体与光影科技深度结合的艺术场景,极大地丰富了受众多元感官体验,多介质构建虚拟形式交互,结合声、光、电等美学艺术生成的沉浸式艺术作品,已经成为新一轮灯光艺术关注的焦点,是各购物中心、综合体正在不断尝试和探索的新模式。运营者们深知,只有购物中心具有话题性,才具有更高的可炫耀性,从而达到引流的目的,也是购物中心发展夜经济和打造沉浸式体验的重要方式。光影艺术分灯光艺术装置、全息投影、LED大屏。灯光艺术装置则是常见的一种手段,采用灯光艺术装置的方式点亮夜晚,而不同形状不同用料整合成的发光装置,带给顾客的是不一样的视觉感受。国内做光影艺术装置领先的有北京本至光影照明设计有限公司等。

十七、灯光投影

随着技术的快速发展,3D投影、AR等技术在越来越多的领域广泛应用。无论是夜游、节日庆祝,还是商业活动,它们都可以灵活展现在任何形态的物体上,呈现出亦真亦幻的虚拟影像世界,满足人们对视听体验的高要求,让人们体验奇幻的视听艺术。

沉浸式光影互动作为一种新兴的艺术浪潮,已经融入现代生活的各个领域,引领公共艺术发展潮流。以灯光投影为媒介,如某商城打造光影长廊,白天是道路,夜晚设备开启光影为海洋、鲸鱼畅游、海浪飞舞,让孩子们追逐鲸鱼、情侣们漫步其中。LED大屏在户外打造虚拟与现实的交互空间,酷炫的光影艺术吸引顾客欣赏打卡,将这里的照片、视频分享到社交平台,形成网络热点,围观种草,达到商场引流的目的。

裸眼3D、全息、光影技术、虚拟成像、VR、AR、数字媒体广泛用于商业空间,赋予了一种新的空间社交方式。

第五节 场景汇总要点

●一个购物中心的场景打造或重构,首先要进行市场调研,主要研究面对的是哪类消费者人群,根据消费者的需求定位而选定。例如,靠近大学城,则选择文艺场景和潮酷场景比较好;如果主要消费人群是儿童,则定位以儿童卡通主题场景和科幻主题场景比较好;如果是面向幸福家庭,则花园主题场景比较好。

●对复合型场景的定位,例如,市级都市型购物中心,或者县城的都市型购物中心,则可以选择复合型场景;如果是体量特别大的非都市型购物中心,也可以选择复合型场景。即花园场景、科幻场景、文艺场景等,在不同楼层或不同街区,分层分段地进行场景打造。

●在所有的场景打造中,要根据投资方的实际资金使用筹划,对于黑科技可以选择几个来做,也可以只做一两个。不管怎样,快手欢唱模式的网红直播间都是必备的。

●裸眼3D和全息投入比较高,在中庭、商业街或集合广场可以考虑,有实力的投资商可以做一个,这类场景比较震撼,效果也比较明显。

●随着爱国主义教育和社会主义核心价值观教育的深入,购物中心日益承担起一些社会性的公益活动,所以红色主题展或者红色文化主题场景会越来越普遍。

●对于一些小体量购物中心,场景打造可以是全景式的,例如,文和友的怀旧全景式打造、这有山的山景全景式打造等。这一类投入比较大,但是如果做好做成功了,能够形成的IP效果也强。

●关于网红打卡点的场景重构比较多,一般处理的点位是外场、商场入口处、中庭、公共休息区、集合区、卫生间、楼顶等,尤其随着夜经济的放开,屋顶和户外的星光亮化场景尤为重要。例如,长沙国金中心屋顶的雕塑成为长沙有名的网红打卡点、网红地标,从而使

第二章
新场景升级

屋顶的商业价值大大提高。商业步行街对天际线的打造尤为重要。

- 魔幻场景尤其费钱，例如，越南大叻市的"疯狂的房子"这类作品，在我国还没有出现。如果能创造出类似的作品，估计会形成新一代的网红地标。一个好的网红场景可以盘活一个商业街，例如，永兴坊的摔碗酒、大唐不夜城的不倒翁等，这类例子不胜枚举。

- 场景重构上会涉及一些老旧商场的升级改造，在改造中会受到一些功能上的限制，在具体改造中要根据实际情况而定，不要照搬照抄，例如，屋顶摩天轮之类的。如果是新开发的商铺，层高一定要在限高范围内，要尽量达到计容线，如果计容线在5.6米，则做到5.5米。

- 购物中心的屋顶打造成屋顶花园，做一些星光亮化、室外攀岩、儿童户外游戏、泡泡屋、网红雕塑打卡，是一种新时尚。

- 用户体验至上+沉浸式场景打造+文化底蕴+跨界融合，是文艺主题类商场的特点，共享办公、小众艺术展是新兴的一个亮点。

上海某项目的昆曲戏剧体验店，肖像摄影艺术店，匠心集合空间，当代艺术的奥赛画廊等，艺术场景极大丰富了文创空间的可能性，使消费者置身其中，感到社交的快乐。

- 从主题场景中引入文创、手作、轻食等新物种，如密室逃脱、Live house、卡丁车、宠物互动、小酒馆这些新物种，从而使场景更丰富。

- 市井文化优秀作品《长安十二时辰》在西安某广场火爆，考古盲盒、主题文创展、星际穿越、外星球、能量魔方等元素在科幻场景中广泛应用。

- 主题商业街内设有主题场景相契合的故事脚本和演绎团队与消费者真实、深度互动，从NPC互动，创造体验形成独家IP，故事化联动也是一个方向。

- 热门剧集IP+沉浸式娱乐+主题餐饮+国潮的模式是场景加新物种，引领年轻人的消费行为，购物中心将主题景观演绎内容、新业态有机融合，在设计之初就要预先定位好。

- 沉浸式场景、策展式商业、光影秀、赛博朋克风格、数字黑科技等在购物中心可以同时打造应用。

- 基于Z世代消费群体的社交需求，将运动与社交场景融为一体是趋势，室内篮球场、

升级
新场景 新推广 新销售 新招商 新运营讲义要点

室内滑雪、滑板场、室内水世界、击剑、攀岩、室内高尔夫、蹦床等，挑台、看台与阶梯艺术空间，使层高挑高要求更高。利用黑科技、全息、VR、AR等使场地浓缩与动感增强。

●新型的电竞购物中心，魔幻场景和科技场景结合，玩刻GAME SPACE自助游戏体验馆，游戏娱乐主题带动购物体验。

●元宇宙IP融入购物中心，沉浸式体验、虚拟偶像，VR、AR、3D组成虚幻空间，虚拟人、二次元世界的线上线下有机融合。

●文学艺术综合体，可打造艺术树，举办音乐会、艺术展、Cosplay活动，潮酷主题可打造电竞馆，游戏直播、潮玩、手办、盲盒形成规模市集。

●宠物业态在主题街区设计上，做聚合业态，打造社交第三空间，宠物+餐饮+文创+茶饮+书店等聚合空间，从建筑空间、动物艺术设计、室内动物主题乐园、宠物主题餐厅、各类宠物主题活动，形成社群亚文化，结识同好，导流商场。

●夜经济场景在夜宵、夜游、夜购、夜读中，注重灯光设计，做到一步一景，一店一风光。

●新媒体艺术、影像艺术、装置艺术、雕塑绘画等艺术媒介，流量源于场景力量的吸引，为社交行为营造场景氛围。

第三章 新推广应用

App平台的世界中可谓种类繁多，据统计，Appstore里边的App有250多万种，涵盖了人们生活中的方方面面，从10多亿用户的微信、Facebook到下载量门可罗雀的小众App，五花八门。本书选择了人们常用的一些App，重点讲解一下各个细分市场的情况以及导流情况。

◎ 商业地产新零售受众的App应用场景（售楼处+商场）简述

◎ 新媒体各类App平台分类汇总

◎ 微信各生态介绍

◎ 互联网常用App平台介绍

◎ 各类App里常用媒介

◎ 新媒体推广和应用策略

第一节　商业地产新零售受众的 App 应用场景（售楼处+商场）简述

> 三社：社区、社交、社群
>
> Solomo：社会、当地、移动

图 3-1　三社与 Solomo

一、传统媒介在这两个场景中的应用

售楼处：主要依靠发单、电话、中介带客以及户外广告。

商场：主要依靠电台、电视、车身、户外以及发单等。

二、受众在这两个应用场景中的差别较大

售楼处：大多数是大于35岁的窄众客户，因为一个项目可能只有几百套房子，所以几百个高端客户就够了，基本都是认知传播为主。

商场：以小于35岁年轻人为主，泛人群，因为来商场消费的人群参差不齐，基本都是感性传播模式为主。

三、三社人群

社区：商圈内的消费人群。

社交：因社交需要来商场的人群，来商场是完成社交需求，不是在家里接待，而是在商场里喝咖啡、吃饭、娱乐等社交活动。

社群：互联网上的社群，形成各种小众，亚文化社群，然后导流到实体商场，在实体商场里完成社群的线下互动活动等。

四、Solomo人群

为了方便记忆可用英文单词所罗门记忆，Solomon，去掉结尾n，即Solomo。

So：社会，也就是社交人群；

Lo：当地，也就是指商圈内人群；

Mo：移动，即流动人群，如社交、社群等非社区的移动性人群。

在App兴起的时候，App使商场客户量被放大，商场的人群是以Solomo三社人群为主，已经不再是商场的周边人群了，商圈的概念被淡化。

例如，山东临沂号称快手之城，其直播基地的服装是面向全国销售的，甚至一些三线城市的消费者买衣服都是在临沂，它形成一个社群关系。如今线下实体商场里很多人来商场，不是为了购物，而都是为了社交活动。

升级 新场景 新推广 新销售 新招商 新运营讲义要点

第二节　新媒体各类App平台分类汇总

类别	代表	类别	代表
工具类	滴滴打车、支付宝、高德导航等	游戏类	王者荣耀、刺激战场等
搜索类	百度、夸克、搜狗、360、UC等	社交类	陌陌、QQ、Sou等
资讯类	今日头条、微博等	音乐类	网易云、QQ音乐等
种草类	小红书等	写作类	简书、美篇、起点等
视频类	抖音、快手、B站、爱奇艺、腾讯视频、火山等	论坛类	天涯论坛等
外卖类	美团、大众点评、饿了么等	问答类	百度知道、知乎等
购物类	淘宝、天猫、拼多多、京东、唯品会、闲鱼等	学习类	网易云、知识星球、在行、得到、脉脉、微课等
音频类	喜马拉雅、蜻蜓FM	垂直类	Keep、糖豆等
外媒类	Facebook、VK		

图 3-2　网络新媒体App分类汇总

　　App平台的世界中可谓种类繁多，据统计，Appstore里边的App有250多万种，涵盖了人们生活中的方方面面，从10多亿用户的微信、Facebook到下载量门可罗雀的小众App，五花八门。由于每个人的手机内存有限，普通人对App的下载一般最多就是50个，正常在25个左右，常用的也就十几个，大部分App使用频率都不高。

　　虽然人均上网时间增加了，现在大部分是在5个多小时，但是由于各App的黏度化，使人们分流在各个App的细分市场，本书就选择了人们常用的一些App，重点讲解一下各个细分市场的情况以及导流情况。不管怎么说，微信生态是核心，占到一半的份额。由于日常需使用扫码功能，更加增强了微信的黏度和日活度。

5G时代，视频行业迅速崛起，抖音主要是在一二线城市，快手主要在三四线城市，B站在学生和Z世代中成为视频领域里的领导者。

在搜索平台，百度体系的影响力在下降，搜狗、360等迅速崛起，但是百度仍然是搜索平台里的王者。

在垂直领域里，已经出现了一些明显的赛道胜出者，例如，健身人士是Keep、广场舞是糖豆、文艺青年是豆瓣、种草文案是小红书。

在音频领域里，网易云凭借过硬的音乐生活社区，赢得了头把交椅。喜马拉雅在音频综合教育类中胜出，荔枝FM、蜻蜓等都只占有小份额。在音乐领域里面，QQ音乐、虾米音乐都退居二线了。

在资讯App里，从前的三大门户——网易、搜狐、新浪退化为以微博、今日头条为主。微博现在以娱乐官宣和热门事件为主，今日头条以其优质的算法正有赶超微博之势，但微博的头部效应突出，头部创造的效益越来越多。

在购物类App里，淘宝、天猫、京东等占绝对份额的地位；下沉市场是拼多多；细分领域餐饮体验是美团、大众点评；闲置购物是闲鱼的天下。

问答类App是知乎的天下，其他的还有百度知道等。知乎的黏度、精准度尤其受到高级知识人群的青睐，是高级知识分子用户的天下。

简而言之，以人划分的话，所有人日常都用的是微信，一、二线城市人群购物多用淘宝、京东，三、四线城市人群购物多用拼多多，广场舞大妈是糖豆，文艺青年是豆瓣，高级知识分子是知乎，白领青年是小红书，健身人群是Keep，Z世代学生是B站。

以上以简单的方式进行人像画像，具体到每一个App，都有很多综合性的频道，像快手，也有很多明星和一二线城市白领也都在用，抖音在农村也很普遍。因此，具体的应用要根据实际的情况做人群画像。

第三节　微信各生态介绍

一、微信生态分类

特点：用户基数大、浓厚的社交基因、完整的交易闭环。

微信生态包括个人号、朋友圈、微信社群、公众号（服务号和订阅号）、微视、小程序、企业微信、视频号、直播。这些工具，在微信生态当中有不同的功能定位，我们可以通过不同的搭配组合，完成私域流量承载体系的搭建，以满足引流、裂变、转化、运营等营销环节需要。

这些组合像一张大网，帮助商家在其中获取和层层筛选用户，并能够提供完整的服务和转化场景。

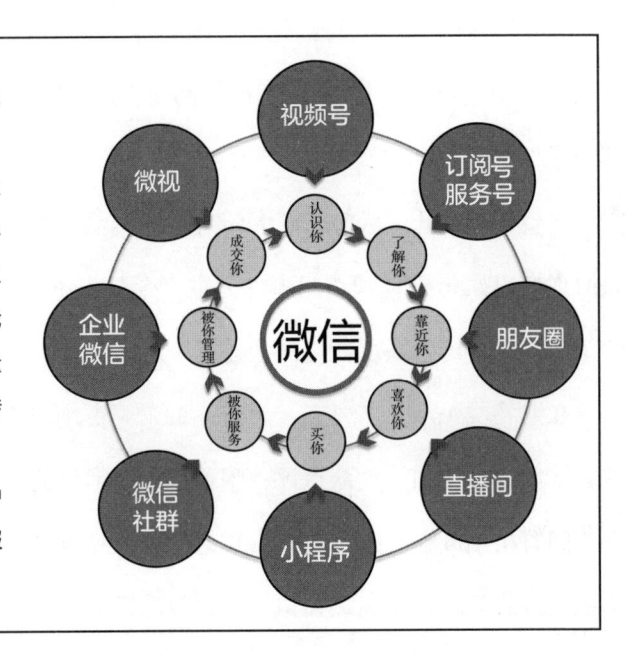

图 3-3　微信生态

在App应用里，微信绝对是首屈一指的，得微信者得天下，无论是售楼处场景还是商场消费应用场景，微信都是最基础的、最需要下功夫的。无论在哪一个平台上做宣传，最终的客户都是保留在微信里，形成自己的私域流量。

微信生态包括个人号、朋友圈、微信社群、公众号（服务号和订阅号）、微视、小程序、企业微信、视频号等，全方位覆盖了移动互联网所接触到的领域。在微信生态中，有不同的功能定位，我们可以通过不同的搭配组合，完成私域流量承载体系的搭建，以满足引流、裂变、转化、运营等营销环节需要。

微信具有任意其他平台都无法同时具备的组合优点。这些组合像一张大网，凭借用户基数大、浓厚的社交基因、完整的交易闭环，帮助商家在其中获取和层层筛选用户，并能够提供完整的服务和转化场景。

对微信生态矩阵的综合应用、合理的组合应用，会起到事半功倍的作用。

二、微信礼仪

（一）个人号

个人号首先是承载流量最重要的阵地，主要用来与用户持续产生关系，从而建立用户之间的信任。作为工具它的主要功能有以下三个：承载用户，一个微信号可以加5000个好友；可以通过朋友圈发布信息，作为机构品牌展示或人设塑造的窗口；可以一对一私信聊天，与用户建立深度沟通和互动。

（二）微信使用特性

微信相对于以往的沟通工具，主要有四个特性：即时性、延时性、私密性、公开性。

（三）如何加上有竞争关系的人的微信

同一组织的人，公开加；不同组织的人，私下加。

最好的场景是在相对放松的环境下，给对方一个不能拒绝的理由。你能提供的价值就是最好的理由。

面对一个比你优秀甚至高傲的陌生人，你可以通过提供你的价值，创建一个相对平等的环境，采用迂回的方式，以及中间人推荐等方法，成功地加上对方微信。

（四）想要批量加微信

想要批量加微信，要掌握一个原则、四个方法。

一个原则：一定要让陌生人容易找到你。

四个方法：一是通过微信或其他社交平台加人。你可以利用微信自带的一些功能。二是根据不同社交目的加人。如果你的社交目的很清晰，那就寻找精准场景；如果你的社交目的不清晰，那就先进入有大量陌生人的场景，然后营造一个你自己的粉丝池。三是通过人加人。你可以找到和你有同样加人诉求的人。一些特定的职业有这样的诉求，例如房产中介、保险经纪人等。四是利用一些微信裂变的技巧。你可以用微信群打卡的方式，也可以使用一些价格优惠策略，还可以用赠送一些额外礼品或福利的方法。

（五）如何打造优质的网络形象

在用微信和陌生人的沟通中，头像、网名、签名档、朋友圈构成的网络资料包是你给别人第一印象的重要依据。

网名，就是你的商标名；头像是商标最直观的展现；签名档是你的用户说明。

具体来说：网名、头像、签名档要和你的社交主形象一致，尽可能地保持稳定，不要有明显的恶趣味。

（六）陌生人可见的朋友圈，遵循四不要

网名、头像、签名档是名片，朋友圈就是你的后花园、黑板报。要学会分组，要只对主要沟通对象负责。因此，要遵循四不要原则：不要秀智商下限，不要秀品行下限，不要秀情绪下限，不要泄露隐私。

（七）如何顺利地与陌生人开启交谈

要顺利地与陌生人开启交谈，需要做到以下三点：一是要做一点信息收集工作，看对方干过什么、干得怎么样，即他确切的身份，与之相关的资历、信用、口碑。做好了信息收集工作后，做一个初步的判断、汇总、分析，心里有个大概的谱，你就可以加对方了。二是添加时你可以发送明确的验证消息。通过群添加时，在群里@一下对方，作为礼貌和提醒。三是第一次交谈时，你要很得体地称呼对方，明确告诉对方你的社交任务是什么。开口时，你要选用合适的称呼。最保险的称呼是职业化的，如称对方为"某老师""某经理"等。开口时，你还要很明确地告诉对方你的目的。

交谈结束后，这三个动作让你自己方便管理新好友，发名片、加备注、设权限。

（八）私聊如何开场

你必须有个由头，才好轻松开始愉快的对话。

有一个秘诀：最重要的谈话只有一次机会，最重要的电话是需要打草稿的。

（九）线上社交的回复礼仪

尽量不要在周一上午、月底、年底、放假前一天，以及对方重点提示的时间内与对方沟通重要的问题，因为对方不是工作忙，就是忙着去度假，不是做事的黄金时间。

如果你想维护关系，想让回应更有人情味儿，可以这样：让句子更长点、让细节更丰富、多几个来回、有几个关键词。

因为各种原因，现在很多人在收到信息或链接时不回复，这点需要理解。

由于微信对内容的管理，私信内容有显示发送了，而对方不能看到的功能，所以收到信息尽可能礼貌地回复一下。

（十）谁愿意听到你的声音：关于语音消息的礼仪

高效沟通，必须明确需求，给对方结论，而不是把你思考的过程，思考中带着的情绪传递给对方。

微信语音，更多的是传递无用信息，不方便接听，不方便查找、确认；正式性不足，无法复制转发；浪费时间，容易被忽略；关系不够亲密的人之间，还觉得是冒犯。

语音通话亦如此，沟通前，先文字确定一下"可不可以""什么时候方便"，等对方确认可以后，再语音通话。一言不合就语音通话，既不礼貌，成功率也不高。

同上，语音通话和私信发的内容，微信对敏感性内容有自动审查的功能，切记不要触碰。

（十一）群的礼仪

四个原则：一是拉人前，要询问当事人及群主的意愿；二是遵守群规；三是相似的群慎重推送；四是所有的群都有寿命。

群里发布内容时，微信群有发布内容只限个人收看功能，某些敏感性内容在群里会显示，但只显示给发布者一个人看，对于敏感词，尤其要注意。

三、朋友圈

图 3-4 微信朋友圈

（一）朋友圈发给谁看，发什么

在以熟人为主的微信社交中，发朋友圈最重要的两个问题是：一是发给谁看，二是发什么内容。

我们朋友圈其实是发给三类人看的：你现有的圈子；你重点维护的几个社交对象；那些弱联系，但有可能成为强联系的人。

无论认识多少人，一段时间内，普通人能够稳定维持高频的人际关系的也就150人左右。多了，就应付不过来了。

对微信好友进行管理；发和自己有关的内容时，隐去重要的个人信息；发和别人有关的内容时，征得对方的同意。这些会帮助你成为朋友圈最安全的人。

微信个人号打造人设的四个关键项：微信头像、个人昵称、个性签名、个人背景页。

1. 微信头像

微信个人号用来与用户建立强链接，通过私信沟通、朋友圈维护逐步建立起与用户之间的信任，如果用户对你的信任足够强，会通过微信头像符号化人设记住并找到你。

2. 个人昵称

一般情况下，很少有人会翻通讯录来寻找人，而是直接在搜索栏搜索。那么搜索栏搜索的关键字，就是你的昵称。例如，某某房产公司××经理，这个是你最基础的昵称，不用用户备注，还方便用户搜索。

带有人设的个人昵称，能够让用户第一时间记住你，并且容易找到你，不会产生反感，让昵称文字带有温度，能够传递信息。

昵称要符合四个好：好记忆、好理解、好搜索、好传播。

3. 个性签名

个性签名是对身份信息的补充、价值的描述，展现个人号积极正能量，最能体现个人人格的主要特征。

4. 背景页

背景页是人设和品牌展示的位置，但这个位置的流量取决于用户是否主动进入个人朋友圈。不过，即使流量很少，也要重视。在选择设计背景页时图片要美观大方，文字要精练简洁，字数控制在50个以内。背景可以以个人形象、品牌形象、品牌Slogan为主，图片要清晰、干净，并预留名称、头像、签名位置。

（二）朋友圈人设运营

很多人有这样的习惯，当添加一个人为好友后，就会直接去看他的朋友圈，看完朋友圈就知道是不是需要把他屏蔽掉。这就是物以类聚，人以群分，能提供给用户什么价值，在朋友圈就会有个基础判断。朋友圈是私域流量的一个重要阵地，也是人设展现的最佳阵地。

通过微信头像、昵称、个性签名、背景页和朋友圈共同锁定自己的人设定位，打造一个真实专业吸引人的专家形象，或打造一个能够正能量引导的亲和形象，坚持去做朋友圈运营。

（三）朋友圈的组成

朋友圈分别是家庭圈、同事圈、同学圈、爱好圈、平台圈和职场圈。

由六个不同圈层组成的社交资源共同出现在一个圈里，这个圈就是我们的微信朋友圈。

朋友圈是目前微信生态中信息传播率较高的地方。微信订阅号的打开率已经是非常低了，据统计打开率不会超过2%。就是说，如果你的订阅号上有1万个关注，那么你发一次图文链接阅读文章的人数可能不会超过200人。如果将用户添加到个人微信，通过朋友圈触达，这个比例至少在20%左右，5000人的微信号，大概有1000人会看到你的朋友圈。

朋友圈在私域流量的体系中，最大的作用有三个：一是通过价值输出提高用户黏性；二是塑造人设，建立更深的信任；三是在用户心中种草，目的都是为未来转化成交打好基础。这一切的起点是要打造一个有黏性、高互动率的朋友圈，留住用户。

（四）朋友圈互推爆粉引流

种子粉丝就在你的身边，主要有以下四类：亲朋推荐、粉丝推荐、大咖推荐和陌生人推荐。每个人或多或少都有一些微信好友，即便是陌生人也可以发起推荐引流。

朋友圈互推要注意以下三种情况：一是对方需要你转发他的文案，这样可以互相推荐；二是朋友友情给你转发；三是让其获益。

（五）朋友圈互推的十大注意事项

1. 文案要有推崇和塑造。如对方擅长的方面或者是某方面的专家，以及要说是我的好朋友等。

2. 文案不宜过长。不要超过8行，这样在朋友圈不用点击"全文"就能看完全部文案。

3. 文案不要是彻头彻尾的广告，大部分粉丝对广告是反感的。

4. 要有超级赠品或者福利。如果我们做的文案的吸引力就是超级福利，这样别人才会心甘情愿地加你。

5. 图片不宜过多。尽量做成一张图片，图片太多会增加别人转发的难度，为阅读制造困难，如果就是一张图片的话，会增加打开的次数，增加阅读量。

6. 要用二维码识别。不要只留微信号，如果添加你的方式是搜索某微信号，会降低别人加你为好友的可能，因为搜索比较麻烦，且需要记住你的微信号。如果是二维码，直接识别就能显示。

7. 选对优质目标。一方面是对方的好友数量要足够大，另一方面对方的好友要精准。如果对方的好友不精准，或者他的好友群和你的需要不匹配，也会导致引流不精准或者质量不高。

8. 检验结果。对方是否设置了仅对部分好友可见。发朋友圈的朋友都知道，发出去的内容可以仅让部分人可见，某人有5000个好友，屏蔽4000个好友，甚至只让你一个人可见，那这就是无效推荐，得不到曝光。所以，某些推广需要让对方截图，从而看到对方是否有屏蔽好友的行为。

9. 提醒好友关注。如果发朋友圈的关注量比较低，可以提醒好友关注，增加曝光点，增强引流效果。

10. 长久不联系的人，微信有自动屏蔽朋友圈的功能，即你发布的朋友圈，就算对方不屏蔽，微信也会自动屏蔽，使对方看不到你发布的内容。

四、视频号

图 3-5 微信视频号

现在的人群对短视频内容信息价值较为看重，抖音、快手娱乐气息较重，相比而言无法承载更多有价值的信息。而视频号内容偏知识类和熟人群，更符合他们的期待。视频号的推荐机制如下。

（一）朋友"点赞"推荐

它是指视频号运营者发布的短视频，能够在用户点赞后，会显现在该用户微信好友的视频号主页"朋友"板块的界面上。

这个"小红点"的存在，能够让一个用户在点赞某一视频号内容后，直接将这一内容推荐给该用户的全部微信好友,这种基于好友关系的强推荐,能够提高视频号内容的曝光率。

随着微信AI智能的加强,对于内容的权重和标签判断,虽然某些内容"点赞"了,也不全推荐给好友。

(二)好友之间互相推荐

它是指视频号运营者发布的短视频,可能出现在其微信的视频号推荐中,即便这些好友并未关注运营者的视频号。

这一机制是视频号运营者将视频号内容基于好友关系进行的初步扩散,基于微信熟人社交模式,让微信好友在视频号上的联系更加紧密。

(三)朋友圈、社群传播

1.朋友圈、社群传播是指视频号运营者发布的短视频能够通过朋友圈和微信群转发和传播,借助社交网络让更多用户看到。

用户在浏览视频号内容时,发现短视频内容能够引起自己的共鸣,希望将该内容分享给好友时,可直接点击短视频右上角的"…"标志,系统将会提供两种分享方式,即"发送给朋友"或"分享到朋友圈"。

通过视频号实现的底层逻辑就是影响力变现,影响力转化为信任,信任则直接影响利润,决定视频号的商业价值。1个视频号粉丝约等于30个快手粉丝,约等于60个抖音粉丝,视频号的变现能力远远强于抖音。

微信版本更新后,微信小商店可一键生成推广视频,点击商品即可选择生成图文、海报或视频任一形式的推广方案,还能直接生成文案链接,直接分享至视频号、微信聊天和朋友圈界面,复制一键生成的视频号文案链接,即可直接识别链接中的商品,使小商店商品的推广变得更加方便、灵活。

视频号与朋友圈小视频最大的不同,在于其受众对象和内容不同。朋友圈小视频的传播范围仅限于微信好友,甚至微信好友中,只有被"允许查看"的人才能看到,是基于熟人的私密性分享。用户在朋友圈中发布小视频,意味着他并不想将视频内容昭告天下,只想展示给好友看。

公众号更具有媒体特征，而视频号则更具有社区潜质。

用户虽然可以在公众号的文章下留言，但留言内容被作者精选之后才能显示出来，被其他用户看见，同时，用户之间不能互相评论。这就决定了公众号带有传播属性，类似博客，是一种"一对多"的互动模式。

视频号的互动方式是用户无须关注创作者即可进行评论，用户之间可以无限制地互相评论、回复。这种互动方式更像网络论坛，视频号创作者与用户，并非"一对一"的单向传播，而是"N对N"的互相交流。

2. 微信视频号的传播逻辑是什么呢？是遵循了以熟人社交传播和算法推荐传播相结合的新的传播逻辑。

进行了互动，比如点赞和评论，就等于触发了传播机制。

希望长尾小号都有自己生存的空间，这是视频号的基因，而其他视频App里，流行的逻辑是重视头部效应、流量和资源倾斜，甚至会出现全平台流量支撑一个或者几个头部大咖的情况，这样造成的结果就是头部通吃的局面。

算法对用户定位的标准有两个，一个是发布的短视频内容，另一个就是所吸引的粉丝群体。

3. 视频号的认证分为三个部分，分别是兴趣认证、职业认证、企业和机构认证，这个认证是我们必须完成的。完成认证的好处是平台会给予更高的信任，在内容审核和算法推荐上比没有通过认证的用户具有更大的优势。

4. 影响视频号权重的五个因素依次为：原创度、好友互动率、作品垂直度、完播率、发布频率。

5. 视频号内部引流涨粉，最常用的办法就是在视频底部加文字引导语，比如有些视频号玩家在每条视频内容的底下都会加上"关注×××了解更多相关知识"等，这就属于典型的利用视频底部的引导语来引流涨粉做法。结尾处设置一个问题，然后通过"关注我，下期告诉你答案"类似话术引导用户关注和点赞。

6. 对于私域流量来说，视频号是熟人推荐的逻辑，通过朋友圈和算法推荐，利用微信内部的社交流量红利。只要有好友点赞，那么点赞好友的好友视频号处能看到。点赞好友越多，就会不断地增加自己的视频号播放量和推荐次数、曝光次数。相比抖音来说，更适合做本地化传播，毕竟每个人都是本地好友数居多。因此，从本地引流效果来讲，视频号一定优于抖音和快手。

7. 随着视频号AI功能的提升，对某类视频只要播放超过3秒，并有完播率，系统会自动为你推荐此类相关视频。例如，你观看了宠物猫，系统随后会给你推荐一系列关于猫的视频。

五、微信直播间

图 3-6 微信直播间

升级
新场景 新推广 新销售 新招商 新运营讲义要点

● 在微信直播间，要注意以下两点：一是直播内容要准确定位，二是能吸引用户的观看。

一般来说，标题不要少于5个字，不要超过15个字，有的平台是不能超过10个字。要用一句话来形容直播内容的亮点，避免空洞无味、没有信息量的散文标题，标题点可以直接出现在摘要、图片、标题或海报上。不要与直播标题相似，要有差异，卖货可侧重于促销力度，非卖货可以直接向用户说明能得到什么。

● 在公域里直播，这是平台上最好的入口，一定要抓住平台活动。平台的活动有平台大促直播、大促行业、直播主题活动等。直播里有一种特殊的处理——连麦挂榜，此种连麦方式有点像赌石，考核这位主播的粉丝画像与自己是否契合，导流过来的粉丝能否接得住。

● 直播的宣传要讲究临期的节奏感，制作宣传引流海报，在开播前一小时发动全员动员发展，发到朋友圈、微信社群，开播前5分钟继续转发预热。

● 微信小程序直播要注意以下事项：每一个直播间的直播时长不能超过12个小时，同一个小程序可以支持50个直播间同时直播，商家每天的直播上限是50场，商家需要在直播间内添加商品列表，在直播前要把商品提前录入商品库，商品入库前需要经过平台审核，用时1~7个工作日，商家每天最多审核500种商品，入库商品上限为2000种。

● 如果把公众号、视频号、直播和个人号、私号一体打通，就会产生一个大的流量池，不需要很多粉丝，有精准的粉丝就可以，就能做得越来越好。

● 直播文案的写作一定要考虑三个原则，一是用户痛点；二是要有强烈的利益点；三是风格多样，宣传渠道要有创新。宣传端的端口一般分为几种，如按渠道分类是在新闻媒体还是问答类的网站，是主办方的免费渠道还是付费渠道；按场景分类有线上渠道或线下渠道，比如线下渠道有店面沙龙、付费的线下电梯、户外广告等。

● 视觉场景端就是你的线上视觉端，要有硬装和软装。硬装设计部分，要与活动主题、品牌调性一致，要与品类文化匹配，要有活动范围、氛围的激活；软装部分是直播间，第一是悬浮类的内容，比如主题流程、节目单导航、封面图、公告以及标题。

●微信直播间要制定优惠政策、活动规则、活动流程、互动的玩法,以及与整体流程相关的一些关键时间上用的关键道具。这些都是需要提前做好的工作。

微信直播间直播卖货时要注意以下几点。

1. 讲解产品卖点,可以事先录一小段视频。

2. 邮寄的样品,最好做到包装精美,数量充足。

3. 上播前的检查,多次检查确认产品满减优惠库存等。

4. 直播间的互动,安排自己人在直播间里并主动上去互动。

5. 全程跟播,为将来的视频做准备。

6. 争取提前一天预热。

7. 统计各个产品的销售数据和转化数据,最好直播后给主播一个精细的转化数据。

8. 收到评价以后要及时反馈。

9. 产品的销售速度要及时告诉主播。

10. 有一些功能性的产品的使用体验,尽可能让粉丝评论,让商家把这信息打包给主播。

●微信小程序的直播间有提供购物车的功能,当用户点击时将弹出要购买的直播商品,再点击商品进入详情页,直播画面会以悬浮窗口形式出现在当前页面,不会影响客户下单购买。用户可以通过点击悬浮窗口回到直播间边看边买,让直播转化效率更高。看直播的用户一般都没有耐心,拔腿就走是常态,因此,主播选货一定要符合自己所在的平台的归类。

一般来说,用户平均在直播间的停留时间是17秒,因此,在内容策划上一定要想办法把进来的用户留下,留下来的用户才能进行转化,一般可用抽奖截屏、大转盘、秒杀等方式留住用户。在私域场景里,一般用的是朋友圈加图片海报的形式。

为什么要采用图片,而不是图文链接?第一,图片相对于图文链接和视频或者声音,在朋友圈的显示中尺寸更大。第二,无论是图片还是图文链接或者视频都是信息传递的媒介,图片你只需要看一眼就能获得绝大多数信息,图文或视频需要你点开才能获得信息。尤其在

升级
新场景 新推广 新销售 新招商 新运营讲义要点

新媒体标题党盛行的情况下，仅从一个标题你是无法判断内容的。第三，在转发上，图文链接和视频同样会多一个步骤，而每多一个步骤就少一些转化。

●如果选择在私域里做直播，小程序自带的推送功能，能将直播信息直接发送到订阅者的微信里，提醒下一次的直播信息。所以要记得这个链接在公域里边的展示位，例如，在B站，B站是比较重视封面的，认真对待封面的主播能收到非常好的反馈，封面上的信息和标题可以相辅相成，因为B站是标签性的；在淘宝上，好的封面也十分吸引用户，但是跟其他平台不同，淘宝的封面更倾向于高清图。因为在淘宝的页面设计上，标题与摘要都给了极大的位置；而微信小程序的封面主要体现在小程序卡片上，场景就是群里人看到封面后愿意第一时间点进来。

●直播是典型的TOC应用场景，适合在商场里面向消费者使用。售楼处这种高价产品，适合形象宣传和导流。

六、公众号

图 3-7 微信公众号

微信公众号有订阅号、服务号两种。微信服务号按照认证与否，又分为认证服务号、未认证服务号。

（一）标题

标题原创，所有转载文章务必改标题，可以大大提高阅读量；标题分期，这是取名字的技巧之一；标题适当口语化、趣味化和互联网热点化；标题扣上"大帽子"，结合热点，突出数字，数字有说服力和鼓动性。

如果订阅号拥有较大的粉丝基数，需要管理大量客户，提供更多线上服务，就有必要将其升级为服务号。服务号可以申请自定义菜单，用QQ号登录的公众号可以改为邮箱登录。订阅号的消息会被自动收进订阅号文件夹，服务号的消息则会显示在消息列表当中。订阅号与服务号的属性存在差异，运营者可以根据公众号的不同类型来推送相应的内容。

（二）推广

公众号的品牌宣传。好的公众号，在文章末尾会有介绍自己的海报，也是一种品牌展示与宣传的方式。

公众号每周推出形象海报。文头的风格诱惑吸引，文尾的风格励志；文头可以是项目的形象，文尾可以是知名人物的介绍。

应景海报。及时推出应景海报，体现出对重大节日、事件的态度，如国庆、中秋等。

遵守文不过夜的原则。现场活动，一定要率先发出消息、文章等，要在幕后做大量前期工作，可以提前策划、编写出相关内容，待现场即时图片出来后，添加进去即可发出，给消费者"永远第一位"的感觉。

（三）内容

增加微信公众号与用户的互动。争取能开通关注公众号打赏、评论、申请原创功能，并在文章后面加上大咖的评论截图。

文尾附名单是好做法。在活动类文章中，可以在文尾列出与会代表名单、嘉宾名单、参会企业名单等，这样做既可以增加文章的长度，也可以宣传相关会员企业，促进会员企业员工的转发，提高阅读量，吸引粉丝。

（四）策略

克服公众号阅读率低的怪圈。每个公众号被自由点击的阅读率很低，一般在2%左右，甚至低于1%，微信公众号慢慢地成为一种弱链接，而微信本身是强链接，可以多设几个微信个人账号，与粉丝成为好友关系。

提高点赞数：可以在文章底部用一些风趣的小文案提醒。

温馨提示阅读原文：阅读原文也需要风趣文案提醒，不然很容易被忽略。

制造标杆文章：有意制造一些高阅读量的文章，可以彰显公众号的宣传实力。

回放功能设置：重要的文章可以回放，可以显著提高阅读量，这也是有意制造高阅读量的比较有效的方法。开设专栏可用来提高互动。

邀约转发：重点文章采取定向邀请转发，这也是有意制造高阅读量的好办法。

让客户信服：让客户快速认知一个品牌的方法之一，就是把阅读量较高、能够体现品牌特征和实力的文章发给客户看。

多个订阅号互动：一是可以互相推广增加粉丝。二是可以解决安全问题，规避单号被封的风险。三是敏感性内容、敏感性词语一定要慎重。

（五）增粉

活动增粉方法：重大的活动门票上可印二维码，扫码进场，扫码领红包。

给图片打标签：就是给公众号的图片加上专属于该公众号的水印。给图片加上专属标签，可以在微信公众平台的后台进行操作。

（六）订阅号、服务号的区别

与社群相似，订阅号、服务号在私域流量体系中有不同的属性，也有本质的区别，不能互相替代。

1. 流量承载的载体

因为信息冗余，公众号泛滥，微信订阅号的打开率已经非常低了。意思就是，用户就算关注了我们的订阅号也很少会打开看，所以不要把订阅号作为主要承载的平台，而是当作一个补充。

2. 官方信息发布的渠道

订阅号是自媒体属性，是一对多的订阅制媒体。最大的功能是图文编辑和发布，因为其流量红利期已过，除了内容行业自媒体创业的公司以外，不适合其他类型的公司投入太大，

升级
新场景 新推广 新销售 新招商 新运营讲义要点

做过多的运营工作。目前这个阶段，大部分公司都把订阅号和服务号当作公司官网来运营，像星巴克、喜茶、海底捞等头部公司还会在订阅号、服务号上塑造品牌形象。

订阅号每天都可以推送消息，但会被折叠在微信订阅号的二级页面里，服务号每月只可以推送4次内容，但不会被折叠，会直接在好友聊天的界面中出现提醒，信息触达率极高。所以如果没有频繁发送内容的需求，只运营一个服务号就足够使用。

3. 搭载工具的平台

订阅号和服务号都可以设置关注语、自定义菜单栏、自动回复等功能，服务号还有模板消息、投票管理、客服功能。

相比个人号和微信号，公众号传播和裂变的效率较低，需要好的内容和创意才会实现裂变效果，带来更广泛的传播。因为打开率低，触达用户的能力有限，所以把它更多是当作工具和桥梁使用。

订阅号的主要功能是内容生产和内容消费，服务号的主要功能是深耕服务，协助商家把服务做到极致。

服务号运营有四个重点：菜单栏、消息通知、自动回复、参数二维码。

七、微信小程序

图 3-8　微信小程序

基于微信10多亿活跃用户使用的小程序，早已成为用于展示企业形象、在线交易和引流客户、线上营销的店铺。

目前小程序主要被当作"交易工具""裂变玩法的承载页面"，开通小程序直播后，直播还原了人与人之间面对面交谈的场景，让信任感传递得更快更有温度，让情感传递得更直接，结合小程序的裂变转化一体的利器，逐渐将流量滚动起来。小程序直播更多是在私域里进行，而微信直播则是在公域里进行，这两者之间有很大的区别。

（一）小程序优点

开发成本低：不需要分别研发安卓和iOS版本，这就大大节约了成本；无须安装下载，不占用手机内存（小程序代码不超过4兆）；小程序能够将用户私有化，与用户直接链接，不需要借助第三方引流，这会使商家拥有更多主动性。北京海源川汇科技有限公司在小程序编程和应用方面做得就非常好。

小程序的入口众多，用户可以通过扫描二维码、搜索小程序等方式进入页面，以及"社群+小程序"这三种裂变模式。

（二）小程序场景升级

小程序平台开放了品牌、品类搜索功能，用户可以在搜索栏直接搜索品牌名称，然后直达小程序；消息升级，就是创业者可以利用订阅消息、群静态卡片和群动态消息等方式来吸引用户眼球；性能升级，就是企业商家可以将小程序分包给第三方来进行性能优化，以保证小程序的研发顺利进行、性能更加优越；广告变现升级，就是小程序降低了门槛并提供自助服务，让创业者获得更多收益。

（三）卡券功能

创业者可以在小程序中开放领取会员卡和优惠券的功能，凭借会员卡、优惠券等各种优惠信息，快速吸引用户的注意。当用户真正享受到优惠之后，便会转化成忠实粉丝，转化率也会大大提高。

（四）小程序引流

小程序在腾讯的大力推广下，呈现逐步火热的趋势，小程序是一个大流量入口。并且小程序和公众号是一种互补关系，公众号强在内容，小程序强在成交、引流。

小程序可以与公众号无缝对接，微商可以使用公众号进行软文宣传，然后在文章中插入小程序，粉丝可直接跳转购买或领取优惠券再进行消费。小程序在引流时，要注意以下几个方面的问题。

1. 昵称关键词。根据粉丝的搜索习惯和产品特性注册小程序名称，才能让小程序的排名更靠前，更有可能被粉丝搜到。

2. 添加小程序位置。粉丝下拉微信界面，会跳出"附近的小程序"，这个推荐是根据位置推荐的。一定要巧妙添加位置。一个小程序能添加10个地理位置，只要操作得当，推荐概率会非常高。

3. 鼓励粉丝分享。小程序和公众号一样，如果没有粉丝参与，内容再好也是无用的。一定要通过各种办法鼓励粉丝分享，如粉丝在分享后，可凭截图领取小礼物等。

4. 拼团。用小程序承载拼团、秒杀、砍价等优惠活动，可以激发粉丝的参与热情，让小程序在较短的时间内积累庞大的精准粉丝。

5. 公众号文内广告。广告主可以在后台新建"文中广告"，将公众号文章与小程序融合。"文中广告"出现在文章中间，且广告内容与文章关联，容易与粉丝互动，属于服务粉丝的广告形式，粉丝更易于接受。

6. 公众号绑定相关小程序。当分发关注公众号时，就能看到位于显眼位置的"相关小程序"，点击可直接跳转到小程序。

（五）小程序与公众号结合

运营者在经营公众号时，不仅可以将小程序放置在公众号底部，还可以在公众号推送的文章中通过介绍页展示、模板消息推送、自定义菜单栏入口设置、图文中插入小程序卡片、图文CPC广告、会话下发送的小程序卡片、小程序落地页广告等位置嵌入小程序，用户点击后即可跳转到对应的小程序中。

（六）附近的小程序

微信官方允许运营者设置小程序的位置，这样店铺可以被5公里范围内的用户搜索到，更为细致的分类可以让客户精准地定位到运营者的店铺。

在营业执照允许的范围内，微信官方允许"附近的小程序"功能绑定10个地址，服务类目每个月可以修改3次，一共可以添加5个服务类目。运营者可以在多个地点设置自己店铺的位置，或是增加自己的服务类目数量，从而增加用户访问量。

公众号自定义菜单点击可以打开相关小程序、公众号模板消息可打开相关小程序、公众号关联小程序时可选择给粉丝下发通知、移动App可分享小程序页面以及扫描普通链接二维码可打开小程序等功能。

"附近的小程序"功能同之前推出的"附近的人"类似，用户进入微信小程序界面后，在顶端可以看到所在地周围一定范围内显示的附近的小程序数量，这些店可能是服务店、小商店、商场、餐厅等。

"附近的小程序"功能在一定程度上改变了传统线下行业向新零售的转变，使得消费者在习惯搜索附近的小程序后，线下门店的客流对于有曝光的位置依赖不再那么高，节约了门店的选址成本。

通过附近门店的展示和综合营销模式，店铺的辐射范围会从附近几百米增加到几千米。

在小程序中可以积累预订、购买等顾客消费数据，提供数字化价值，让店铺可以根据数据信息理性进货、提升坪效。

（七）连接小程序

在微信公众号的推文里面不但可以嵌入小程序，就连文章链接也可以直接链接小程序。

小程序与订阅号、服务号的区别是，无须关注就能使用，没有内容也可推送。体验更流畅，用户可以通过扫描二维码直接进入小程序，一键加入、领取、注册、激活会员卡，简单快速成为新会员。

做电商的人群中，有很多是利用公众号推广产品并进行产品销售的。不过这类电商朋友如果想在公众号中直接插入一个跳转到微店或微商城的链接是不被允许的，结果只能在末尾加上一句，请点击左下方"阅读原文"进入微商城购买。小程序就解决了这个问题，小程序可以插入文章，再也不担心什么微商城、微店会被微信官方屏蔽或无法跳转的情况了。用户在阅读文章的时候就可以直接点击进入购买。

小程序不能分享到朋友圈，而且小程序新增功能虽然允许商家向用户推送消息，但只能使用微信提供的"模板信息"接口，而且消息内容多为通知类。

（八）小程序最大的入口就是线下场景化的运用

由于小程序目前并没有一个搜索和排行中心，用户在未使用小程序的情况下很难判断出小程序的好用与否。

微信小程序在推出之际对于公众号和小程序的关联为：用户可以在公众号里面看到做这个小程序的同一家企业还做了哪些小程序，或者用户在一个小程序里面也可以看到做这个小程序的企业还做了哪些公众号。

在编辑图文消息时将已关联的小程序添加到图文消息中，用户只需要点击消息中的链接就能打开小程序，从而真正实现公众号和小程序的直接跳转。

（九）让小程序更容易被搜到

微信平台小程序搜索入口：一是微信顶部的搜索框；二是小程序搜索栏；三是"发现"页面中的看一看和搜一搜。为了让自己的小程序被用户更好地搜索到，要注意做好以下几点。

1. 标签化、易于搜索的名字：选择有利于推广的关键词，尽早注册。

2. 利用附近小程序：在微信搜索栏中，可以找到"附近的小程序"入口。

3. 提高小程序黏度：避免用户"用完即走"。

4. 利用模板消息刷存在感：基于微信的通知渠道，微信公众平台为开发者提供了模板消息功能，模板消息的推送位置在"服务通知"中。

5. 将小程序沉淀到公众号中：公众号与小程序结合，实现公众号+小程序联动。

6. 重视小程序数据的分析：通过小程序数据助手，查看小程序的打开次数、访问人数、分享人数，从而制定精准营销策略。

（十）微信群+小程序

举个投票小程序的例子：当把一个投票小程序发到群里的时候，群里的每个人便可立即启动这个小程序进行投票，而且每个人都可以看到其他人的投票。对于一个微信群来说，这个小程序可以被群里面的所有人共享，当任何一个人更新群里小程序状态的时候，群里的其他人都可以看到。

通过微信群+小程序的间接盈利方式，可以窥探得出这种社群经济的盈利模式，其意义主要有以下两点。

1. 通过将小程序分享到微信群中，以某种利益纽带的形式形成真实的闭环互动，能够重新定义社群信息和利益分配关系。

2. 微信群作为一个巨大的流量池，让小程序的推广、互动及变现的成本大幅降低，从而既能够让用户得到优质的内容，也能得到一定的支付回报。

（十一）小程序统计工具及数据KPI

阿拉丁数据统计平台的服务可以分为四部分，分别为明确用户来源、丰富用户画像、优化产品体验、提高产品稳定性。

明确用户来源主要有两种方式：一是监控线下渠道，也就是实时统计二维码的扫描人数，包括新增人数及扫描次数等，从而节约成本、提高效率；二是监控线上推广，也就是实时统计页面的分享人数与分享次数等，以便跟踪推广的效果。

丰富用户画像是指平台对访客进行分析，比如分析访客的人数、新增的用户数、打开的次数等，让创业者了解到其用户的行为喜好，使得用户的画像不断完善。

为了让用户更便捷地获得商家服务，小程序提供了用户支付成功后可以选择勾选查看关联公众号的功能。

小程序可以自定义分享配图；公众号及小程序客服可以给用户发送小程序卡片；用户可以在客服会话内查看客服人员的输入状态；支持用户发送当前小程序页面至客服会话。

一个公众号可以关联10个同主体的小程序和3个不同主体的小程序，公众号在一个月内可以新增关联同主体的小程序10次、不同主体的小程序3次，小程序在一个月内可以最多被公众号关联50次。

小程序支持商家的营销互动活动，包括秒杀、拼团、积分、优惠券等。

运营概览数据的指标主要有八种：访问人数、打开次数、页面访问量、新访问用户数、入口页、受访页、分享次数、分享人数。

用户行为数据主要参考六点：点击、加载、刷新、搜索、分享、收藏。

小程序目前最好的推广方式有四种：搜索、二维码、微信公众号推荐及其分享。

随着小程序各项功能不断升级更新，小程序获取用户的途径越来越多，比如，附近的小程序、推文内嵌小程序链接、小程序内嵌网页等。

（十二）微信小程序的营销价值

1. 拉新：搜索附近门店。小程序可以覆盖5千米内的用户，帮助门店实现24小时持续曝光。

2. 促销：抽奖、积分。定制小程序会员卡、优惠券、秒杀、拼团、满减等功能，增加互动，提升黏性和复购率。

3. 留存：公众号关联，锁定用户。

小程序作为平台入口，提升门店曝光度，促进口碑传播，不断为门店导流。

在小程序商城中举办多种促销活动，引导用户在微信群和朋友圈进行传播，然后利用小程序助手对相关数据进行分析。

（十三）微信群+公众号+小程序社区

这个组合适合中小企业，以微信群为主体，再加入小程序社区，可以实现用户签到、发帖、打卡等轻量的游戏互动。同时，也可以把企业的积分体系融入进来，在这个组合中，公众号可以作为进入小程序社区的入口，与社群连接互动。

在直播没有出现时，企业在私域流量池中会通过公众号、一对一私聊、微信群、朋友圈、企业微信等方式进行内容和活动的运营，然后引导用户到小程序商城成交。

（十四）3个小程序应用方法

1. 立减金是一种现金抵扣券，是小程序比较火爆的功能之一。很多电商类小程序更是通过立减金实现了粉丝裂变，从而疯狂吸金。操作方法是，当用户在小程序内支付成功后，就会产生立减金,用户可以通过分享立减金链接邀请好友一起领取,其他领取立减金的用户在小程序内支付时可直接抵扣一定的金额。

例如,小程序支付或微信支付完成后,返送麦当劳、优衣库的红包代金券,分享给好友,好友可以领取红包抵扣券,运营者可进入微信支付商户平台,登录账号后,进入"产品中心"—"我的产品"—"运营工具"页面,开通"公众号活动配置"权限,然后创建社交立减金活动。

2. 分享优惠券也是一种刺激客户二次消费,并实现小程序推广的方式,根据商家需求的不同,分享优惠券可分为不同的类型,如代金券、兑换券及满减券等。

3. 助力享免单是用户通过参加小程序提供的助力免单活动,邀请好友为其助力,当用户满足助力目标后,便可享受0元购物的免单服务;助力免单活动一般都有助力人数要求,因此参加活动的用户为获得免单产品就需要邀请好友为其助力,从而实现小程序在用户之间的传播。其他参与助力的用户在看到活动内容后,也可以发起助力免单活动,享受免单服务。目前这种营销方法让许多电商小程序成为爆款。

八、企业微信

图 3-9 企业微信

（一）企业微信与个人微信的区别

企业微信一端是公司内部员工基于业务的内部连接，另一端连接所有的用户，打通了中小企业内部管理和服务客户的环节。

推出之初，企业微信是被用来与在线办公领域的钉钉相竞争的产品。

注册：注册个人微信只需要手机号、身份证就能通过注册。企业微信需要先有公司主体，通过邀请才能注册企业的微信号，离开这家企业，用过的企业微信号就不能用了，到新公司，需要再注册一个企业微信号。

好友数量：企业微信号几乎无好友上限，而个人微信号则有5000人的数量限制。

属性：企业微信始终带有企业认证标识，官方属性更浓，缺少像个人微信那样的私人化关系。

朋友圈与社群：企业微信号一天只能发一条朋友圈信息。向客户群发一次，而个人微信号在这方面是没有限制的，它有更多主动曝光的机会，企业微信不能主动查看用户朋友圈，不能进行点赞互动。企业微信群扫码加入超过200人时，需要群成员邀请才能进群。

功能：相比个人微信，企业微信带有一些独特的功能，比如自动化功能，包括自动关注回复、进群欢迎、关键词回复等，数据查看功能，包括客户数量、流失客户数、回复消息数、微信群消息数、活跃客户数等数据维度。

（二）企业微信与个人微信比较

个人微信的优缺点：过度营销容易被封号；员工使用个人微信添加客户为好友，离职后容易将客户带走；好友上线5000人，运营工具限制多，不稳定；和客户好友互相查看朋友圈信息，双向主动发起点赞、评论。

企业微信的优缺点：员工名片和服务具有品牌名称背书，更安全；员工使用企业微信添加客户为好友，离职后，管理员可将客户线索分配给其他员工；单个员工企业微信号好友上限5万（企业整体无上限）自带运营工具，如欢迎语、群发、标签等；无法查看客户的好友朋友圈信息，自己发布的朋友圈信息，只能等待好友互动。

企业微信的优势功能：企业微信可以承载更多用户，用户添加企业微信后，可以设置自动欢迎语；可以设置快捷回复，提高服务接待效率；有群发助手，可以选择用户进行批量群发消息；企业微信群的数据监管功能更强大，可以统计群活跃情况。

企业微信号在私域流量体系中的缺点如下：添加人数达到500人会有异常提示（除大型活动，基本够用）；每天每个企业微信号只能给某个用户群发1次消息；每天只能向某个用户群体展示1条朋友圈，同一群用户每月只有4条；看不到用户的朋友圈，不能在朋友圈互动。

但由于企业微信显著的优点，公司的客户、用户都在微信上，而企业微信能够无障碍地完成与他们的高效沟通和运营，能将这些客户、用户形成公司资源，毫无损耗地沉淀和流转。这样的价值也是市场上任何一款CRM产品所无法相匹敌的。因此，很多公司已经开始布局使用企业微信来搭建私域流量。如果企业用户基数小于1万，则用微信个人号即可，用两个微信号代替企业号，即：$2 \times 5000=10000$，这就足够完成CRM的管理。

企业微信朋友圈和个人微信朋友圈是不同的。企业微信朋友圈的特点，一是用户不感兴趣可以屏蔽，没有朋友圈入口。二是企业微信发布朋友圈的次数有上限，每个月最多只能4条，随着企业微信的不断升级可能有所变化，因此客户有更多屏蔽选项和转发朋友圈次数。如果一味地在朋友圈发广告，容易引起客户的反感，甚至被踢出。

企业微信朋友圈内容分为专业类的朋友圈、成交类的朋友圈和互动类的朋友圈。专业类的朋友圈是一些信息类的分享；成交类的朋友圈是一些优惠活动、促销等；互动类的朋友圈多是一些对话类的，包括客户反馈品牌的一些有温度、接地气的内容。三类兼顾，就可以形成一个全方位的朋友圈。

（三）用户标签分类维度

从属性上看，标签可以分为基础标签、会员标签、需求标签、行为标签、消费标签以及营销标签等。每一种标签下又可以根据观察维度的不同进一步拆分子类目标签。

行为标签可以理解为用户在私域流量或者线下活动中的活跃状态，包含活跃状态（新用户、活跃用户、不参与活动用户、流失用户）、RFM（重要价值、重要唤回、重要深耕、重要挽留、潜力、新客、一般维护、流失）、互动积极性（在活动中的状态），是否关注公众号，在哪类社群中，参与哪类活动。可以通过这些把用户分层标签，对于某一类行为、某一群用户积极响应，就可以做到精准投放、精准运营。

升级
新场景 新推广 新销售 新招商 新运营讲义要点

给用户打标签的目的就是实现千人千面的分层运营。分层运营就是标签的落地应用，是企业微信的核心要求之一。

企业微信是目前唯一被微信官方认可的私域流量池，与微信个人号不同的是，企业微信的好友是没有人数限制的，如果你的企业微信好友数量达到5000人，可以向后台管理员申请提高上限，每次可以增加5000人，暂时是没有上限的，但是加好友的速度是有限制的。

其中，以下两点值得注意：一是企业微信的活码功能。活码功能是指一个二维码背后对应了多个账号，这样每一个扫码添加进来的用户会被随机分配给其中一个账号，做到了平均引流。这样企业不需要使用那些有风险的、第三方工具进行分流，管理员在电脑端后台就可以设置。二是尽早建立企业的用户标签标准，管理员可以在后台直接设置企业级别的标签，此为一级标签，当你给用户贴上在企业微信号后台设置的一级标签时，别的员工添加用户时会同步看到你给用户添加的标签，此为二级标签。换一个员工来对接用户时，一级标签仍然会出现，但二级标签不会出现。一旦增加的用户多了，标签意义就非常重大，如果你加了几万名用户以后再设置标签，工作量就相当大了，所以精细化的运营是从给用户贴标签开始的。用户进群是统一用欢迎词、文字图片、第三方小程序和H5都可以，这样用户一加入就可以看到专门为他设置的欢迎词，企业微信的用户朋友圈比较特别，它分为企业内容和员工内容两大部分，企业内容是管理员在后台统一编辑的，会先推送到员工手里，再由员工选择用户范围发布朋友圈。

企业微信还要注意以下几点：一是头像，因为是企业，所以头像一定要专业，涉及用户对企业的第一印象，所以设置的头像一定要与企业调性相符合。二是活用群发助手，群发助手的群发对象是已经添加企业微信的用户，可以向用户发送文字以及图片，单次群发的上限是500人，如果用户数量超出上限就需要多点几次，个人微信的话，一次群发上限是200人，在一天内一位用户只会收到企业的一次群发消息，已经收到群发消息的用户当天不会再出现在可发送用户列表里，可以避免打扰用户。三是设置统一的欢迎语。用户添加进群可以自动回复，也可以设置聊天快捷回复，对于商务用户等使用话术，工作效率可以大大提高。

（四）企业微信的另外几个功能

企业微信还有另外几个功能：一是音视频在线会议功能，最多可以支持25个人同时在线开会。二是团队同步日历日程功能，不仅可以给自己安排日程，还能把重要工程安排给下属，甚至可以直接在群里安排会议时间，并同步到所有人的日程。三是微盘功能，为企业提供线上的资料共享空间。四是微文档功能，能够直接在企业微信上处理文档和表格，可以多人编辑同时修改。

对于一个私域流量的企业来说，数据流程和风险管控是两个非常重要的环节，即使自己不用企业微信，其他人使用自己的表格文档，也要有风险控制。

如果企业有可以开发了解企业微信的一些API文档，包括群机器人随时监控企业经营状况，则为企业管理提供了很大便利。企业微信可以添加第三方应用，比如移动办公、文化建设、客户关系、内部培训等。

升级
新场景 新推广 新销售 新招商 新运营讲义要点

九、微信社群

图 3-10 微信社群

（一）社群分类

家人群，就是家庭或家族互动聊天的群。

同学群，有小学、中学、高中、大学等同学群。

爱好群，每个人都有自己的爱好，一般轻易不会改变，如钓鱼群、古玩收藏交流群等。

工作群，每个单位都建有员工工作群。

平台群，即每个行业都有平台类群或行业大咖组建的学习交流群。

这五种群是稳定的，其他群则随着时间、需求的改变不断会发生变化，如购买商品群、学习群、快闪群等。

（二）社群的属性

在私域流量体系中，社群的作用与个人号相当，有三个重要的属性。

1. 流量承载的载体

因为活动场景和类型不同，不是所有的拉新引流活动都能够直接承载到个人号上，所以就需要社群起到承载部分流量的作用，个人号和社群承载的用户会有部分重合。

2. 信息传播、触达用户的渠道

社群是一个触达用户非常直接的渠道，它的触达率没有朋友圈那么高，但具有更强的社交属性，所以可以产生很强的互动场景。朋友圈是单向的信息传递，社群是互动式的信息传播和交流，是一对多的信息交互方式，可以更加便捷、快速地影响用户群体，增强和补充信息在私域流量中传播的效率。

3. 裂变、运营的重要工具

因为社群本身具备社交属性，所以社群能够应用在线上裂变、运营的各个场景中，也是连接外部工具、小程序实现裂变转化的重要工具，市面上许多裂变工具都是配合社群使用的。

（三）社群的重要性

增加人脉：在社群中，人们交流的节点会不断得以延伸，人脉圈也不断扩大。

便于沟通：社区能够提供多对多的交流体验，可以实现线上线下多维互动。

更快获取信息：社群成员基本可以不通过其他渠道，在社群内部就可以看到各种信息和最新资讯。

促进成交：社群内部可以展开售卖活动，群员之间互相信任，成交更容易。

（四）社群的三大核心要素——群主、群员、群价值

群价值是一个群能够启动、聚人并持续运营的根本。一个群的价值不仅仅是为了给群主提供广告的机会，社群领导应站在能够给群员带来什么价值的角度考虑群价值。

（五）社群的价值

1. 媒体价值

传播范围广：基于人人传播的分布式结构，社群的媒体传播范围是传统媒体的几何级倍数。

传播效率高：社群媒体中的内容遵循"发生即传播、传播即转化"的规律。

互动参与及时：社群媒体能与用户及时互动。

成本低：内容的众创与传播的众包让成本极低。

2. 渠道价值

社群渠道可以为企业和产品找到无数个利益市场——精准、细分、小众、垂直的市场集群，同频用户的同频需求，被产品和品牌满足，这是社群渠道的持续化机制。

3. 工具价值

社群有清晰的工具属性。

社群是用户数据工具。社群运营是用户社交行为的数据化沉淀，用户行为价值是一切商业价值的基础。

社群是众包工具。社群最大的特点是行为同频，行为同频带来的是价值的共振，某个动作可以通过社群完成社会化协同，任何企业的运营都可以通过社群完成众包。

4. 文化价值

社群是天然的传播文化的土壤，通过文化的体验，建立情感忠诚度，最终形成群成员的精神共识，这就是社群文化。

（六）群裂变

群裂变的原理就是诱导诱饵海报启动，只不过海报上的二维码是入群的二维码，入群

后，机器人小助手会自动发消息引导用户转发海报到朋友圈，并截图到群里。完成任务的用户，小助手便通知其添加个人号。

领取赠品流程：一是诱饵海报；二是扫码进群机器人自动引导转发；三是用户截图，引导个人微信号领取资料。

群裂变所用的工具一般是建群宝和海报。海报用公众号派单朋友圈、微信群投放都可以。一般来说，做的公众号是服务号，但服务号1个月只有4次发布，怎么办？有两个小技巧，一是开发服务的各种功能达到交互目的，比如使用消息通知模板，唤醒用户在服务号内建立关键词回复，72小时自动激活用户等技术体系，提供一个用户经常使用的功能，比如说即时查询打卡。二是使用群代办加群工具，减少对公众号的依赖。许多商家都有自己的微信客户群，通过群的方式联系维系客户。微信增加了两个群功能，群代办和群工具，善于用这个工具使小程序更快地激活用户。在微信的小程序加菜单上，点击群工具可以进入一个有群管理员置顶或群内最近经常使用的工具，群成员点击后就可以进入小程序。比如商家可以在群工具里置顶自己的小程序，顾客就可以更加快速地进入直播间，挑选下单，无须退出聊天窗口，这样增加了转化率。

（七）某社群运营案例

以完美日记的私域流量打法为例。流量获取分为两种，一是通过线上公域流量。先在小红书上投放软文"种草"广告，引导用户下单，下单后用户会得到一张"红包卡"，引导用户关注公众号领取，再通过公众号的福利和分类兴趣引导用户添加个人号。二是通过所有的线下门店获取，用户进入门店后，店员会向用户展示福利政策，引导用户添加个人号。

购买过完美日记的用户，会通过公众号引导获取"红包卡"，随后公众号再推送个人号二维码，引导用户添加个人号"小完子"。用户与小完子成为好友后，小完子再推送一个小程序让用户输入红包口令，用户即可领取红包，红包的金额在0.1~2元之间。同时，小完子会把这些用户添加到社群当中去，这样就完成了私域流量的引流，性价比非常高。完美日记的私域流量好友数量在百万级别，可以持续输出内容，并且每天坚持2~3条，不打扰、不骚扰，内容精致。这些都是小完子这个人设背后的运营坚持。

公众号—个人号—社群—成交—公众号—个人号，这样的一个循环，既是留存的过程，也是依靠微信好友产生裂变增长的过程。

十、微视

腾讯微视是腾讯旗下的短视频创作平台与分享社区，用户不仅可以在微视上浏览各种短视频，同时还可以通过创作短视频来分享自己的所见所闻。此外，微视还结合了微信和QQ等社交平台，用户可以将微视上的视频分享给好友和社交平台。

（一）微视的功能

1. 三大功能

（1）视频跟拍功能，每个视频界面都可以点击"跟拍"进入视频录制，录制视频时可以直接使用原视频音乐，模仿原视频动作进行拍摄，降低视频拍摄难度。

（2）歌词字幕玩法，用户在选择背景音乐之后，录制视频时可选择显示歌词字幕，实现跟唱。

（3）AI滤镜创新，腾讯微视新版本也在短视频拍摄里加入了一键美颜、美型功能，其中美型功能可以便捷修饰脸型，让视频拍摄变美无压力。

2. 特色功能

（1）30秒朋友圈视频：用户只需在发布界面勾选"同步到朋友圈"按钮，即可将视频同步到微信朋友圈。

（2）卡点模板：腾讯微视有众多酷炫、好玩的卡点模板，用户可以选择任意数量的照片或视频，一键生成卡点视频；通过卡点模板，用户的短视频内容能够和配乐的节奏相匹配，从而使得短视频更具有感染力。

（3）精选集：用户看到有关联合集的视频后可以在屏幕右侧进入精选集页面，获取更多相关视频内容；同时还能通过上下滑动精选集选取自己感兴趣的内容。

（4）评论翻牌：短视频发布者可以在内容的评论区内选择最多三条内容进行"翻牌"，被选中的用户则会出现在内容页中。

（二）微视营销的优势

1. 社交关系链

利用微视进行品牌推广，可以抓住腾讯系统依托的社交平台，包括微信、手机QQ、腾讯微博、QQ空间等都聚集着用户的社交关系链。对于用户而言，更多的内容除了分享给粉丝外，也可传播到不同社交网络当中。尤其是微视和微信之间的无缝连接，这也是其他产品不易模仿的一面。

2. 用户体验

微视的视频不仅仅可以公开分享，有的视频也可以只分享给特定的用户。为用户提供一个分享的私密性，会让用户拍摄视频有更多的自由空间。

3. 小而美

微视是一种以"动态社交语言"为载体的"V社交"（Video社交）概念，来开启移动社交的另一种可能，是对常规社交平台的一个补充，精彩的创意和丰富的内容展现形式可以让分享变得更加具有趣味性。

（三）如何增加微视粉丝

1. 互粉互推

通过每天不断加关注获取大量的回粉，获得大量被关注用户。加关注时应找到和自己需要的粉丝相关的人群添加关注。比如你是加搞笑类的粉丝，那么就去搜集一些搞笑大号，找到他的粉丝开始关注。

2. 添加热门标签

每天更新有创意、有人气、转发率高的微视内容给粉丝，添加热门的标签。这样，微视用户在搜索相关词时就会找到你的微视，当用户喜欢你的内容时一般都会进行关注。

3. 定期更新内容

定期发布一些高质量的内容，鼓励引导粉丝转发，同时在发现里有最新微视栏目可以增加内容的曝光率。

4. 评论和点赞

虽然微视中加关注每天上限为200人，但评论和点赞是不限次数的，因此，我们可以通过评论和点赞一些热门微视，获得关注。

5. 推荐给微视官方

发布一些好的视频，选择@微视官方，比如你发的旅游类内容，可以@微视旅行；发布的宠物类内容，可以@微视宠物；发布的明星类内容，可以@微视明星。这样当微视官方认为你的内容比较好，就会推荐到相关分类的首页，可以大大增加曝光度，增加被关注粉丝数。

（四）微视特色

微视最主要的一个功能就是可以进入微信生态，如果"看一看""搜一搜"里点击量高，就可以进入热点广场。

微视是腾讯早期的一个产品，用户的年龄普遍偏大，多大于35岁，是很好的售楼处客户使用场景。商场里都是微信生态的视频号，微视的裂变仍然是以熟人社交裂变为主，这一点是完全有别于抖音和快手等算法为主的视频App。

十一、微信LBS

图 3-11　微信LBS

基于位置服务（Location Based Services，LBS）是指围绕地理位置数据而展开的服务，其由移动终端使用无线通信网络（或卫星定位系统），基于空间数据库，获取用户的地理位置坐标信息，并与其他信息集成以向用户提供所需的与位置相关的增值服务。

升级
新场景 新推广 新销售 新招商 新运营讲义要点

（一）LBS的应用功能

1. 微信附近的人

"附近的人"是微信最早基于LBS的功能，展示与你距离较近的用户。通过这个功能用户可以和周边的陌生人进行对话。

2. 微信"摇一摇"

"摇一摇"是基于LBS的陌生人交友功能，用户在摇晃手机时能匹配到同时在摇动手机的用户，从而增加用户间的互动和微信黏度。

3. 微信的"实时共享位置"

这个场景适用于在不熟悉而又很近的位置找人，见面双方把自己的定位分享出来，微信平台通过展示实时位置及方向，让双方快速见面。

4. 微信发朋友圈的LBS定位

微信选择默认不展示定位，微信现在已经是基于熟人社交的工具，大部分人在大多数情况下发状态，位置一般不会变而且更多是表明一种态度和心情，所以没必要每次都发地址。展示设置附近位置，更多的场景是在外出或旅游时告诉大家："我来过了！"或"我在这儿。"

5. LBS的位置设置

打开微信以后找到右下角的"我"点一下设置，然后点击发送朋友圈，在发送朋友圈的时候，下面有一个地理位置，点击地理位置选择我们需要的位置。

如果说没有找到我们需要的位置，就需要打开地理位置进行设置了。输入我们想要定位的位置，比如想要定到北京某某餐厅，那么你就把这个位置设置成北京某某餐厅，然后点击保存就可以了。

当我们发朋友圈的时候，可以选择提前设置好的位置，并选择要上传的图片、视频或者文字，然后就可以发送朋友圈了，这时候显示的地理位置就是我们自己定义的位置。

（二）微信附近的小程序功能

1. 微信附近的小程序

微信小程序入口之一，将你的小程序展示在附近的小程序中，提升小程序访问。微信小程序更新的功能中就有LBS定位功能，你可以通过这些小程序发现附近的服装店以及餐饮和美食，这样便能够让你的生活变得更加丰富多彩。除了可以看到它们的地址以外，还能够看到相关的商品信息，甚至能够查询到联系电话。

附近的小程序是基于地理位置，如企业的小程序服务的入口，可以帮助用户更好地发现半径内的线下小程序服务，如加油、充电桩、停车等。可在小程序后台添加附近的小程序功能，将小程序展示在附近的小程序中。

公众号添加地点后，可把关联小程序展示在这些地点的周围。当用户在此地点的周围时，可在微信小程序入口中"附近的小程序"发现并使用小程序提供的服务。

此外，还可为小程序添加服务标签，帮助用户快速筛选。

目前小程序功能已开放多个标准服务：外送、快递、充电、预约、挂号、点餐、优惠、乘车、会员、买单、排队、缴费、购票等认证标准服务后可获得服务标签，有服务标签的小程序将优先展示。最后，通过添加门店客服，可直接为用户提供相应的帮助，在线客服可以直接外显至门店列表页。

2. 附近小程序的开通

提交附近的小程序开通申请，其开通流程，须分为三步：一是进入小程序后台——附近的小程序模块，填写商家及类目信息，提交并等待审核；二是通过审核后，进入门店管理页，添加门店信息、门店客服、门店服务等并提交审核；三是门店通过审核，即可展示到附近的小程序。具体操作流程如下。

（1）详细操作指引。进入小程序管理后台，在附近的小程序板块，点击开通，完成扫码验证后，填写商家信息及类目，并提交审核；商家类目包括一级类目和二级类目，不同的类目有不同的经营资质，如果覆盖了多个经营资质，需要提交多个经营资质证明，每个商家只可以选择一个类目。

（2）添加门店，填写门店信息。完成类目审核后，进入门店管理页，涉及POI认证，目前需要提供营业执照证明地点是商家主体所有或相关主体，添加门店信息的时候还可以上传图片、营业时间等，以丰富、满足用户对门店的认知。

（3）添加门店服务。添加服务功能，有支持认证的标准服务和自定义服务两种，需要关联小程序App ID与具体承载服务的页面路径，标准服务将以服务标签形式展示在附近列表页和导航快捷入口，帮助用户快速筛选服务。如添加外送、充电、预约等标准服务，用户即可通过顶部导航和列表里的服务标签来快速找到门店。

十二、微信生态汇总

（一）微信"发现"栏介绍

我们打开微信看微信生态，在"发现"栏从上往下打开，并依次进行比较。

朋友圈：打开率因人而异，除去基本社交30人以外，一般都是20%的打开率，但点赞数已经下降。如果图片好、内容好的话，点赞数在2%~3%；如果是纯文字，打开率则低于1%。因为点赞的人越来越少，所以集赞模式已被淘汰。

视频号：在微信频道的打开率为10%~20%时，视频的内容首先是在抖音、快手等播放，视频号是一个社交分享机制，相比抖音流量太低，很多人不习惯用。另外，视频号起步较晚，使用的人相对较少。

直播：小于10%的打开率，微信的直播内容侧重于知识类，使用率远远低于抖音、快手等交友类的直播平台。它的优点是互动，用户可以在小程序社群、朋友圈、私信等微信生态里进行互动，形成矩阵的一部分。有很多用户喜欢从直播进入，关注视频，再关注主播朋友圈。

扫一扫：付款、查询、收费，打开率基本上可以达到100%。

摇一摇：摇一摇底部有三个频道，人、歌曲和电视。只有非常少的用户玩，但是黏度比较高，常玩的人会上瘾，玩的人一直玩，摇歌、摇朋友、摇摇电视看，不玩的人就很少玩。

看一看：看一看有三个频道，"在看""热点""视频"。一般公众号的内容打开率小于2%，公众号里的"在看"是一个社交裂变窗口，如果"在看"的公众号阅读比较多，用户可以进入"热点""视频"，微视的内容也可以通过这里进行展现。

搜一搜：微信的朋友圈、文章公众号、小程序、音乐、表情、微信指数、热搜榜，很多人喜欢用搜一搜来查询，百度搜索是进不了搜一搜的，所以说微信生态的"搜一搜"是微信搜索的引擎之一。

附近：微信的LBS功能有三个频道，当地视频、同城直播和附近的人。其中附近的人的功能越来越弱，总体打开率不到10%。

购物：属于功能性的，对某些人的黏度高，有些人喜欢在上面买东西。

游戏：手游就不用说了，例如王者荣耀，相当多的用户、年轻人都喜欢玩。

小程序：强大的小程序组合功能，100%的打开率。例如，健康宝的页面就在这里，还有一个附近的小程序功能非常适用。现在人们已经离不开这些小程序了。

（二）微信"通讯录"栏介绍

通讯录里有企业微信联系人和公众号，公众号相当于企业微信号，企业微信联系人相当于企业联系人的目录，查询用得比较多。公众号相当于企业的名单目录。

群聊：社群打开率不到20%，人数越少的群打开率越高，大于400人的群一般打开率不到20%。

私信：80%以上的打开率，首选是文字，如果长语音打开率在30%左右，连续长语音则更低，因为很多人不习惯直接听语音。

在私域流量体系里，外部引流来的流量，优先承载到微信号（也可以是企业微信号）上，其次是微信里的订阅号、服务号。

在私域流量体系中，通过各种运营手段，就可以不断触达用户，触达代表着和用户的第一次接触。运营手段包括用户看到朋友圈、你给用户的朋友圈点赞、你们之间的交流和沟通、看到群里的信息、看到公众号的图文链接、收到服务号的模板消息提醒、进入裂变工具或小程序等。

（三）微信生态的应用

1. 公众号

第一是账号简介引流。第二是扩展链接引流，需要注意的是扩展链接的标题要具有引导性，可以增加手势符号，比如"加我微信直接咨询"。第三是公众号内容要突出，可以显示联系方式、二维码等。第四是扩展链接不要轻易更换，使用一篇阅读量较高的公众号文章，需要注意的是扩展链接，标题和所链接的公众号文章标题要保持一致，采取评论区引流、内容引流、私信注意等方法。

2. 视频号

视频号的流量分发逻辑是以社交推荐和算法推荐为主，视频号的核心是社交关系，社交推荐和朋友点赞的内容，所获得的流量远远大于系统推荐流量。

因此，做好视频号的核心是做好私域流量。一个优秀视频，如果缺乏基础的启动量，没人点赞评论，视频上很难获得流量。

3. 朋友圈

把成交记录、客户反馈等内容混合使用文案图片形式制作成短视频，其中图片就是之前成交的聊天记录，通过权威背书加视觉化的展示，再加活动刺激，就会吸引客户对应的关注，这是朋友圈使用的一个小技巧。

4. 公众号文案技巧

公众号的打开率越来越低，有的甚至低到了0.5%，所以公众号对内容要求更高，不管是个人公众号还是企业公众号，内容的生产都很重要，另外，公众号的涨粉比较慢，所以写公众号文案的时候要注重细节和写作的技巧。比如说剧本型的文案，常用的写作手法是：首先用故事引起客户的注意，然后在故事里埋个线索，引发客户的兴趣，从而巧妙引出产品的卖点。

关于卖点，这一点上需说明的是要用到权威、几个客户证言、前后使用效果对比、价格优势、用数字来说话等方法。进行爆款文案的学习，首先要拆分一个标准的文案，然后学习其中优秀的地方。

5. 微信社群

微信社群的活跃度一般是建群的第一周最高，过了一周以后它的活跃度就会下降，互动和打开率就比较低。

如果是商场运营方面的微信群可以考虑建一个快闪群，快闪群是什么？一群人约定在某个时间里做一件事，做完就解散社群。一般从建群到解散群，基本上都在72个小时之内，这种效果比较不错。做快闪群的时候要选择群员，不要在原来的老客户微信群里发售，而是在朋友圈和公众号推荐，筛选出感兴趣的客户，拉到一个新群里，这样既不会破坏老客户群的氛围，也可以筛选出精准的客户。建立快闪群以后，成交就是要通过售前的预热，营造受众的氛围和售后的追踪。

在微信社群做群活动时要注意几个小细节，一是群聊天的引导，在开始的时候尤其要注意；二是做活动的时候要预热活动，如发红包、倒计时活动；三是群的订单语；四是拼团成功的按照的"序号+收货名字+购买数量"格式来做清单；五是额外登记一下，可以附送一个小礼物，活动结束后增加一个回访。

6. 微信小程序

微信小程序的特点是背靠微信，有很大的流量，成本比较低，比竞争对手会多一个流量入口。做微信小程序要把握关键词的设置，每个小程序最多有10个关键词，每次修改的周期是7个工作日，自定义的关键词30天内可以修改3次。因此，最好一次性填好小程序的搜索关键词，因为即使只填一个关键词也需要7个工作日审核，所以最好一次性填完。添加的关键词是为了方便用户更加快捷精准地找到自己，添加关键词的核心就是站在用户的角度去思考问题。

微信小程序里边有几个入口，首先是"发现"LBS功能，"发现"栏下的小程序，其次是微信主页下面的下拉菜单，最后是"扫一扫"。同样，我们还可以在微信群里放入小程序，转发聊天对话框，并分享到朋友圈。例如，我们在很多微信都看到拼多多的砍价，这就是小程序的功能。

另外，我们还可以通过公众号关联，插入小程序。我们可以通过阿拉丁指数了解小程序的指数变化，效果还是不错的。

由于内容监控审核管理，所有的微信使用技巧，会因为内容的不同，并非按照常规情况展现给其他人，例如，"在看"某些内容时会被自动屏蔽，只给自己看。

7. 微信语音聊天

私信发送、群聊天、群里发资料，尤其要注意合规。

一个手机号现在可以注册两个微信号，这对客户量比较多的人士来说是个福音。

第四节　互联网常用App平台介绍

一、抖音

（一）抖音体系

抖音App是一款社交类的软件。主打音乐，专注新生代的音乐短视频社区；培养关键意见领袖（Key Opinion Leader，KOL），采用定制音乐和话题挑战的手段打造主题KOL。

抖音在一、二线城市的渗透率较高。抖音的短视频内容能够分发传播至日活跃用户量破亿的今日头条上，同时还可以转发分享到微博平台，但腾讯系的微信和QQ，目前不支持抖音的连通传播。

（二）打卡功能

抖音地图打卡功能，为那些喜欢深度自助游的朋友提供了观察、了解一座城市的视角。同时，他们还可以通过这个功能找到和结识有共同爱好的"豆芽"。

抖音与其他短视频平台最大的区别就是——视频内容与音乐的紧密结合，音乐是推进内容节奏最重要的要素之一。微博和微信公众号上，内容的分发极度依赖粉丝的传播，再优质的内容，只要没有关注的粉丝传播量就上不去。

（三）观看界面

观看入口在首页顶部，"推荐"和"附近"，抖音的推荐流程一般是根据发布者的位置，优先将内容推荐给附近的人。

根据这部分用户的数据反馈，包括视频的点赞率、播放时长、评论量、转发量等指标，让数据反馈优秀的短视频内容获得更多的播放量，分发到更多的用户账号、推荐页面。如果数据没下降，会继续推荐；如果数据下降了，则会减少推荐。

话题挑战是抖音刺激用户参与、降低用户参与创作门槛的主要方式。

（四）创意贴纸

创意贴纸是指抖音用户在拍摄时，可在贴纸栏下载使用的特效贴纸。对创意贴纸的传播主要是看两个指标，一是贴纸的下载量，贴纸的下载量能反映贴纸的质量与用户对贴纸设计的认可程度；二是运用定制贴纸生成的视频数量以及视频所带来的播放量。贴纸生成的视频数量越多，其传播的效果越好，播放量越多，其受众越广。

（五）热点内容

抖音的热点内容主要包括热点IP、音乐歌典、套路剧情以及剧情反转四个创作方向，同时70%以上的核心用户（指高度活跃用户）来自一、二线城市。

抖音上现有的品牌号分为五类：以情景剧为核心的段子号、制作抖音专属内容的主题号、侧重于展示商家日常的幕后号、以创意硬广为主的传播号、导入TVC内容的推广号。

抖音的算法机制，会计算你前面1000个点赞量，如果你的转发量和点赞量（比例）高的话，平台会再推送下一批流量给你，形成一定的潜力效应，让视频更易获得传播，因此，前面1000个点赞量很关键。

（六）抖音企业号的人设和风格

在确定账号的人设规划之前，切忌盲目运营账号！

抖音账号和受众的互动行为，包括四个方面：评论互动、私信互动、视频内容互动、直播互动。

热点型内容大致分为两种：平台推荐热点（热门话题、热门挑战赛等）与网络流行热点（段子、音乐等）。

（七）流量算法的KPI

抖音算法背后的逻辑：流量池、叠加推荐、热度加权及用户心理追求。

流量池评价标准：点赞量、评论量、转发量、完播率。

叠加推荐：叠加推荐是指新视频都会智能分发一部分播放量，如转发量达到一定数量，算法就会判断为受欢迎的内容，自动为内容加权，叠加推荐给更多用户；如果转发量达到一定数量，算法会把你的视频推向更大的流量池。依此类推，综合权重的关键指标还是上面四点：完播率、评论量、点赞量、转发量。

在抖音的算法机制中，最核心的指数就是点赞量，点赞量是评判视频内容受欢迎与否的重要标准。

热度加权：各项热度的权重依次为：转发量>评论量>点赞量。

（八）优秀短视频制作

一个优秀的短视频需要有冲突，一般情况下，3秒内就应当有一个冲突，这样才能留住观众。

切记不要碰触抖音的利益底线，比如公众号、微信号等账号内容，在直播中不能出现，一旦碰触红线，很有可能被封号。

抖音变现之估值变现，如果你名下有多个账号，就可以相互关联，构成强大的矩阵，形成很强的流量链。相互导流，就可以实现网状传播。一旦形成矩阵，这样的账号是非常值钱的。

人物式：抖音算法机制中，有人物或多个人物出现，就能分配到更多流量。

图文式：将收集好的素材全部制作成图片+文字的形式，抖音可以上传图片，也可以制作动图。注意点：（1）慎重对待第一张图片的文字，因为它相当于文章的标题，其吸引程度决定了点击率多少；（2）文字要简短精悍；（3）要控制图片数量，图片的数量要尽量保持在6~7张，最多不超过9张。

对话式：把收集到的一些素材作成聊天记录的形式，以满足粉丝们的好奇心。

保持持续更新的五个小技巧：（1）简单为主，不要太复杂。剪辑视频时不要太多的内容，只要点缀即可，片头、片尾、音乐、特效能模板化就模板化。（2）以时间为核心策划内容，只做符合抖音短视频时间的内容。（3）深挖内容，专注自己的领域。（4）精简话题，一个视频只说一个主题。（5）精简内容，视频中只说精华的部分、最好的部分。

稳定输出+持续输出+价值输出=粉丝增长。

（九）营销推广方式

蹭热度、大号推小号、评论引流、社群推广、音乐平台推广、微信、微博、QQ推广、挑战活动。

蹭热度的关键点：速度快、互动性强、文案有创意。

首页推小号：粉丝打开你的账号第一眼要看到头像、介绍、视频列表。如此一来，我们就找到了最佳的推广小号位置——介绍栏。

抖音评论区引流：在评论区多做文章。例如，注册小号，在与自己定位相似的账号里评论引流。

音乐平台推广：非常前卫的引流方法，可以去网易云音乐（口碑高、很多音乐首发的平台）等平台。网易云音乐有一个类似微信朋友圈的功能——朋友，点开发布动态，就会跳转出一个页面，可以添加一首单曲，然后发布照片以及140字以内的内容，这种模式与微博有相似之处。

（十）互推账号

参与互推的抖音号一定要有质量，新加入的抖音小号可以排除在外。要注意以下四点：调性相近、粉丝重合、各账号粉丝黏度高、粉丝数量少的账号不要互推。

1. 互推规则

角度：如果主号推小号，就要把小号排在推荐的前面，不管是推荐的频次和位置，都要排在第一位；如果是小号推主号，就要把粉丝最多、转化率最强、粉丝黏性最高的排在前面，如此既能保证主号的涨粉效果，又能保证粉丝较少的小号养成效果。

轮推：除了主推主号之外，小号与小号之间的互推也是运营抖音矩阵时必须进行的手段。

2. 互推视频技巧

标题：要有创新，既能获取点击量，又能获取关注度。

内容：要有诱导性，能吸引小号的粉丝关注主号。

互推时间：安排好时间，最好在同一天进行。

3. 用户热点法则

通过研究平台当下的热门内容、热门音乐、热点事件，创作出能让用户产生亲切感的共鸣视频，或者将热门挑战的内容进行创意延伸，用别具一格的内容吸引用户。音乐、抖音特色的反转剧、创意、美食等内容题材具有更高的互动率，音乐、舞蹈、段子演绎等广告植入方式比纯广告有效。

（十一）抖音关键数据

1. 价值指标

带货力：通过转发率(收藏率)及评论、舆情监控，进行带货能力的评定。

赞粉比=获赞总数/粉丝总数：数值越大，则在一定程度上表示内容的拉新能力和粉丝的认可程度较高。

2. 抖音号矩阵

两个必须：个人抖音号必须有主账号和小号，企业抖音号必须有品牌账号与其他系列账号。PRAC法则倡导主账号为主平台，补充添加运营领导其他抖音账号。

3. 三个定位技巧稳固抖音矩阵

垂直定位：一个抖音账号只关注一个领域，与主账号的定位一样，发布的内容不能杂乱无章。

抖音矩阵的定位布局：对于企业而言，行业号、企业号、专家号三类定位是矩阵内必须存在的。行业号帮助企业奠定行业地位，专家号帮助企业奠定专家地位，企业号帮助企业奠定企业地位。

抖音内的矩阵要有相关性：每个子账号要有自己的相关性，各个子账号之间也要有一定的相关性，比如目标粉丝群相近，内容有关联，否则互相之间很难导流。

4. 每个子账号都要有目标人群

抖音矩阵内的子账号其实都有两种身份：一是助力者，帮助主账号实现引流的目的；二是独立者，自己也需要成为一个能产生价值的账号。因为后者的身份，子账号在运营过程中需要找到自己的目标人群，根据自己的目标人群做运营。

如果一家企业拥有的诸多抖音号可以做到功能拆解、分流、互动一致，就可以被视为一种"矩阵"。企业可以选择合适的矩阵模式，模式一：1+N模式，建立一个以产品线为主导的账号矩阵，1个主账号下再开设N个产品专项账号，以此构成完整的抖音宣传体系；模式二：AB矩阵，以品牌形象塑造、维护为目的，一般是通过一个形象抖音账号加一个品牌抖音账号的形式组建矩阵。

流量互动是一个账号矩阵的基础，简而言之，就是流量可以在矩阵内各账号间流动、循环，形成"1+1>2"的效果。如何流动？其实抖音在产品功能设计上，留下了流量互动的路径。最直接的方法是，让一家企业的账号相互"关注""点赞"。

（十二）账号权重

1. 僵尸号

如果是持续7天新发布作品的播放量在100以下，则被视为僵尸号。

2. 最低权重号

如果持续7天新发布作品，播放量在100~200之间徘徊，则是最低权重号，只会被推荐到低级流量池。如果持续半个月到一个月没有突破的话，则会被降为僵尸号。

3. 中途降权

还有一种特殊的情况是"中途降权"。比如说账号之前的播放量是几千或者几万，但是某一天你发布了一条特别硬的广告，一旦被抖音系统识别到你的内容广告太硬了，那么就会直接降权，可能直接把这个账号降为最低权重号或者僵尸号。这也是很多账号突然就没有播放量的原因。

容易被"中途降权"的另外一类行为，就是搬运。你的账号若直接复制了其他平台的视频，而没有经过二次创作，被平台识别后，也会被降权。

会被"中途降权"的第三类行为，就是刷量。现在抖音平台对刷量监管非常严格。

4. 待推荐账号

如果视频播放量在1000~3000之间，则为待推荐账号，此类账号权重相对较高。如果说你接下来持续发布了比较高质量的作品，或者垂直领域的一个优质作品被抖音看到了，那么它会直接把你推荐到更大的流量池，那个时候你的视频就可能一夜之间成为"小爆款"。

5. 待上热门账号

视频播放量持续在1万以上的账号，为待上热门账号，官方会主动把视频推送给更多的人。这种账号距高爆款只差一步之遥，所以此时的账号运营者一定要趁热打铁，主动去参与各种官方的最新话题、挑战活动等，积极使用平台上最新发布的音乐作为背景音乐，使用最新的拍摄功能(如合拍、抢镜等)。只要你这样做了，你的视频很快就会被推荐到更大的流量池，成就超级爆款。

（十三）降权的避免方法

1. 保证一部手机对应一个电话卡和一个账号。不要出现一个手机频繁切换多个账号的情况，那样是会被降权的。一部手机最多操作两个账号。

2. 坚持原创，多用抖音App进行拍摄。多参加热门话题，多使用热门音乐，发布视频。

3. 发布高质量的作品，平时多@抖音小助手。

毋庸置疑，抖音是短视频领域的第一把交椅，其强大的AI功能是现在所有视频体系里边最好的，随着抖音的月活已经到了月活天花板，现在流量逐渐被头部占领，80%的流量是由头部达人控制，新人现在推流量很少，如果不上DOU+的话很难推上去。现在抖音的娱乐黏度非常高。

二、快手

（一）快手

快手是一个分享生活的短视频社区，快手平均月活跃用户达5亿，快手的用户大部分都在三、四线城市，用户在快手平台主要是通过展示自己去赢得别人的关注。通过视频的内容让粉丝产生共鸣，吸引粉丝参与、交流，通过粉丝数量的累积成为人气主播，人气主播到一定程度以后进行带货直播，实现流量的最终变现。

快手视频的带货能力远强于抖音，做好快手的重点是账户内容定位一定要原创，最好是自己所熟悉的领域。最好只注册一个账号，如果账号混乱，就很难吸引到固定领域的观众，不利于做营销。

现在快手的用户也扩展到一、二线城市，它的本质还是要求记录真实生活。搜索模式帮助用户找到自己喜欢的视频，在推荐视频的页面上有个放大镜就能完成搜索，这是它的第一个功能；第二个是同城功能，用户可以发现附近在使用快手的人，是否有点赞等；第三个是关注功能；第四个是消息功能，可以看见粉丝数、点赞数、评论反馈情况。不管是给别人点赞还是评论点赞，都是吸粉的一个方法。

做快手，要养号。养号有以下几个要求：一是要上传清晰的头像；二是要每天得日活（DAU）；三是尽可能观看同类视频；四是多点赞和评论；五是适当地转发；六是要关注别人的账号；七是及时回复评论；八是要观看直播，通过直播找到志同道合的用户；九是给人气主播送些礼物，这样就会关注对方的打赏账户，也会吸引主播的粉丝；十是尝试发布优质视频，通过优质视频来吸引、细分粉丝。

要想做好内容，账号的定位要准确，复制一些热门视频的模板，做原创视频，几个账号同时发力。平时要经常看自己的账号，发现转播量、点赞、评论数高的视频是哪一类，以此为依据，以客户关注的热点进行创作。

（二）抖音和快手的区别

运营模式不同：快手采用"轻运营"模式，注重用户的参与机会，视频推荐比较分散。抖音重观赏，重用户观看体验，视频推荐集中，聚焦到某部分优质视频创作账号中。

算法不同：抖音是一款"去中心化+重传播"的产品，其算法本质是筛选流量，不断放大爆款，非优质内容较难获得推荐和展示。

主要用户群体不同：快手的用户主体为三、四线城市及以下农村乡镇等群体。而抖音的用户主要以一、二线城市为主体，主流人群分布在20~50岁之间，此类人群对视频的质量要求更高一些。

内容不同：快手的内容更加生活化，接地气；抖音的内容更加精致，倾向于高颜值、美景、萌宠等内容。

流量不同：抖音上的流量大部分集中在网红、关键意见领袖、视频创作机构等具备创作能力的人群；快手的流量更均匀，因为门槛较低，质量参差不齐。

用户使用习惯不同：抖音的使用较为符合用户习惯，向上滑切换视频；快手则是向左滑动切换视频。

在快手，如果做账号的情况下，常规的做账号模式就是2+4模式，2+4模式是一个矩阵。

例如，它相当于是品牌号、用户号、产品号、粉丝号、活动号、成员号6个项目，可以成为一个矩阵的组成部分，也有的用1+N的模式，就是一个核心的品牌号，开设N个产品号，建立起完整的推广体系。售楼处主要是做AB号这样的矩阵，品牌号、活动号进行组合，主要用来展示品牌形象，两个账号同时运营和推广。

无论是面向售楼处还是商场，快手在形象传播上都是有优势的。

快手的老铁文化黏度超过抖音，在商场消费场景中，快手的直播带货功能也是首屈一指的，远远超过抖音。例如，临沂市的临谷快手直播基地，一名当红主播面向全国卖女装，一天就卖1亿元，这是购物中心想象不到的业绩。在商场的直播销售里，快手的优势也非常明显。

三、B站

（一）B站简介

哔哩哔哩，英文名称bilibili，简称B站，是我国Z世代高度聚集的文化社区和视频平台。

B站早期是一个ACG（动画、漫画、游戏）内容创作与分享的视频网站。经过十多年的发展，围绕用户、创作者和内容，构建了一个源源不断地产生优质内容的生态系统，B站已经涵盖7000多个兴趣圈层的多元文化社区。

B站拥有动画、番剧、国创、音乐、舞蹈、游戏、知识、生活、娱乐、鬼畜、时尚、放映厅等内容分区，生活、娱乐、游戏、动漫、科技是B站主要的内容品类，还开设直播、游戏中心、周边等业务板块。

（二）B站打造了高黏性用户社区

B站用户的日均使用时长达76.3分钟。B站在不断扩大用户数量的过程中，保持了其社区的独特氛围，弹幕的沉浸式体验以及社区准入制度，是B站做到高黏性的两个重要原因。B站是执行社区准入制的大型平台。这不仅维护了B站的社区氛围，也提升了用户对B站社区文化的认同感。高时长和高留存，作为两大核心指标体现了B站社区的超强黏性。

B站最开始聚集了一批动漫爱好者，以后不断衍生、发展壮大，包罗了年轻人喜欢的游戏、动漫、美妆搭配等诸多兴趣领域。这些爱好者可以通过弹幕、吐槽、表达对内容的喜爱，边看视频边看弹幕，缓解寂寞和无聊；爱好者中的元老可能会成为UP主，他们会因兴趣而创作内容，粉丝的投币和点赞激励他们继续下去，平台的各种创作工具、创作激励机制也会激励他们更好地创作，把创作力变现。对兴趣的热爱和以弹幕为灵魂的社区氛围，加之平台对创作的激励，让这个社区生机勃勃——观众内容消费力强、创作者多又强。此外，站方购买的日漫、国漫，自制的综艺电视剧等也为粉丝的内容消费增加了更多场景。

（三）B站赚钱的渠道

B站收入来源于会员特权售卖、手游独家发行、发布广告、售卖二次元衍生品、直播打赏分成等，其中前三项占收入的八成。

（四）B站的弹幕

B站的特色是悬浮于视频上方的实时评论，即"弹幕"。弹幕可以给观众一种"实时互动"的错觉，用户可以在观看视频时发送弹幕，其他用户发送的弹幕也会同步出现在视频上方。

弹幕能够构建出一种奇妙的共时性的关系，形成一种虚拟的部落式观影氛围，让B站成为极具互动分享和二次创造的文化社区。

（五）会员注册

B站早期限制注册，只有特定时期才开放注册。B站从邀请码制度改为注册答题制。晋级考试限定时间60分钟，总共100题，60分及格。题目包含内容有弹幕礼仪篇，以及一些动画、漫画、游戏的基础知识。

会员制度：有多种身份可以在B站观看视频，例如游客、注册会员、正式会员、大会员。

（六）电商

B站拥有自己的电商平台"会员购"，以漫展、演唱会票务、手办、模型、潮玩、周边的销售为主。

漫画：哔哩哔哩漫画是国内领先的正版漫画发行平台之一。

（七）B站养号

B站的账号需要答题考核通过后才能注册，过程相对烦琐，但也保证了B站用户的质量。

建议多注册几个账号以备不时之需，有些人有多个项目、产品，最好能使用账号矩阵去推广，新账号记得养一段时间，建议先不要加联系方式，每天去完成平台任务。看看视频、发发弹幕、评论等，养号的同时也可以多去搜索关注自己的同行，了解一下竞争对手的情况，关注一些好的UP主。

另外，每一个账号记得定位好IP，把昵称、头像这些资料完善一下，如商业地产达人，就定位老师的IP标签，昵称上可以加商业地产的关键词，但最终应是一个正常的IP昵称，而不是硬广。

养号之后，可以发布一些视频、文章，在个人中心修改一下签名，在签名中留下联系方式，用谐音代替一些关键词，比如微信用VX。

B站的账号获取有一个答题环节，不答题就没有使用弹幕和私信的功能，这些题有一定的难度，但也有一定的规律，基本上100道题一个小时之内就能做完。

（八）B站推广引流：视频内容输出

在填写视频资料时，首先要注意标题，标题要加关键词，一般是长尾关键词，便于别人搜索到视频。B站在搜索引擎中的权重很高，而长尾关键词符合一些人的搜索习惯，相对排名竞争也没那么大，在百度搜索的结果中就能排名靠前。其次是标签，添加上与视频相关的标签，多多益善，标签也可以是长尾关键词，最好再加上价值描述和结果描述。

视频封面图建议用纯色底，加粗体文字的形式进行展示，保证生成缩略图之后一眼就能看懂，还可以加上照片点缀其中，有些需要效果对比，就做成前后对比图。最后是视频的简介，可以简单介绍一下视频的内容，加上长尾关键词，引导大家有问题可以评论，或者私信你。

升级
新场景 新推广 新销售 新招商 新运营讲义要点

（九）B站推广引流：文章内容输出

B站的文章是以专栏的形式发布，重点还是文章标题，选择好分类和封面图发布就行了。文章末尾其实可以加联系方式，纯硬广不可取，建议做一张类似公众号末尾引导关注的图，少用文字引导。

B站推广引流的重点在于视频内容和文章内容的输出，其中视频占比更大，内容的标题和质量是影响流量和转化的要素。

软广可以通过视频和文章的末尾、简介区、评论区以及个人资料的签名进行引导，或者留下联系方式。其中签名的作用是当别人浏览你个人主页的时候，能够看到你的联系方式。

与此同时，在评论区中回复别人时，也可以引导他们去浏览你的个人主页，找到你的联系方式。

（十）B站自带超实用的笔记功能

在竖屏的播放详情页，点击右上角的菜单，就可以在下面找到"笔记"的入口。这个笔记看似简陋，实则有效。

首先，它支持B站的所有视频格式。使用这个笔记功能的时候，不会影响视频的正常播放，但还不支持横屏使用。看起来只能编辑文字，实际上可以一键插入当前视频的截图和时间标记。比如想要记录技术总结的部分，只要暂停视频，双击页面就可以插入截图和时间。

其次，它还支持公开发布。不仅可以把自己的笔记分享给别人，还可以看别人发布的笔记，直接抄作业。可以直接把截图和时间标记当成视频的目录索引，甚至还能一键三连。

目前，B站发布的都是一些有深度的视频，并深入到各个领域。因为B站有一个优势，它能发长视频，所以它会有很多有深度的视频内容。这是其他视频平台所不具备的。

B站视频输出内容有音乐、舞蹈、鬼畜、知识、时尚等类型，很多大咖也在B站上追番、听课、看段子等。B站现在的月活已达2亿，是一个非常大的流量。

（十一）B站的推荐机制

B站的推荐机制是以标签为主导的，通过细分标签的方式，让内容精准地触及每一个用户，并通过收藏、弹幕、评论、播放、点赞和分享的数据来辨别用户的喜好和创作者的能力。

我们可以通过以下几个方面鉴别视频间的区别。

我们首先看的是评论量、播放量、弹幕量，其次是点赞量、不喜欢量、投币量、收藏量以及分享量，最后是和视频相关的标签短片梦想、奋斗阵营励志等。B站中的视频和别的App中的视频有一个很大的区别，就是弹幕量。

在发布视频时，我们看到分区有标题类型、标签等需要填写的内容，创作者可以根据自己的需要给视频加上标签，标签在视频发布之后是无法更改的。视频是否能被官方推荐或者能否登上首页，关键在于以下几个动态参数：点赞、评论、收藏、分享。发布的视频，通过审核以后，系统会推荐给一小部分用户，如果一小部分用户对视频内容表示认可，进行点赞、评论、收藏、分享，系统就会默认视频质量较好，加大推送力度。所有的视频现在基本上都是这个模式，互动的数据越多，推荐量就越多，当视频达到万级推荐量以后，就会进入人工审核。如果人工审核认为这个视频是优质的，就会再次加大推荐，达到一定量以后就能登上首页了。

有时候视频的内容很优质，在推送的范围内，用户的评论、点赞、分享等数据都很高，但有可能是冷门或者小众，用户看得不多，所以流量达不到要求或者登不上首页，可通过人工介入的方式进行手动推荐。收藏、弹幕、评论、点赞和分享的数量都是越多越好。硬币，就相当于打赏会员，等级大于或等于一，并且绑定了手机的用户，每天可以通过登录B站获得硬币，UP主则可以通过投稿视频获得硬币。

完播率非常重要，完播率是指播放完成率，视频完播率越高，平台的推荐量就越大。

（十二）B站引流

在B站上引流需要注意以下三点：一是内容引流，二是个性签名引流，三是评论引流。不要直接搬用别人的视频，容易被封号。B站专注于细分的垂直领域，弹幕、二次元、鬼畜都可以增加趣味，有个性的签名会吸引用户访问主页。评论引流是指可以去一些热门的视频或者首页推荐的视频写下有亮点的能引发共鸣的评论，因为B站的评论是按照点赞数来排列的，评论获得的点赞数越高，排序就越靠前，看到的用户就越多。很多用户会因为看到你的评论而点开你的主页。

B站的应用场景更适配商场消费者，尤其是商场的消费者越来越年轻化，B站的作用就越来越大。在B站上做形象广告，从B站引流到商场或者是商家，效果应该是不错的，所以B站是我们必须要认真考虑的一个主流平台。

四、百度

图3-12　百度

（一）百度权重

百度是我们日常常用的一个App，百度竞价是企业或商家在百度上付费购买关键词的一种推广方式。

百度现在还是有相当多的用户信任基础，要想做到百度霸屏，就要在权重较高的网站上发布大量的与用户搜索的关键词相关的内容，这些内容被百度算法有效识别抓取，再推荐给用户。所以，一定要做令用户感兴趣的关键词，在权重高的平台上发布，然后让百度来抓取。我们可以通过爱站网查到每一个平台在百度的权重。例如，新浪、搜狐、天涯简书、豆瓣的百度权重都比较高。当然百度旗下的平台，如百度知道、百度百科、百度文库、百度地图、百度网盘、百度经验等，权重就更高了。所以，我们一定要找到权重高的平台，发布根据用户感兴趣的关键词创作的内容，或者在创作好的内容里加入用户感兴趣的关键词。

在百度系中，百度知道的权重相当高，占10%，可以通过百度用户搜索关键词获得大量的曝光，而且百度知道的内容都来自问答，所以每次曝光都比较精准。

（二）百度养号

做百度推广，首先要养号，就是账号升级。你的账号等级就是你的简介，一定要做好。其次是要有签到、浏览，包括积极回答一些问题，以及有目的地点赞、评论等，通过这些把账号不断地做起来。百度知道和知乎有点类似，只要是问答平台，都会涉及养号问题，在百度知道里发布的内容质量高会被优先推荐。但是所有的平台都忌讳直接留微信号码，不允许直接进行导流。

（三）百度贴吧

百度贴吧有上亿的用户，一般来说，虽然贴吧的流量不是特别大，某些话题比较冷僻的贴吧流量更小，但它的定位目标比较精准。选做贴吧时还是要找准关键词，关键词越好流量就越精准。同样道理，发帖的时候要养号。发布内容时，最好起一个好的标题，抓住人的好奇心，内容一定要优质。百度有几个使用小技巧，一是要引导用户留下联系，不能你自己留，否则会被封号；二是私信；三是昵称可以换成你的微信号公众号或者是用谐音。

（四）百度百家

百度百家不仅用户量大，而且百度权重比较高。百家号基本上集中在20~50岁这个年龄段，以男性为多。我们可以利用百家号自动回复功能加上自己的微信号或其他回复。所以在百家号上创作的时候，一是做一些优质的文章；二是了解平台的规则和权重，确保发文顺利；三是注意留联系方式的技巧。

（五）百度系引流

1. 百度搜索下拉框中的关键词布局

百度下拉框算法：即系统记录关键词的每天搜索量，同时记录相关词汇的搜索量，并将结果保存，再按顺序展现在下拉框中。一定周期内，搜索词量越大，下拉框中的排名越靠前。使用这个方法，可以有效引流、截流。

人工点击：组织员工和朋友，在一段时间内，维持每天的搜索量和点击量。

如果你拥有自己的网站，可以在网站页面设计弹窗，将关键词的百度搜索结果链接地址应用到弹窗中，当访问者打开正常的页面之后，自动弹出的即为百度搜索的结果，相当于自动搜索该关键词。

2. 百度贴吧引流

找到相关的贴吧；每天在贴吧签到，提高自己在贴吧的等级；评论引流；昵称可以设置为QQ号；手机端签到10天；手机端发10个贴吧主题，并在每个主题帖回复5次。

前期发帖引流时，运营者最好不要直接留下小程序的名字或者二维码图片，而是要学会用营销软文去发布精华帖。例如，运营者可以去百度搜索小程序相关的文章作为帖子内容，最好找到与之关联的热点新闻，这样能够让运营者的帖子有很好的浏览和互动效果。

3. 百度百科引流原则

要有高等级的百科账号，这样建立或编辑百科词条才会得到高度认可并获取高通过率，一般推荐用满级账号为15级的账号进行操作，将想要发布的信息放在此条的段首位置，这样百度搜索页面就能够直接显示引流内容。

百科词条是用户创建的，对于企业来说，入驻百科就相当于为企业制作了一张权威名片，可以提高企业的形象和品牌知名度。

百度词条内容的创建技巧：避免内容与目录不对应，在一级目录下，也可以添加二级目录。加目录时，要注意目录名称的规范性，不要使用序号，长度不宜过长，一般4~6个字为宜，最好采用名词性短语，目录名称不能重复。

4. 百度文库推广

百度文库是一个知识分享平台，从广告的角度来看，文库更适合做推广。因为文库审核比较简单，内容的灵活性也较高。文库内容一旦上传成功后，就会获得很大的流量。做文库推广，建议选择百度文库和豆丁文库，这两个平台人气很高。

做文库推广有六大禁忌：网页无标题或者标题完全一样；过度使用Flash或者图片；经常改动网页、标题及关键词；表里不一；网页有大量冗余代码（垃圾代码）；用DIV+CSS来进行布局，这样代码就会很少过量地发布外部链接。

百度权重由百度站长等提供，共有0~9十个等级，可用来评估完善关键词给网站所带来的流量高低。百度权重数值越大，自然流量就越高，相对应的关键词在百度搜索引擎中的排名就越靠前。因此，要努力提升关键词的自然排名。网站综合因素（域名、服务器、网站开发技术、网站内容质量、网站更新效率、链接等）和关键词匹配度（关键词设置及分布密度、网页标题及网页描述设置等）是影响自然排名的两大因素。

百度系作为传统的PC时代的网站之王，其影响力不断地下降，但是由于用户的使用惯性，以及百度积累下来的影响力，百度的作用仍然是不可小觑的。

百度上的竞价排名现在转化率已经很低了，它主要起形象宣传作用。在售楼处应用场景中，百度矩阵的作用还是不错的，尤其是在形象宣传方面有很强的曝光转化率，但是它的转化率太低，成本高不划算。因此，可以在商业地产中以百度做矩阵做形象宣传使用的应用场景。

五、知乎

知乎是国内最大的知识社区，以社交问答的方式聚焦了大量关注新知的人群。围绕核心的知识社区，逐渐发展出包括知乎日期报、知乎周刊、知乎电子书、知乎Live等知识产品与服务。20~50岁的用户占比最多，而这部分用户多是上班的白领。

（一）知乎引流

开始知乎引流前，运营者需要注册账号并填写专业类别。在进行知乎账号包装时，运营者的知乎昵称和头像应尽量与小程序的名称和图标保持一致。知乎问题的回答是按照用户点赞和评论数量的权重默认排序的。

（二）知乎为原创作者营造了非常好的创作氛围

1. 答案质量越高，排名越靠前

知乎的排名完全以答案质量为标准，只要答案质量高，无论作者有多少粉丝，都可以获得靠前的排名，获得广泛传播。相比之下，有些内容平台的文章传播量和粉丝基数有很大的关系，即作者名气越大，粉丝越多，其文章传播越广泛。

2. 优质答案可以获得长尾流量

知乎对优质答案的鼓励不仅体现在排名上，还体现在时间上。在知乎上，一个优质答案可以随着时间的沉淀不断获得点赞，提升排名，从而获得长期的曝光度。而有些内容平台的文章可能短短几天就会沉寂下去，无人关注了。

3. 公平的话题推荐机制

知乎将话题划分为很多类别，并将这些类别放在了首页、导航等多个位置。用户可以根据自己的兴趣爱好选择相应的类别，进而看到话题中的优质答案，让优质答案得到更多的曝光机会。

（三）知乎为原创作者提供了八大权益

1. 权益一：数据分析

通过知乎的作者中心一栏，作者可以分别看到自己的内容在过去7天、14天和30天的整体表现，以便了解内容的传播效果。

2. 权益二：问题推荐

知乎会利用算法了解作者的历史问答，关注和浏览等信息，从而为作者精准推荐其可能

感兴趣的问题，促使作者发挥所长，创作出更多优质的内容。

3. 权益三：内容自荐

作者可以将自己最为满意的内容向知乎推荐，使其出现在推荐页面上，从而获得更多的流量。

4. 权益四：回答赞赏

作者可以在自己的回答中开启赞赏功能，接受粉丝的打赏，使内容变现。知乎会在10个自然日内将相应打赏款项转至作者的余额中。

5. 权益五：自定义推广

可以将自己比较满意的内容设定成"作者推荐"卡片，当作者在知乎上发表了一篇文章或回答过一个问题后，这个"作者推荐"卡片就会显示在文章页或者回答页的下方，吸引粉丝阅读。

6. 权益六：品牌任务

在拥有了足够多的粉丝后，可以开启"品牌任务"权益，为一些品牌商撰稿并获得相应广告收入。

7. 权益七：知乎Live

作者可以开通知乎Live，并为其设定准入票价标准。粉丝在支付相关费用后可以进入沟通群，与作者实时互动，了解自己感兴趣的知识。

8. 权益八：作者经纪

知乎可以为作者量身打造各种推广策略，并提供出版等相关服务，帮助作者提升知名度和影响力。

（四）用户规模大，百度权重高

知乎属于问答平台，它的流量是很精准的。但是它的审核是相当严格的，对言论不当或者违规操作系统都会直接封号或下架。

要了解知乎三个方面的内容，一是要基本认知；二是形象、人设；三是流量获取和内容创作。首先，我们要了解平台规则，知乎的画像是比较优质的高学历的和高消费的人群，本科及以上学历的用户甚至占到了70%。其次，知乎天然的权威性和专业性使用户容易产生信任，而且用户也愿意进行分享。最后，在知乎上不需要花钱买流量，也不适用裂变或抽奖，因为用户的关注以及跨平台的转化都是对你创作内容的认可。

（五）知乎算法特点

知乎算法的最大特点是动态的排列，知乎平台的任何一个问题下看到的回答，其排名均由系统根据用户反馈进行动态调整，其中用户反馈包括点赞、反对、评论、感谢、收藏这五个维度，系统会根据这些来综合评定一个回答的质量，并且给予相应的排名和内容分发。

（六）知乎引流

知乎最大的两个流量来源是推荐和热榜推荐页，它是知乎系统根据用户的浏览习惯进行差异化的分发，虽然每个用户看到的页面都不一样，但热榜是全体用户都能看到的。热榜推荐页决定流量的排名，越靠前流量越大。决定排名的是用户反馈，也就是说，知乎上的流量分配相对是公平的，只要你的内容反馈高，就有可能成为一个热门回答。

做知乎引流，需要注意以下三点。

一是回答越优质，权重越大。你在哪个话题下有优质回答，这个话题下的权重就会大，当然仅限于这个话题，权重越大，初始排名就越高。如果你有违规行为，权重就会被消减。由此可见，在知乎上大V和新手的不同就在于初始排名，所以在运营知乎账号的时候回答一定要有针对性，也就是回答的问题要尽量与自己的领域相关。

二是引流的逻辑。首先是引导用户关注自己的公众号，然后再导入微信个人号，常见的流程回答就是曝光回答，关注公众号自动回复，引导添加微信个人号。在知乎回答中是不能直接出现微信个人号的，这属于违规行为，要引流到你的社群和微信个人号上，必须通过私信获取微信号。

三是形象设计。在知乎上一定要有一个完整的、立体的、有温度的形象。形象包括背景图、头像、一句话的简介、职业经历、教育背景、个人认证、个人简介七大部分。

（七）知乎流量分配机制

知乎的流量分配机制简单说就是，用户怎么浏览，流量怎么分配。在知乎上，我们会看到三个页面：关注页、推荐页和热榜页。关注页就是每个用户关注的所有用户的动态推荐，系统分发内容，系统会根据每个用户的浏览行为推荐他感兴趣的内容。重点是热榜页，它类似于微博的热榜、热搜，是知乎中流量最大的，因此，人们一般都优先关注热榜页。热门问答除了能够在热榜上看到，还能在推荐页看到，系统会把热榜话题持续分发到用户推荐页，并且抽取其中反馈较好的回答，这时就没有所谓初始排名和权重影响，全看回答的质量了。

热榜页还有一个特点就是24小时内的热议，30天内全站所有的内容都有机会上榜，所以要把热榜做好，找到比较热门的话题。在内容创作方面一般包括三个部分：开头、正文和结尾。开头一定要提前说明它的特点，提前告诉用户你的效果是什么；正文尽可能口语化；收尾的时候一定要有引流导流特征，收网导流，要有关注更多精彩内容、关注公众号之类的内容。

知乎的长尾效应以及知乎上的中高知识分子比较多，所以优质的软文内容可以产生意想不到的引流效果。

知乎更侧重于售楼处应用场景，面向高额商铺，需要有投资安全风险的讲解。如果文案功底好的话，知乎是一个非常不错的认知引流工具。

六、今日头条

（一）今日头条的特点

今日头条基于个性化推荐引擎技术，根据每个用户的兴趣、位置等多个维度进行个性化推荐，推荐内容不仅包括狭义上的新闻，还包括音乐、电影、游戏、购物等资讯。其主要特点如下。

1. 根据其社交行为、阅读行为、地理位置、职业、年龄等挖掘出兴趣。通过社交行为分析，5秒钟计算出用户兴趣；通过用户行为分析，用户每次动作后，10秒内更新用户模型。

2. 对每条信息提取几十个到几百个高维特征，并进行降维、相似计算、聚类等计算去除重复信息；对信息进行机器分类、摘要抽取、LDA主题分析、信息质量识别等处理。

3. 根据用户特征、环境特征、文章特征三者的匹配程度进行推荐。

4. 实时推荐，0.1秒内计算推荐结果，3秒完成文章提取、挖掘、消重、分类，5秒计算出新用户兴趣分配，10秒内更新用户模型。

5. 根据用户所在城市，自动识别本地新闻，精准推荐给当地居民。

6. 根据用户年龄、性别、职业等特征，自动计算并推荐其感兴趣的资讯。

（二）今日头条的流量

今日头条有两个重要的流量入口：一个是首页推荐系统，先在内容中提取关键词，然后把这个内容推送给过去浏览过关键词的用户；另一个是细分领域，今日头条把内容细分成很多领域，如果你在某个领域的权重比较高，在该领域被推荐的概率就比较大。因此，要想在今日头条上曝光，就需要平台把自己的内容推荐到这两个流量入口。

你的内容能否被推荐，取决于两个方面：一是内容关键词的提取，比如文章发布以后，平台会依靠关键词识别、技术提取、文章中高频出现的关键词，根据关键词对整篇文章进行大致的分类，再归类到细分领域。二是用户以及用户对内容的感兴趣程度。今日头条系统会根据用户的浏览历史、点赞、收藏、评论来判断用户，给这些用户贴上标签，并依据这些标签判定用户对内容的感兴趣程度，按照从高到低的顺序把相应的内容推荐给用户。

（三）今日头条的内容推荐

今日头条对内容的推荐不是一次性的，而是分批次的。也就是说，我们在今日头条上发布文章后，系统不会一次性地把它推荐给所有用户，而是分批推荐的。一般情况下，系统会把内容先推荐给1000个用户，如果这1000个用户的阅读反馈数据好，点赞、评论、收藏不错，系统就进行第二次推送，推荐给10000个用户，依此类推。如果内容的阅读反馈数据不好，推荐量就会减少。如果评论都是负面反馈，内容的推荐量就会降低。

另外，以下几个因素也会影响系统的推荐力度：一是内容的点击率高，但负面的评论太多，内容就会进入人工复核审核阶段，系统会暂停推荐。二是内容并非原创，触发了系统的消重机制。所谓消重机制就是有相似度高的内容，系统只推荐一篇，为了保护原创内容，系统会优先推送原创。三是内容不垂直，质量不稳定，系统就会评估用户的创作内容。四是内容中有敏感词汇，会影响上传或被限流。

（四）今日头条的内容创作

在今日头条的推荐页面，用户会看到内容的四个要素：标题、封面图、创作者以及评论数。一是优秀的标题与正文的相关性要强。二是要有关键词，热点关键词要定位清晰。关键词从哪里找？一般在微博上有热搜、今日头条也有热搜。三是要激发用户的阅读兴趣，同时避免专业性太强的小众标题。四是选择好的图片作为配图，图片一定要跟内容有关，一定要清晰，尽可能使用三张以上的图片。五是内容最好是原创的，从用户角度写的内容对于用户有价值，因此，内容尽可能是首发原创，一定要垂直，要追热点。

（五）今日头条发布体系

今日头条发布体系有以下几个方面：微头条、视频、问答、软文直播等。同一个内容可以同步在几个频道发布。但是如果刚刚入驻今日头条，最好先从微头条做起。微头条的门槛比较低，而且涨粉速度比较快，一般字数尽可能控制在100字左右，最好不要超过1500字，每天上线10条，超过10条系统就会限流，只能推荐给粉丝看。

微头条是今日头条中的一个小板块。微头条发布时不需要进行官方认证，而且内容形式和微博差不多，都是"文字+图片"的形式，只要发布的内容有足够的吸引力，同样会受到头条用户的关注。

另外，今日头条中的视频除了上面提到的头条视频，还可以发布西瓜视频和小视频进行推广。

（六）今日头条的功能

1. 主页

主页用户可以直接发表文章，可以看到有多少个订阅用户、推荐用户、头条号指数，还能看到所有文章的累计阅读量，以及今日头条的一些公告。

2. 发表文章

在今日头条自媒体平台上发布自己的文章，今日头条实行自动推荐机制，可将文章推送给感兴趣的用户，这使得你发布的文章可以让更多的人看到，来增加文章的阅读量、曝光量，实现在今日头条里面进行软文推广。另外，还可以发布图片、视频的文章。

3. 文章管理

手动更新，你可以在这里看到你发布的文章，以及文章的相关数据，如推荐量、阅读量、评论数、转发数、收藏数，还可以进行分享、评论管理。你可以看到文章的评论，进行回复，以及推荐评论。

4. 数据统计

文章分析，可以看到文章详细的数据。头条号指数，可以看到现在账号目前的头条号指数是多少。用户分析，可以看到你的用户数量、用户属性、兴趣分布。订阅用户，可以看到有哪些用户订阅了你的头条号。

（七）微头条引流发布技巧

1. 玩法一：在标题上加上【】

建议大家给微头条加个中括号【】把标题框起来，比如【运营干货分享】，这与微博里面话题表现形式#……#是一样的，而且还能起到警示的作用，表明这篇内容主要讲的是什么。这样做不仅让人一目了然，而且能增加更多的阅读量和粉丝量。

2. 玩法二：强化内容与主题

（1）统一主题，也可做成系列的形式

虽说微头条是类似朋友圈的存在，但却并不意味着我们可以畅所欲言，一会儿写段子，一会儿发情感，没有计划的形式与内容，用户迟早会取关。建议大家可以发日常，但是也要与专业领域结合起来，展现垂直性。

（2）最好原创

除了垂直外，原创是必须要遵守的。微头条也有消重机制，为了不影响推荐量，文字最好不要完全复制粘贴别人的，图片、视频、动图最好都是自己做。

3. 玩法三：优化排版

虽然微头条的字数最好控制在150字内，如果遇到需要大篇幅展示的信息，如购房攻略，建议大家手动分段，100字左右一段，这样视觉体验也会更佳。同样，为了让观感更佳，增加趣味性，在美观度上吸引用户关注，除了图片，也可以适当加入动图，显得更加有趣。

4. 玩法四：添加#话题#

在添加话题时，学会蹭热点。一般来说，当我们要添加话题时，系统会自动显示当前最热的话题，如果这些话题与我们的运营领域相关，就可以加入热门"话题"。还可以根据我们的运营领域创建新话题，建议范围领域大一些。

微头条引流要特别注意以下四点：一是发布频率与发布时间固定，也是吸粉与引流的助力。比如一天3条，每天固定在上午10点、下午5点、晚上8点发布，这样在后期进行数据统计与效果分析时也是很有帮助的。二是禁止打广告，不留联系方式。最好是引导别人私信你，私信时发截图，截图里带你的微信号，同时告诉别人加你的好处。三是内容相对垂直，蹭热点，最好用新的账号操作。四是今日头条号有三个认证，能认证的都要认证。

（八）今日头条的消重机制

今日头条采用的是算法机制，以算法分发的平台有抖音、淘宝等，它们不需要凭借粉丝和社交去分发内容，而是依据用户标签、文章标签和账户标签进行分发。用户标签是指机器根据大数据上用户的阅读喜好，将用户划为某一类型的用户。文章标签是由机器判定文章归属的领域，如文艺类、科技类等。账户标签是指创造者的账号归哪个类型，由机器根据所推送的内容进行判定。

创作者在今日头条上推送的内容，要经过审核、消重的流程，才会呈现在用户面前。审核就是不能出现违法或禁用的内容。消重是指系统对相似的重复的文章进行对比，让相似度过高的内容不同时出现在用户的信息栏。消重不仅有利于优质内容的曝光，也可以提高用户的阅读体验。因为没有人喜欢看重复、相似的内容。

今日头条的消重主要包括四个方面，分别是标题消重、图片消重、内容消重和主题消重。标题消重和图片消重是指比较标题和图片的不同，从而确保推荐的内容差异化，但是它有一个弊端，如果创作者使用的标题和图片与别人相同，就算内容有差异也会被消除。因此创造者在打造标题和使用图片时，千万不要为了省时、省力，与别人雷同；内容消重是指今日头条，会对内容的标题和内文图片进行信息转化，最后形成唯一的信息指纹；主题消重是指系统会根据同一事件的内容进行消重，毕竟用户不愿意看太多主题相似的内容，这种限制可以让创作者谨慎选择热点事件。因为针对热点进行创作的人太多，自己被消重的可能性会增大。

可见，创作者为了避免消重，一定要首发原创的文章，使用的图片也要与众不同，这样才能获得更多的推荐。

（九）今日头条的推荐模式

今日头条的主要推荐模式，是识别系统识别文章的特征后，将文章推送给与其调性相匹配的用户，以实现精准推送，识别时的主要依据是关键词，所谓关键词是指文章中特征明显而且重复率高的单词。另外，系统中除了识别正文中的关键词，还会对标题中的关键词进行识别，所以标题中的关键词对推荐十分重要，系统会根据用户的性别、年龄、微信、账号、购买路径等，判断用户的属性进行最相关的推荐，实现精准匹配。

今日头条在推送的环节中，采取分批推送的方式，就是把用户可能最感兴趣的内容率先推送给他，判断用户是否感兴趣的标准从低到高依次为收藏量、点击量、评论数、读完率。一个创作者想要内容传播的范围更广，一定要关注内容的读完率，类似于视频的完播率，没有点击率、互动率、订阅数、读完率，用户很难去关注相关的产品。点击率低的内容会影响文章下一批被推荐，互动率可以保证文章的热度，订阅数代表用户对内容的认可。

在以算法分发机制为主的平台上，创作者需要保证内容的活跃度和垂直度，活跃度主要是指快速更新文章，这样的系统可以确定账号的类型，有利于内容被推荐的权重。垂直度是指用户要专注于某个领域，如美食等，有利于打造标签化的文章，这两点是以算法分发为主平台的主要特点。

需要说明的是，今日头条在资讯行业中属于领先的位置。今日头条的AI智能算法，其AI水平之高超乎你的想象。简单地说，就是你看到的或者是你发布的东西，如同有个高手一直在旁边看着你，任何侥幸的想法都不要有。同一个内容可以在今日头条的微头条、视频、问答等作为一个小矩阵发布。

今日头条不仅在售楼处，而且在商场都可以应用，在形象传播和引流上，效果非常不错。

七、微博

（一）微博账号

昵称： 一个好的定位从账号的昵称就能体现出来，好的昵称就是要让人通过昵称，一眼看出你是做哪个类别的博主。

简介： 除了昵称这个"第一张脸"，简介是让用户更快、更详细识别你的另一途径，简介一定要能体现你做的是哪方面的内容。

内容垂直： 内容垂直就是决定做哪种类型的内容，就专一做这个类型的内容，不要今天发感情类的内容，明天发影视剧的推荐，后天开始推荐美食。这样你的用户无法定位你，你也无法吸引用户。

只要你能从昵称、简介、内容垂直三个方面做好定位，用户就能很快记住你，并且成为你的"活粉"。

（二）微博昵称设置两大技巧

在设置微博昵称时，最好突出行业的关键词。为了获取更多被检索的机会，在符合用户搜索习惯的前提下，尽量增加关键词的密度。

在设置微博昵称时，可以按照"姓名+行业+产品"的格式来命名。

头像：企业或商家的微博头像一定要真实，最好能够直观地体现出企业、产品或品牌。

简介：微博账号设置基本信息里的一项内容，企业可以根据自己的产品准备很多词组，去掉个人标签，剩下的就写在简介里。

完善基本信息：对个人微博来讲，用户还应该完善微博的基本信息，信息越完善，就越能让用户了解你，也更方便用户搜索到你。

微博广告牌：微博广告牌主要是用来进行宣传推广的，它与QQ空间的背景设计相类似。

（三）微博加V认证

在微博用户眼中，加V用户的言论显得更有分量，对其关注的意向也要超过普通用户。最关键的是，加V认证后微博用户发表的微博会被各大搜索引擎收录，这相当于免费给自己的微博做了外链广告宣传，可以大大增加微博的知名度和影响力。

目前微博官方的加V认证可以申请身份认证、兴趣认证、自媒体认证、官方认证，根据微博日后的经营方向，小程序运营者需要选择其中之一进行认证申请。新的运营者可以通过提升微博内容的原创度、健康度、活跃度、阅读量、互动程度这五个维度升级自己的微博号为实时号。

（四）寻找大V中的"意见领袖"

据了解，微博中持有百万以上粉丝的大V超过3000个，持有千万以上粉丝的大V超过200个，这些大V在行业中被认为是"意见领袖"，不但提升了微博粉丝的活跃度，还能将自身粉丝数直接转化为自己的收入。在大V微博上刷评论，评论要写得精彩、实用，易于粉丝接受，但不能重复刷，要记得修改其中文字。回复大V评论中的评论，回答的内容要有质量。

（五）微博使用40字打造精华

40个字以内吸引受众：企业在进行软文营销时，在前40个字以内就吸引受众才会有效果。

多用疑问句：在微博软文广告内容中，可以多用一些疑问句，这样就相当于抛出一个话题来供消费者讨论，能引起更多人的共鸣。

罗列信息：微博软文营销可以使用"1、2、3……"等编号形式将软文的信息罗列出来，能更清晰地阐释软文内容。

巧用@功能：在微博软文营销中@这个功能非常重要，企业可以在微博里@粉丝、名人、媒体等来加深互动。

（六）微群引流

微群就是微博群的简称，微博群能够将所有与之相关的话题都聚拢起来，从而将具有相同爱好或标签的微博用户聚合到一起。

在微博话题中，有的话题会有"话题主持人"，运营者不仅可以发布一个没有被其他微博用户使用过的全新话题，然后成为主持人，也可以在已有的话题中与他人竞选成为主持人。

（七）抽奖引流

如果开通新浪官方的"超级粉丝服务包"，运营者就会拥有多项抽奖特权。例如，设置抽奖条件中的互动方式、关注要求、地域限定、过滤程度等功能，让运营者组织的微博抽奖活动可以有更多的人参与，还可设置点赞、评论、关注等，增加自己营销微博的热度。

（八）微博页面的形象定位和管理

1. 开设多账号进行矩阵联动推广

微博矩阵架构：通过布局多个微博账号和平台，实现360度塑造品牌或产品形象。

微博矩阵的三大特点：多平台布局、多账号协作、统一化管理。

微博矩阵除了官方账号、子账号，还需要一个小号。所谓小号，就是建一个跟自己企业相关的匿名账号，比如商业地产企业可以建立账号：@销售、@招商、@工程建设等。小号是脱离于企业的产品，但又是企业的理念升华，企业只有上升到一个高度才能让消费者觉得它很中立，从而润物细无声地影响消费者。

2. 1+N矩阵

1+N矩阵指在某个垂直领域大号下布局多个以产品线为主导的分流账号。这个垂直领域的大号主要用于塑造品牌形象，而产品分流账号则用于强化产品宣传。

3. 微博标签

微博标签最多只能添加10个，所以要对标签进行合理利用。

（九）热度

微博热度主要以评论、转发量来衡量。

1. 借助热点事件实现曝光

微博有一个"微博热搜榜"，其能够反映微博热点内容的方向，热搜榜已经成为一个高曝光流量位，如果不是流量加权或广告，要大几千万的曝光，才有可能上热搜。

2. 蹭热点推广技巧

（1）发布与热搜有关的内容来获取曝光，微博的内容一定要带有这个热搜内容的关键词或话题；

（2）尽量选择最靠近当前时间的热搜内容；

（3）甄选话题，选择自己擅长的话题与微博定位相关联。

（十）发布内容的技巧

1. 多话题发布

可以开多个话题，如"招商"为主话题，"餐饮品牌""主力店"就是次话题。

2. 互动性

评论和点赞越多，微博内容排名越靠前。

微博热搜榜单一般会带有"热""新""荐"等标识字样。

（十一）利用微博大V被动吸粉

通过蹭评论来吸粉的两个关键点：抢占先机、评论话术要有吸引力。

评论大V微博引流的技巧：一是评论插图，评论中可以插入图片，图片上可以打上水印标识；二是主页植入，在主页、个人简介、背景图片上植入广告；三是发微博，给大V评论后，我们可以在自己的微博中发一条诱导性微博，如"奖品诱导、转发+关注抽奖"等信息；四是微博互粉；五是利用互粉大厅来增加粉丝。

（十二）坚持微博内容的发布和转发

对于微博内容的发布，学会利用微博的特点，即#、@转发。

#是指发布的微博最好带有话题，可以是热门话题、超级话题、其他话题等。微博上有个话题分类页，进入后可选择自己擅长的类别，然后关注并发布与话题有关的内容。

@转发大V的内容时，就可以"@"他，并写上一句评论。如果评论很精辟，那么这个大V也可能会转发此评论，这样就可以获得不少流量。

（十三）奖品激励是最直接有效的手段

奖品是很有效的吸粉工具，在通过微博抽奖平台发起抽奖活动时，要注意自己的微博活动文案应与后台所设置的奖品、抽奖条件一致。抽奖活动一旦发起就不能撤销。

（十四）创建微博橱窗为网站引流

微博橱窗是新浪微博提供的可以进行商品出售的窗口，自媒体和微商都可以通过微博橱窗转化产品。微博橱窗中的商品可以直接在微博上交易，也可以跳转到淘宝和京东进行交易。

（十五）微博热门话题引流

1. 话题

所谓话题，就是微话题，在发布微博信息的时候，要提到某一个话题，就要用"#话题的名字#"这种格式进行发表。发表完之后，此话题会展现在对应主题的微博主页，该主页中展现的是所有和该话题有关的微博。

2. 关键词介绍

在话题之后，要有一段关于所发布视频或图片的文字介绍，重点围绕关键词内容(很可能是话题)进行介绍。

3. 视频、图片和正文

图文结合或者视频与文字结合的微博内容会更吸引人，并赢得点赞与转发，得到更多粉丝和流量。为了提高转发量和阅读量，提升微博搜索的排名，要尽量找质量高的图片和视频。

4. 多号互推

在微博话题的最后部分，可以@小号。所谓小号，是指电商的其他微博账号。@小号的目的不在于提到这个账号，而是要让小号也能够转发、评论引来流量，进而成为新的关注目标。这种多号互推的好处在于，可以在一定程度上增加流量总量，覆盖不同的关键词。

（十六）微博长图文引流

该功能目前已经成为微博平台上的头条文章功能，在头条文章中，我们可以发布长文，可以插入图片，也可以添加相关的联系方式，这要比其他平台自由一些。

要用好这一功能，最关键的还是要写好文章，然后就可以像发微博那样不断转发了，在转发过程中，也可以结合使用上面介绍的话题功能。

1. 复制

复制就是去复制热门评论，将热点事件的高赞评论复制到我们自己的微博上，为己所用。

2. 投票

只要你迅速做出一个关于这个事件的投票，那么你就能在这个热搜中占有一席之地，投票的问题就是热搜词条讨论的话题，选项里的不同观点，一般来自高赞评论。

3. 表情包

表情包轻松有趣，而且易于传播，用户更容易接受一个已经上热门的话题，说明其自身已经自带热度了，再把这个话题的精髓总结出来，用表情包的方式做成微博内容，自带热度，且形式有趣，那么这条微博自然不愁热度。

4. 增量

复制是直接照搬热评，增量则是在复制的基础上，学会将高赞的核心观点提炼出来，再扩写成一篇较长的微博。

5. 爆款

爆款是指针对一个事件做一个讽刺类型的内容，这里要注意两点：一是讽刺类的内容，顾左右而言他，不触及敏感内容，但用户都知道你在讽刺某事件；二是这样使高级用户爽感高，更容易传播，成为爆款。这个使用技巧尤其要注意分寸。

微博的头部效应越来越严重，以至于现在很难能给新人推流量了，且微博转化率也比较低。但是，微博作为一个形象传播工具还是可以应用在售楼处、商场等场景的。

八、小红书

（一）小红书是消费类口碑库和社区电商平台

小红书成立于2013年，通过不断的生根，目前已经成长为有名的消费类口碑库和社区电商平台。小红书的最大特点和优势是用户崇拜，消费者也是分享者，更是一起种草的同行伙伴。

小红书是年轻人生活方式分享的社区电商平台，专注于消费升级大潮中的年轻时尚群体，通过独有的社区口碑营销和品牌内容推广，帮助品牌更有效地链接优质用户，用户可以通过发布笔记购物分享，将一些有价值的攻略发到小红书社区，其他用户通过主动搜索、系统推荐等方式浏览笔记，对笔记进行评论和分享，对比较好的产品很多人会选择购买。小红书社区会根据他们的点赞量、浏览量、评论量，将有价值的攻略反馈给其他用户，进一步地传播，从而让发布者获得更多的价值。

小红书主要有四大业务板块，第一块是社区，小红书社区每天产生几十亿次的笔记曝光量，内容覆盖时尚、个人护理、彩妆、美食、旅行、娱乐、读书、健身、母婴等各个领域。第二块是福利社，小红书福利社是小红书的自营电商平台，在小红书福利社用户可以购买来自全世界的优质美妆、时尚、家电、零食类商品。第三块是品牌号，在所有业务板块中，小红书的品牌号围绕着品牌这一核心产品整合，从社区营销一直到交易闭环的资源，更好地链接消费者的品牌。第四块是小红书之家，小红书特有的美好、多元的社区氛围，不断地吸引越来越多的伙伴，探索更加美好的可能性。

小红书已成为年轻人特别是女性下单购物之前常打开的一款App，搜一搜同龄人的使用心得，看一看明星的推荐、产品评价，做到心中有数，然后再下单购买。女性用户在社区里讨论最多的话题是什么？包包、美妆护肤、保健、旅行、美食，使小红书在一些用户重叠率较高的旅游时尚圈里享有一定知名度，成为经验分享社区，随着加入的明星越来越多，小红书也渐渐成为圈内公认的种草机。

从分享评价好物到以种草为己任，今天的小红书已延伸为以图文、短视频、UGC内容为特点，是实现新一代年轻用户吃、穿、玩、乐、买的分享与电商结合的生活方式的社区。

小红书每天的笔记曝光量是100亿次，创造的流行和热点相当强。很多人把它当作百度搜索使用，因为它是种草文案，不管是学习、健身、旅游，都会看小红书上的评价分享或笔记。

要做小红书，一是最好用手机号注册，权重会高一点，用微信跳转有时候不太方便。二是在昵称和头像上不要带明显的广告性质，不要在个性签名上留下联系方式，这样会被判定为营销号。同样的道理，小红书也离不开养号，养号就是对自己感兴趣的或优质的内容进行点赞、收藏、评论等。养号一周以后，就可以发布笔记，笔记最好与你所在领域高度垂直，做垂直领域的内容输出。

小红书主要包括三块：第一块是明星带货，明星带货做得非常好。第二块是专家种草。第三块是普通用户的定向销售。明确用户的真实需求和发展方向，可以使打造的社区更加专注。笔记营销、社群营销和口碑营销，有效解决了用户难以获取、氛围的营造、内容边界的界定、PGC对UGC内容的带动等问题。

（二）小红书的特点

1. 女性化

小红书更像是一个女性专属社区，女粉在小红书拥有绝对统治力。多数博主女粉占比均在85%以上。从整体来看，吸引女粉仍然是更经济的做法。

女性化是小红书博主的流量密码。除了女博主外，不少男博主也拥有非常强的女性化倾向。如果想成为小红书的头部博主，要么性别为女，成为女粉们的闺蜜；要么颜值够用，成为女粉们的偶像；要么专业性够强，能满足女粉们的干货需求。

2. 年轻化

年轻化是小红书博主的共同特点。博主人设的要义，就在于成为女人都喜欢的女人，并展示一种被"向往的生活"。

3. 平等感

平等感是小红书博主吸粉的原因之一。与微博、抖音等平台的博主通常是意见领袖不同，小红书博主和粉丝的关系会更类似闺蜜、朋友。博主们之所以能够获得粉丝喜爱，要么是拥有可爱的性格，要么是拥有独特的健身技巧。但不论如何，底色仍然是普通人，是粉丝们可以模仿追随的榜样，而不是高不可攀的偶像。

4. 仪式感

仪式感是小红书内容的核心关键词。查看小红书的内容可以发现，仪式感几乎贯穿了整个小红书。小红书博主如果想吸引粉丝喜欢，要么提供一个打造仪式感的教程方法，要么做一个活标本，向粉丝展示有仪式感的生活是什么样子的。

5. 小红书内容维度

小红书除了提供变美这样的功能性需求外，还满足了归属感这样的情感需求。博主会向粉丝植入一种心理暗示，即你也可以通过努力成为现在的我，并将这种努力具象化为小红书上的各类种草笔记。

小红书的内容方面，一级分类有三大块，主要是"关注""发现""附近"。"关注"是人的维度，"发现"是内容的维度，"附近"是地理维度，就是LBS。三者合一，就形成了以优质内容为主、人和地理为辅的社区功能。

(三)小红书的内容

小红书的搜索框是流量的重要来源渠道,很多电商场景下的搜索框运营几乎如出一辙,把搜索指向导购促销或产品,但小红书的搜索框和商城的搜索框文案是分开的,这种分开使社区可以做得更好。

小红书线上用户有三个特性:一是匿名,二是多元化,三是无边界。大众点评其实也是做内容的,但是定位的不同,使大多数用户仅仅把大众点评上的内容作为去哪里消费的一个决策参考,参考完就走人,而小红书的内容就不是这样。小红书平台上的用户评论、互动、点赞、转发形成的良性循环,远远超过其他的内容电商。

小红书采用笔记形式讨论话题,就像唠家常,这种对话模式强于豆瓣或者微博。小红书为了打通内容的分享和供应链之间的连接,接入了电商,但小红书的电商只是作为满足用户需求、实现用户体验完整性的环节。

小红书的内容始终优先于电商战略定位,所以在小红书里,粉丝经济早已不是单纯的饭圈文化,粉丝经济成为一个重要的营销工具。

在小红书上标签分为两种,一种是静态标签,一种是动态标签。静态标签包括用户的人群属性、年龄、性别、职业、地域、收入、婚姻等,这样有助于运营者更好地掌握用户的消费能力。动态标签是指用户变化信息而形成的特征,比如行为轨迹、购买属性以及行为属性等,通过这些行为提取的标签是用户的动态标签,运营者通过这些标签可以进行大数据分析。

小红书昵称每个月只能修改一次,最多不要超过12个字,所以在做小红书账号的时候,要求用户的全网名字最好一致,方便人们来关注你。小红书的笔记图片和视频有规格要求,一般图片是1:1或3:4,视频是1:1或者9:16。小红书站内拍摄或者录制短视频调节比例的大小按钮,就在关闭和反转镜头按钮的中间。如果从相册直接导入照片,可以在上传图片后在图片左下角点击缩放按钮。

(四)小红书的内容特点

小红书的笔记一般分为三种类型:分享型、技术型和攻略型。在小红书上发布内容,一定要按照这三种类型的笔记去写。在小红书上发布笔记时，可以按照6∶4或者7∶3的方式发表笔记，例如，10篇笔记里有6~7篇是你定位的内容，其他可以发与生活相关的、大众化的内容，笔记的第一行非常重要，第一行的前30个字决定了你的笔记是否会被抓取、收录，从而获得更多的自然流量。尤其要把重点的关键词放在前20个字里，后面10个字可以写次要的关键词。一个笔记最多可以写1000个字，在编写笔记中可以填写品牌产品明细，但是一定要添加已有的品牌名称，不然没办法跳转，或者跳转的标签基本上没有什么作用。如果发布的笔记是攻略、购物参加活动等，可以选择地址标签，通过地址标签写的笔记也是比较容易圈粉的，可以选择人群比较多的商圈、旅游景点、网红店等写一些游记，按地址标签搜索来的用户可以看到你写的内容。

1. 小红书的收录规则

在小红书上发布笔记之后，不会马上被搜索到，一般质量较高的笔记被收录的时间会相对较快。小红书上高质量的笔记必须要有分享、攻略、技能等内容，必须走心接地气，一般写200~300字就行。千万不要写一大堆专业术语和专业词语。写完笔记后一个小时就搜一下关键词，查看一下笔记是否被收录，因为只有被收录的笔记才有更多的曝光机会。

小红书上一篇笔记能突破1000多的收藏量就已经相当不错了。当笔记被送到发现首页的时候，映入用户眼帘最多的是图片和一行短的文字，所以笔记首图一定要精美，内容一定要做垂直细分。小红书是一个以种草为主的平台，而不是一个内容资讯平台，干货类、良心推荐类、测评类都是比较受欢迎的。

小红书排在前几名的笔记基本上有一个共同点，就是有相当大的互动，互动量越大，证明笔记越受用户认可，越受用户喜爱。

2. 小红书的内容来源

小红书的内容来源主要是UGC、PGC以及以明星、达人为代表的PUGC。为了鼓励用户生产优质的原创内容，小红书通过搜索框、专门搜索等位置做话题推荐，吸引用户进入话题生产内容。当写完一篇笔记以后，对整体内容一定要有一个综合的把控，包括字数尽量控制在

300字以内，尽量不要写太多的流水账式的文字。

3. 小红书的核心优势

小红书的核心优势在于它是一个用户通过社区的高频分享、互动，发现好物创造流行趋势的平台，让品牌和口碑迅速累积，一般来说KOL的报价是粉丝数的1/10，但是在小红书上它的价值就高多了。例如，如果一个大号有50万粉丝，在今日头条上大约是5万，广告阅读量一般在3%~5%，特殊的能到10%。这样算来的话相当于2万，但在小红书上价值就比这高多了。

4. 小红书的流量推荐模式

小红书的流量推荐模式是中心化分发模式，一般在小红书首页有三个标签：关注、发现、附近。关注，即用户主动点击关注的账号内容，这一部分以类似朋友圈信息流的形式展现。发现是小红书根据用户关注的常见标签，主动推送的优质内容，如护肤、彩妆、塑形、宠物这种以瀑布流的形式展现。附近，顾名思义就是LBS功能。在这三个部分中关注和发现是最重要的内容，曝光渠道，小红书用户要么做优质内容获得平台推荐流量，要么努力细分成为KOL。小红书的流量推荐机制是笔记，生产出来以后，平台会根据用户设置的标签，将笔记推荐给可能感兴趣的用户，再根据这些用户的点赞、收藏、评论、转发等情况，继续扩展该笔记的流量值，给予更多的曝光机会。换句话说，在没有任何粉丝数量支持的情况下，用户也可以发布优质笔记，获得平台的推荐。

相比而言，微信公众号的内容，尽管短时间内可以通过社交裂变传播获得大量曝光，但是很快就会被别的新的热点所覆盖，流量起伏不定。而小红书的笔记可以不断地被推荐和搜索，由于它是基于社群电商定位，有数百万用户无时无刻地试图从小红上搜索到自己想要了解的笔记和话题，这些都是带有明确目的的，因此获取内容时间会比较久。

5. 提升打开率的方法

提升打开率一般有四种方法：一是要设计一个完美的完整的人设；二是要注意发布的频率一般在休闲的时候；三是账号的日常养号和互动；四是要留下广告进行引流。一般来说，笔记里面不允许出现你的联系方式，尤其是微信号和公众号等联系方式。一旦被平台检索系统抓住，就会被禁言或者封号。

要把人群引流到你的私人账号，一是在个人签名里使用谐音字，头像壁纸做得好一点；二是加入有热度的话题，在发布笔记时可以点击@话题；三是引流话术，比如免费领取礼物等；四是锁定用户，坚持引流。小红书不用担心有人刷粉、买粉，也不用担心自己没有流量，关键是要提供有价值的内容。小红书的直播也比较简单，除了视频号以外，只能看到个人信息、点赞、关注列表、双击、点赞、留言互动提示信息等基本内容，并没有其他直播平台的上线打赏和购物车功能。

（五）小红书的内容创作技巧

为了鼓励内容创作的更新，小红书和别的平台有一点不一样，它为用户设置了等级，最高是"金冠薯"，下面有好几个"薯"。等级高的用户笔记会优先进入审核，推荐机会会更大一点。

一个完整的笔记，包括标题、封面图和笔记正文，它是图文并茂的。简单说，这种模式就是图文系统。笔记图文一般有求方法、求推荐和求选择三种写作模式。因为小红书上的女性用户比较多，所以女性话题是比较热门的内容。

它的用户场景，如果是解决问题类的，要写些干货；如果是攻略类的，就适合于吃喝网络的笔记，所以"推荐"里产生很多产品和方法做成的合集。这种标题封面一般有四种方法，一是产品排列，把产品多放一些，写清楚，大产品带小文字。二是只写上产品的效果。三是产品的对比图片。四是写一个教程和做法步骤。作为笔记的正文写作，一般来说最好要有产品的定位，看看客户有什么特点，有什么细分内容，针对细分的内容来做。不太清楚的情况下，最好借势热点。

所有文案的写作都要紧贴热点、寻找热点，首先是小红书推荐里的热门，其次是微博的热搜。热点确定后，就可以分两个角度，一是同款推荐，二是借题发挥。比如什么衣服好，你就说什么同款。现在热点还有一个是拆借同行，看一下同行什么做得好，把它拆借过来改一改，调整一下，这样就比较好。

小红书关键词竞争比较高，不是所有热度高的关键词都好用，所以要查一下这个关键词，一般热度在0.8万~5万的关键词就可以，关键词的布局是围绕关键词做标签，但是关键词用得不能太频繁。

笔记发布后，在第一时间让家人、朋友、团队等阅读、点赞、收藏、评论，要随时关注笔记，做好维护，有评论就要及时进行回复，使评分不断地提高。

毫无疑问，小红书的应用场景是在商场，而且是必备的，因为商场最需要的人群就是小红书的人群，年轻人尤其是女孩子无论是形象宣传、种草还是商品推荐，小红书都是必选之一。

九、QQ生态

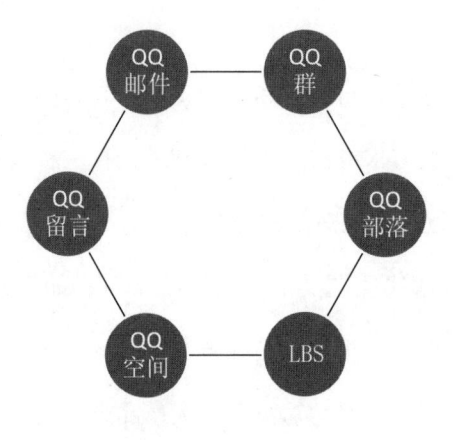

图 3-13　QQ生态

（一）如何利用QQ群获得基础流量

QQ群的质量主要看活跃度，判断活跃度的方法有两种：一是看群有没有群友发言，欢迎新朋友。发言的人越多，说明活跃度越高；二是看群友之间的互动是否频繁，互动频繁的群活跃度必然高。

普通会员或超级会员建群时会享受更多权限，普通用户建群则受到很大限制。

QQ群营销推广技巧：有效利用群公告，这是既免费又显眼的广告位，群公告可以简单介绍群的定位及经营范围等，也可以展示产品或图片。

（二）QQ邮件推广的技巧

QQ邮件有弹窗功能，标题内容要一目了然，同时弹窗只能显示13个字，因此标题最好不超过13个字，如果字数超出，一定要将重要信息放在前面。一个QQ账号一天可以给10个以内的群发送邮件，多了就容易被屏蔽。

（三）兴趣部落

兴趣部落中还有一个特殊功能，用户可以在关注的兴趣部落连续签到7天，然后等发帖数达到500以上时，能够点亮"达人"图标，这样你的名片会展示到名人堂，被推荐给更多的QQ兴趣部落用户。

（四）新鲜事引流（LBS）

新鲜事类似于QQ空间，其不同点在于受众由好友变为了附近的陌生人。但是，发表新鲜事有一定限制条件，需要QQ账户达到3颗魅力值以上。

（五）QQ空间引流

QQ空间内容丰富，只要操作得当，能够传达的信息量比微信、微博和QQ账号本身只多不少，能起到更大的引流作用。

1. 送好友礼物

可以批量给QQ好友发送礼物，每次最多可以发7个好友。送礼物之后，粉丝登录QQ就必须阅读留言内容，并强制点击才能消失。

留言中，可以加入赠品链接、微信公众号或回复关键字获取赠品等内容。即便不是节日或好友生日，也可以送礼物。但不要过于频繁地发送礼物，否则，腾讯会将QQ账号认定为恶意操作，并将之封号。

2. 提高空间曝光率

邀请转发，邀请粉丝转发日志和说说，可以通过赠送2元话费或积分兑换小礼物的方式，促使QQ好友转发日志，大大提升空间浏览量。

（六）QQ空间搜索引擎优化

1. 搜索引擎优化

QQ空间在各大搜索引擎中有较高的权重，对其进行优化也比较容易。不妨按照下面的步骤进行。

（1）用比较新的QQ号码开通空间，回避老号码的历史干扰。

（2）从百度指数中选择排名较低的关键词，组成空间的名称、简介或个人资料。

（3）设置权限，即把QQ空间设置为所有人可访问，这样才能被搜索引擎的爬虫工具发现。

（4）在大型门户网站发布QQ空间链接，引发爬虫工具的搜索和获取。如在搜狐、新浪、网易等网站发布外链，QQ空间被百度等搜索引擎收录的速度就会更快。

2. 留言板引流

留言板是QQ空间的一个特色功能，在该板块中，粉丝的评论大多不是针对你的某篇日志或某张照片，他们只是对你的QQ空间进行评价，并实现空间内部的"延时互动"。

在留言板的"主人寄语"中，你可以写下你的欢迎词，对所有来访者表示欢迎。

在QQ空间营销中，你一定要鼓励来访者留言，只有如此才能提高你的QQ空间的人气。为此，每当有粉丝留言时，你都应当尽快回复，并去他的QQ空间"回访"，提高对方的来访欲望。

3. 空间装扮

在QQ空间中，你具有极大的个性化权限，这就意味着，你能够通过装扮空间，提高QQ空间的营销价值。为了获取更大的自定义权限，你首先要购买黄钻。

QQ作为一个老牌的互联网App，在PC时代存留大量的客户，在移动时代QQ又吸引了大量的"90后"和Z世代年轻人。QQ的社区文化以及日志、QQ说说、邮箱等功能，依然是很多人的必备，所以QQ是在售楼处和商场都应用的一个场景。需要注意的是QQ的矩阵应用。

十、购物类App

图 3-14 购物类App

（一）淘宝引流

买东西评论引流带来的启发。淘宝上有很多9.9元包邮的产品，你花9.9元，如果能给自己的微信号加几百个好友，那引流的成本是相当低的。

1. 参加促销活动

一元拍：向淘宝申请参加一元拍活动，用一元的价格推销产品，虽然这样可能需要付出引流成本，但带来的效果很明显。

拍卖频道：可以使用质量高、名气大的产品参加淘宝拍卖，与一元拍相比，其拍卖效果会更加直接明显。

2. 阿里巴巴商友圈引流

加入商圈：每个账号都可以加入20个商圈，然后去商圈签到，商圈右侧可以展示最近签到的人，这也是一个展示自己的机会。

3. 做好商品发布，提高网站流量

（1）好标题让买家搜得到

在淘宝卖家中心发布商品时，需填写商品标题，商品标题最多可输入30个字，而这30个字则是网站运营者打造爆款的重要因素；淘宝店商品标题的优化要持续去做，一般来说，可以7天为一个周期，标题优化后关注7天内的访问量的情况，如果没有明显增长，那么再进行

优化。

（2）优化商品详情页，提高访客转化率

商品详情页常用的模块有场景图、焦点图、模特图、买家秀、同类商品PK图、平铺图、细节图、产品属性描述、尺寸试穿、相关推荐、购物须知等；对于这些内容，不同的产品所安排的内容会有所不同，如玩具，可按关联推荐—商品展示图—商品细节—适用年龄—服务承诺来安排，而服装可按模特效果图—尺寸及试穿—细节图—相关推荐—服务承诺来安排。

4. 加入试用中心打造爆款

淘宝试用是做新品推广比较好的一种方法，从大部分网店参与试用活动效果来看，试用对网站引流和转化都有很大帮助。

（二）拼多多

1. 拼多多的流量特点

拼多多商品的构成为什么比淘宝便宜？一般来说，平台商品的价格构成是：商品的价格=商品的成本+渠道的成本–平台的补贴。影响商品平台价格的关键变量就在于渠道的成本。拼多多的渠道方式和渠道效率完全不同于淘宝。拼多多与淘宝本质上都是以流量运营为手段，以流量贩卖为主的。

平台型商业主体通过平台商业模式和技术方案，摊薄成本，形成生态闭环。

淘宝的流量分发模式像收费站，巨大的流量涌入平台，平台再向各个商户引流，但是要收取入驻费用和推荐位的广告费。拼多多主要是依靠用户之间的强关系形成推荐来实现流量分发，将原来平台所有的流量费让渡给推荐者，同时不向商户收取流量费用，所以商户会愿意给出比其他平台更低的价格，这是拼多多最根本的商业逻辑。

拼多多使用的是一种人肉的算法，即一个人将其希望购买的商品推荐给另一个希望购买的人，在每一次推荐背后都蕴藏着一套独特的隐形算法，是由用户参与到链接需求的商品，远比其他电商平台的大数据推荐有效。

人肉算法形成的连接关系，可以找到合适的商品、合适的人，而且人肉算法形成的连接关系具有同理性，这一点是区别于机器算法的。因为机器算法不具备同理性，同理性本来就是因人而异。另外，人肉算法形成的连接关系符合影响力的原则，通过友好相似的权威来影响被推荐者，是在商品与消费者之间建立高效连接的另一个原因。推荐者有说服被推荐者的责任，同时还满足了其占便宜的心理。

2. 拼多多的引流方法

邀请好友领现金：用户进入小程序后，平台即刻提示赠送一个红包，领取后，提示邀请好友帮忙拆，总额没有上限，拆得越多，获得的金额越多。

开宝箱领钱：进入活动页面，平台赠送一个宝箱，提示分享到微信群，邀请好友助力，100%赢取无门槛的奖金。

1分钱抽奖：邀请好友成团，获得中奖资格。

请好友帮助砍价：邀请好友一起砍价，24小时内砍到0元就可以领到免费商品。

邀请好友打卡，天天领红包：分享给微信好友，有人点击进入就可以领取该好友的红包。

每日夺宝：每天赠送一次夺宝机会，分享给好友可以获得额外幸运值，宝箱中包含现金、无门槛券、福利。

极限挑战：抢到明星红包后，可邀请3个好友帮忙拆红包，红包拆开后会兑换成等额的优惠券。

天天拆红包：进入活动页后，系统自动拆红包，拆开后立即引导分享可拆第二个红包，分享后回来，第二个红包拆成功，立即引导继续分享（提示离提现只差N元了），分享完后继续以各种理由引导分享到好友/群。

现金签到：每天签到，获得随机现金，分享后即签到成功，每邀请一位好友签到，额外得现金，每份最高15元。

兼职赚钱：好友扫码签到，各得0.1~2元，新用户下载，各得4~15元。

好友助力免单：选择商品邀请好友助力，人满发货。不同商品，对好友助力的人数要求不同，邀请的好友必须是拼多多的新用户，下载App并且登录，算邀请成功。

转盘领现金：每天每人有两次免费抽奖机会，用完后可以邀请人，引导邀请好友助力，获得更多机会。转盘奖品中的红包为无门槛现金券，分享后可成功领取，红包有效期为领取后的两小时。部分红包有幸运翻倍机会，引导分享到不同群/好友获得随机倍数的翻倍奖励。

好友帮你，成团必发货：邀请好友帮忙支付，在24小时内完成，即可免费获得商品。

拼多多的核心运营逻辑就是引导用户替自己做广告。用户将砍价链接发给朋友，对方就算不砍价，至少也看到了信息，相当于拼多多做了一次免费广告，如果对方帮忙砍价，则需要下载和注册App，那就帮平台发展了一个用户。拼多多用游戏化的设计，把裂变思维在自己的运营环节中运用得无处不在。

（三）餐饮类App

餐饮类App当数美团、饿了么、大众点评等，大众点评是侧重种草点评类的App频道，而美团、饿了么是侧重口碑评论类的App媒介。

1. 美团

以优惠团购业务立足于本地生活服务市场，以餐饮为核心打造多元的社交生态，链接了商户端、用户端。

美团作为中国领先的生活服务电子商务平台，拥有美团、大众点评、美团外卖等消费者熟知的App，服务涵盖餐饮、外卖、生鲜零售、打车、共享单车、酒店、旅游、电影、休闲娱乐等200多个品类，业务覆盖全国2800个县区市。

在线下实体商业招商的时候，可以通过美团、大众点评、美团外卖等线上App进行招商。首先需要注册这几个App的平台账号，之后根据项目的定位，对应地寻找平台上符合项目的一些业态和业种，平台对每一个入驻的商户都会有记录，包括商家的开店地址、联系电话等，并且随着在线上的经营，每一家店都会产生一定的流量、销量和粉丝评论以及平台综合商家整体情况给出的评分。

2. 饿了么

"饿了么"主营在线外卖、即时配送和餐饮供应链等业务。

饿了么和美团的排名规则基本一致，排名规则有两个维度：一个维度是固定的，分为基础指标、加分因素、减分因素；另一个维度是不固定的，即千人千面、千时千面、千地千面三个变量。这两个维度共同影响了所有店铺的排名次序。这虽然导致店铺的排名时时刻刻都在变化，但是依然是有迹可循的。

每个指标权重都不一样，权重就是平台对你店铺的打分，如做得好，该指标的打分就高，反之就低，这是基础指标。除了基础指标外，还有加分因素和减分因素，要尽可能地多争取一些加分因素，尽量避免减分因素，这些都做好了，店铺的权重才会高。

因此，根据评分、销量、门店星级等可以看出各业态各商户的经营实力和经营水平，在这样的情况下，招商人员可根据具体项目需要，进行线上电话陌拜邀约或者上门拜访等形式为项目进行招商。

需要注意的是，在项目招商前期，需要对这部分商户资料通过平台进行搜集整理，按照店铺的评分、规模、业态、星级等进行分类，方便后期进行陌拜以及邀约。当然这时也需要招商人员对线上平台的各业态商户进行分析判断，因为有些评分高的很有可能是通过刷单的形式，商家通过某种渠道把自己的店铺评分拉高或者造假做一些优质评论等。

作为餐饮体验里的App，美团、饿了么、大众点评、口碑网等，因为其优秀的运营、持续的优惠券模式以及领先地位，已经成为各大商场首选的App。因为体验业态中餐饮类业态是商场的主打，在美团上做宣传是必需的，要投入大量的时间、精力。

购物类App的应用场景是商场，所以在售楼处很难使用，因为购物类App很少支持消费者到店自提，这样的话做引流就大大减少。

商场的应用场景中购物类App有着天然的优势，无论是商场还是商场内商户，线上渠道都是在各购物平台上开店，所以线上平台导流到商场是必备的工具，在新零售运营里会详细讲解线上是如何导流的，线下又是如何反馈、导流到线上的。

十一、音频类

（一）音频的分类

音频分为两类：一类是综合性音频，如喜马拉雅、蜻蜓、荔枝、企鹅FM等，内容涵盖音乐、小说、电台、新闻、娱乐等；第二类是纯音乐类音频，如网易云音乐、QQ音乐、酷狗音乐等。

综合性音频做得最好的就是喜马拉雅。喜马拉雅是一款为音频生产者提供内容生产渠道，通过平台的各种展现形式，把"PGC+UGC"内容传递给用户的移动电台，是目前国内发展最快、规模最大的在线移动音频分享平台。

音乐类音频做得最好的是网易云音乐。网易云音乐比较出色的就是它的社群，以及整体的增值服务等，超过了同类音频App。

（二）音频的特点和优势

以喜马拉雅为例，分享的内容包括故事、音乐、影评、情感等，尽管需要付费，但是用户已经超5亿，占据音频市场份额的70%。

音频内容不同于广播，它具有场景化和互动性等特点，变现的方式也与广播不同，而且可以植入与音频关系密切的产品。

音频的优势：一是节省用户的时间，满足碎片化阅读需求，特别符合当前年轻人的需求。二是可以搭建音频自媒体，打造属于自己的音频平台，或者和知名的音频平台合作，推出属于自己的专属频道。三是可以策划定制专门的一些节目。四是可以和粉丝互动，互动是音频内容不可缺少的一部分，主播可以和粉丝一起互动，加入展览、观影、社群等。五是音频虽然没有视频那么多的用户量，但是优质音频可以重复，质量好的转化率会比较好。

（三）借助音频打造魅力人格体

因为一篇文章，你或许不会记住一个公众号，但是因为一个声音，你却有可能爱上一个公众号。一是声音的辨识度比较高，现在文字内容的同质化特别严重，用户审美疲劳。如果加入音频的元素，会在百万账号中变得不一样，更容易让用户记住你，喜欢你。二是语音和个人魅力的联系更加直接。用户点开语音就能听到你说话，这比干巴巴的文字更有魅力，用户感到像是在和你直接对话。三是在用文字表达的时候，还要特意用一些词、句子、技巧来表达情绪，但是语音天然是自带情绪的，表达方式上更容易感染用户。四是保护版权，音频独有的辨识度，即使它被下载了，那也是你的声音，如果想转化成文字，那就要花很大的力气，这也会增加盗版成本。所以现在一些付费内容用音频来呈现，也是有这一方面考量的。

（四）制作方法

（1）将图文内容录成音频放在文首。文章写完之后，朗读原文录音上传插入到文章的开头，以图文形式呈现，满足不同用户、不同场景的不同需求。新闻资讯类的、读书类的、故事类的，尤其适合用音频的方式来呈现。

（2）文首用语音推荐文章。其实就是用语音写摘要，内容主要还是用图文呈现，可以录一段语音来给这篇文章做一个推荐，说说这篇文章主要讲了哪些内容，为什么值得看，看的时候要注意什么等。语音更富表现力更容易感染用户，更容易拉近与用户的距离。

（3）插入音乐。让用户边听边看，为读者营造一种阅读的氛围，增强阅读的体验。在文章中插入音乐是最常见的一种音频应用方式，尤其受到自媒体人喜爱。

（4）制作音频的注意事项如下：一是不要用太长的音频。音频内容的时间应该控制在5分钟内。一段音频应该只体现一个内容重点，如果时间过长，则容易让听众感到不耐烦而退出，时间短了，又难以产生引流效果。二是如果经常插入音乐的话，要注意风格稳定，这是人格化的一部分，不要人格分裂。

（五）音频的引流

音频引流主要有以下四种形式。

（1）直接在个人主页留下联系方式。

（2）在专辑封面的图片上，利用水印留下联系方式。

（3）利用录音名称留下联系方式。

（4）在录音中间植入联系方式。

（六）音频的制作技巧

（1）把所有源音频转写为文字稿，方便找到录音中的关键部分。

（2）故事第一、细节第二，把录音完整听完再剪切语气声、噪声等。

（3）关注内心与直觉的趋向，如果音频带给你情绪，请保留情绪部分。

（4）删减掉无关的闲扯、杂音、咳嗽声等。

（5）剪辑不要太生硬。

（6）注意鼻音，保持音量大小稳定。

（7）善用音乐，但不要太响，在对话前后及对话时不要放太久。

（8）要时刻记得保存文件。

一个优秀的音频的播放率都在几亿次，几千万的播放率都算很正常。音频是重复率非常高的一种形式，这是其他媒介望尘莫及、无法比拟的，优秀音频的作用不可低估。例如，《成都》这首歌就带火了成都市玉林路的小酒馆。无论是在售楼处还是在商场播放的音频，都是做形象宣传的，只要功夫到位，就会产生意想不到的效果。

十二、垂直行业类

图 3-15 垂直行业类App

垂直行业类的App非常多，几乎每个行业都有自己的垂直类App。这里简单介绍几个有代表性App以供参考。

第三章 新推广应用

（一）豆瓣

豆瓣是社区类网站，它以书、电影、音乐起家，向用户提供关于书籍、电影、音乐等作品的信息，无论是描述和评论都是由用户自己提供，因此，豆瓣是一个文艺青年的聚集阵地。如果我们的客群定位是文艺青年，豆瓣是我们必须要考虑的一个阵地，豆瓣在百度的权重达到8，利用这个优势，我们可以用豆瓣文章做各种长尾关键词，在百度搜索中获得流量，豆瓣小组发布的帖子，豆瓣的日记内容等很快进入百度搜索，成为长久被动搜索流量的来源。

豆瓣的定位是一批读书、看电影、听音乐的文艺青年，所以豆瓣的客户群大部分都是20多岁的年轻人，它在运营上特别垂直。总体来说，豆瓣上手的难度比较小，竞争比较简单，规则也没那么严格。

做豆瓣的话，同样要养号，要有完整的个人信息和正常的账号活动，在账号里可以标记一些自己喜欢的电影、音乐、书籍，加入相关的小组，进行一些互动，关注别人的账号。养号周期是一周左右的时间，如果注册了两个以上的豆瓣账号，可以延长一下时间。

豆瓣导流主要有小组导流、话题导流、同城导流和日记导流等。小组是一群人，类似于社群，在豆瓣上我们叫作小组，因为共同的兴趣和目的聚集起来。

话题引流是指在小组可以发表一些自己写的文章。其写作模板是：亲身经历了什么，遇到了什么问题，学习到了什么，取得什么成果等。如果故事分享的话，我有什么东西，能给你带来什么，并展示你的成果，如果私信我，可以获得更多。如果是干货类，干货给你带来什么，还需要什么更多好处，在评论区代理引流基本上是这个模式。用这个模式导流，在话题上一定要写清楚话题的标签和名称。

豆瓣有一个同城功能，即在一、二线城市的豆瓣用户可以参加同城的线下活动，商家可以发布线下活动来引流，或参加一些相关的线下活动。电影交流都可以在线下，通过线下活动留下自己的联系方式进行导流。

豆瓣还有一个日记功能，除了小组话题和同城引流，日记实际是在自己账号里发文章，长短不限，优质的内容会吸引用户来关注。不要一开始就留下联系方式，等粉丝到了500以上再写联系方式或者通过私信、评论区来引流比较好。总体来说，豆瓣是一个比较小众的东西，它的费用比较低，在比较精准的垂直性领域里有关文艺的这一类做得相当不错。

（二）糖豆

糖豆是一款中老年人手机里必备的App，面对的是中老年人客户群。如做中老年人产品的，糖豆是一个非常好的吸引平台，糖豆的用户已经达到2亿，月活达到百万以上，每个月糖豆的内容生产量超过40万，它人群精准，用户基数大，活跃度比较高。

糖豆采用的是分享加互动的方式，不仅为中老年人提供了一个学习分享的窗口，还为他们提供了一个互相交流的平台。为了鼓励用户生产内容，糖豆推出了达人机制，当用户上传舞蹈视频时，平台对其进行推荐，根据用户账户的粉丝数量、影响力的作品量，达到的达人星级，达星达人有专属的达星新标和达人舞台，达星新标随着粉丝数量影响力和作品量变化，而达人舞台可以提高作品的曝光性，获得更多的用户糖度。普通用户最多只能关注3000人，三星以上的达人可以关注8000人，还有直播一键回赠鲜花等特权。

在糖豆上还可以开设糖豆小店，卖一些广场舞的服装。如果你成为五星达人，你的作品会优先审核快速发布，还可以使用免广告功能。糖豆的账号首先要做一个有辨识度的账号，让用户快速地记住你，最好是真人照片或者跳舞的照片，及时与用户互动，积极参与平台的一些活动。因为糖豆的主要目标人群是中老年人，所以作品要符合他们的审美和喜好。

一些播放量和互动率比较高的视频有三个特点：一是多人视频，二是音乐的节奏感比较强，三是画面清晰简单。互动越多，视频的影响力就越大。

糖豆平台上还有直播，一是专属签约达人靠前的官方给予流量，二是非官方的签约达人，需要自己不断地去做。糖豆上有一个广场功能，类似于微信的朋友圈功能，它有机会成为热门内容，热门内容可以带来长尾流量。平台上有糖豆小店可以购买产品，增加粉丝和流量。

随着糖豆的发展，作为广场舞第一App，它的用户越来越多，如果你的产品属于中老年领域，尤其是像大妈买老年健身服之类的内容，可以在上面找到商机。

（三）Keep

相对于线下的健身房，Keep所代表的是线上的健身平台。

Keep的用户多是都市白领，现在的用户量已达2000万，一个月有3000万的月活。Keep的收入来自三个方面，按照对收入贡献的高低排序，分别是自有品牌的商品、会员订阅及线上的付费内容、广告以及其他服务。其中，智能健身设备、健身装备、服饰食品等自有品牌收入占比较高。

疫情之后，健身场景从室外转向室内，大量的客户进入Keep，导致Keep的日活度越来越高。

Keep覆盖有不同健身主题类型的超过1万节录播课。它的内容主要来自三个方面：一是平台原创的PGC内容，二是平台达人提供的内容，三是人工智能合成的内容。

相比于内容的多和免费，系统化的课程是Keep吸引健身爱好者的关键。在我国，健身人群的渗透率是21%，线上健身人群的渗透率达到42%，基本上都是有健身兴趣的用户，高黏度的用户占比比较低。在月活动中，春夏两季是使用Keep的高峰期。

十三、门户资讯类

图 3-16 门户资讯类App

在移动互联网的时代，自媒体资讯类App的代表有企鹅号、大鱼号、一点资讯和大风号等。

（一）企鹅号

企鹅号是腾讯旗下的自媒体平台，企鹅号的内容会被推荐到腾讯新闻、天天快报、QQ浏览器、QQ看点等。

优点：多途径（腾讯新闻、天天快报、手机腾讯网、QQ浏览器、腾讯新闻插件、手机QQ新闻插件）一键分发与引荐。

在腾讯视频、企鹅媒体平台上传的视频内容，可以在微信公众号中直接引用；可以绑定QQ公众号，在手机QQ和QQ空间中得到推荐。

关于文章格式：标题+话题+优质内容。内容优质不低俗，有正能量，文章通俗易懂，可读性强，有深度，配图5张以上，字数1000字以上；击中热点，段落清晰，言之有物，篇幅适中；多图会让文章更丰富美观，读者也读得轻松愉悦，最重要的是，文章推荐量也会相应增加。当然，文章含有相关性的视频或动图更佳，正文字数大于200字。

发布方式：从推荐优先级上讲，在企鹅媒体平台手动上传并发布>腾讯视频网页上传>其他平台同步。所以我们比较推荐大家使用手动上传，这样推荐的概率可能更大。

（二）大鱼号

大鱼号是阿里旗下的内容创作平台，前身是UC，UC浏览器估计大家都是用过的。阿里收编了UC以后，升级为大鱼号。作为阿里旗下一员，大鱼号的文章可多点分发到UC、UC头条、优酷、土豆、淘宝、神马搜索、豌豆荚等阿里大文娱平台。综合来看，它的流量是非常大的。

大鱼号的算法推荐模式与头条类似：系统会先对内容进行判断，然后小规模推荐给可能感兴趣的用户，再根据推送用户对内容的喜爱程度（包括点赞量、阅读量、转发量等多个指标）决定后续的推荐模式。如果综合评分高，那就大规模推荐上热门；如果评分很低，那就到此为止。

大鱼号指数越高，获得的权益就越多。大鱼指数是平台从账号的内容原创度、用户关注度、内容质量度、创作活跃度、垂直度等五个方面进行评估的。

（三）一点资讯

一点资讯依赖于融合搜索和个性化推荐技术的兴趣引擎，帮助用户更好地发现、表达、甄别、获取和管理对其真正有价值的内容。通过一点资讯，用户可以搜索并订阅任意关键词，该应用会自动帮用户聚合整理并实时更新相关资讯，同时会智能分析用户的兴趣爱好，为用户推荐感兴趣的内容。

（四）大风号

大风号，原名凤凰号，是凤凰新闻客户端旗下的自媒体产品。大风号有三种类型：个人自媒体、机构媒体自媒体、其他组织自媒体。大风号发布并且审核通过的文章，将会在凤凰新闻App、手机凤凰网、凤凰网、小米浏览器、OPPO浏览器、一点号六大分发渠道实现优质内容覆盖上亿用户。

建议上传MP4格式的视频，视频大小建议不超过1G，较大的视频请压缩后上传。时长不超过15分钟，否则无法通过审核。视频标签尽量填写2~4个字的词语。

自媒体发文，所有平台都大同小异，无非都是关注原创、传播度和垂直度，要尽量发布对大家有帮助的文章。有趣的文章，能引起大家的共鸣。

平时注意收集一些素材，好的文章会给你一些启发灵感，好的图片会让你眼前一亮，所以一定要注意平时的积累，都要保存下来。

使用商品功能的时候要注意以下三点。

1. 文章不能只有商品没有内容，或者是内容里穿插的商品过多，商品重复也是推广的大忌。

2. 插入的商品要与文章内容有关联性，比如你写的化妆品，那你商品推荐也要与化妆品相关。

3. 还有诸多违禁商品如药品、美容器械等，不能插入到文章中，不然被举报或者是违反了相关规定，那你的账号就会永久失去商品推广资格。

（五）作为PC时代转型的自媒体的未来

企鹅号、大鱼号、一点资讯、大风号等随着互联网"老人习惯"的用户越来越少，再

加上对自媒体的管控越来越严,这些自媒体本身账号的产业内容也日益减少。自媒体已经失去往日的辉煌,仅作为个别小众人群的平台。在应用场景中,仅以售楼处应用场景为主。例如,曾经恒大地产在一点资讯上的开屏广告。而随着开发量的减少,售楼处应用场景进一步萎缩,这些自媒体也逐渐地从主流平台退出。

十四、其他类

1.长视频类	芒果TV、爱奇艺
2.学习类	攀登读书、得到、知识星球
3.写作类	简书、美篇、起点
4.外媒类	Facebook、VK、Twitter、YouTube、Instagram、TikTok
5.LBS类直播	Tantok、Uplive
6.工具类	滴滴打车、有道词典、支付宝、航空公司、银行、相机、高德导航等
7.论坛类	天涯论坛等
8.电子游戏类	电竞、王者荣耀等
9.交友类	陌陌、探探、Soul等

图3-17 其他类App

生活中还有很多小众App,归纳起来大致分为以下几类:长视频类、学习类、写作类、外媒类、LBS类直播、工具类、论坛类、电子游戏类、交友类等。

(一)长视频类

1. 芒果TV

芒果TV是湖南广播电视台旗下的互联网视频平台,提供湖南卫视所有电视栏目高清视频点播服务，并同步推送热门电视剧、电影、综艺和音乐视频内容，以及部分电视台网络同步直播。

目标人群：芒果TV年轻化、女性化的独特受众特征明显，其中19~40岁用户占比最高，远远高于在线视频网站整体水平。芒果TV平台用户结构年轻，有更强的尝鲜欲、传播欲、消费欲，为品牌营销创造独特活力；而在用户性别上，芒果TV女性用户占比达到53%，高出视频行业整体水平10个百分点，是所有主流视频网站中女性特征较为突出的平台，因此，也成为日化、美妆、电商等行业广告营销的理想渠道。

2. 爱奇艺

爱奇艺是百度旗下的高清视频网站。

爱奇艺构建了包含短视频、游戏、移动直播、动漫、小说、电影票、IP潮品、线下娱乐等业务在内、连接人与服务的娱乐内容生态。爱奇艺网罗了广大的年轻用户群体，打造涵盖电影、电视剧、综艺、动漫在内的十余种类型的视频内容库。

关于芒果TV、爱奇艺等流媒体App，其用户的超长在线时间，使它的广告主要针对的是家庭妇女、白领等。广告的形式非常多，有常见的贴片广告、搜索类的信息流广告、超级秀、超级赞、视频浮层、大屏广告等。电商产品可以根据其不同的区域代理特征，做针对性的广告，有一定的效果，流媒体的引流一般采用的是硬广模式。

（二）学习类

关于学习类的App，有两类，一类是以樊登读书、得到、知识星球等为代表；还有一类是以直播为主的，如小鹅通是专门给老师讲课用的综合性知识App。

1. 樊登读书

为用户提供书籍精华解读、精品课程、学习社群和电子书等知识服务。核心产品书籍精华解读用1小时左右帮用户讲解一本好书。

2. 得到

为用户提供"省时间的高效知识服务"，提倡碎片化学习方式，让用户短时间内获得有效的知识。

3. 知识星球

原名小密圈，是一款知识社群工具，帮助内容创作者连接铁杆粉丝，做出品质社群，实现知识变现。微信公众号、微博和行业专家——这些有粉丝的创作者是知识星球的核心用户，都可以用知识星球运营社群，知识变现。

创作者可以创建社群后对外发布信息，粉丝们付费加入社群。社群的规则与玩法可以多种多样——可以是互动型的，大家一起畅谈，可以是问答社区，也可以是纯内容输出。所有内容最终沉淀，能分类，可检索。

（三）写作类

写作类App比较多，以简书、美篇、起点等为代表。

1. 简书

简书是一个创作社区。用户在简书上面可以方便地创作自己的作品，互相交流。简书已成为国内优质原创内容输出平台。

简书的特点：一是简书的用户群体高度年轻化，16~30岁占比74%；二是用户比较下沉，二三线城市占比70%；三是用户质量好，本科学历以上占比75%。简书与其他平台相比，似乎是专业性和针对性最弱的一个自媒体平台。

简书用户大多是"90后"，可分为情感和实用这两大类型。

简书上的文章不能太长，1500字已经是极限。

引流方法：一是文章分享，可以把自己在简书写的文章分享到微信群，还可以把文章分享到新浪微博和微信朋友圈，增加曝光量。二是投稿，把在简书写的文章投稿到相对应的专题，是在简书引流最好的方法。在这里还有一个小技巧，由于在专题文章排名中，有一栏是按"最新评论"排名的，而且这是简书专题中的默认排名。因此，当我们收到评论时，不要马上回评，等到你的文章下降到10名以外时再进行回评，这样的话，你的文章又会跳到第一位了。

2. 美篇

美篇是"40岁"用户群体表达自我、结交同好、学习提升的内容社区应用App，同时也是能够轻松转发朋友圈的图文创作分享应用。

美篇解决了微信朋友圈只能上传9张图片的痛点，支持批量导入图片，逐一配文，快速编辑，并且分享到微信朋友圈等社交平台以后，其形成的页面显示样式和微信公众号分享出来的文章几乎一样，让每个用户轻松地拥有自己的"私人公众号"和专栏。

优点：一是照片、图片处理能力强大，速度快，数量大，可以达到100张，图片无须压缩处理。二是有定制书功能，可快速排版，装订美观，价格合理。三是可以快速导入其他软件的文章，导入生成的文章基本可以直接使用，无须进行太多整理。

3. 起点

起点前身为起点原创文学协会，长期致力于原创文学作者的挖掘与培养工作，是国内最大文学阅读与写作平台之一，是国内领先的原创文学门户网站。

起点根据作品内容的不同，分为主站、女生网、文学网三大部分。其中，主站主要收录的是男性类小说，女生网收录的是女性类小说，而文学网则收录的是现实类文学作品。

不管创作的是什么样的作品，在起点都会有对应的位置。而且不论作品风格是更适合电子和无线阅读，还是更倾向于实体出版，或是想要得到影视游戏改编的机会，起点都是较好的平台。

海量资源：依托并同步于原创小说网站——起点中文网，每天海量书籍更新，千余万书籍任由选择。

VIP订阅：可以在线完成充值升级以及订阅操作，并且同步起点中文网的个人信息，原VIP用户仍然享有和起点中文网一样的订阅权限，让用户随时随地尊享起点VIP的特权。

同步互动：随时对自己喜欢的小说进行打赏、投票、催更、加入书架、发书评以及分享给好友等各种互动操作。

强大搜索：可按照作者、书名、字数、更新时间进行搜索。

（四）外媒类App

外媒类App非常多，基本可以分为两类，一类是需要VPN才能登录的，如Facebook、Instagram、YouTube等，类似国内微信、抖音、B站等；购物类的是亚马逊等，类似于淘宝、京东。另一类是不用VPN，这类非常小众，如VK、Unbordered、Traverl等。Unboradered是国际交友类App，Traverl是驴友类App。这类App缺点是用户少，优点是国内使用这类App的黏度高，某些联系紧密的外国人常用，其在线时间长，在上面引流会起到意想不到的效果，这类App导流限制较少，可以直接留联系方式，用微信号引流。

● 国际频道

国际频道俗称外媒，因为VPN没有开放，所以大部分的外媒App是看不了的，在这方面，只是提一下国外比较火的App，如Facebook、Twitter、YouTube等。

还有一类是中国公司开发、海外应用的，比如抖音海外版TikTok、微信海外版Wechat。因为VPN的原因，中国版的抖音和海外版的抖音是两个系统，无法兼容。

VK：一个俄罗斯社交平台，类似于Facebook、Instagram，由于其设计风格以及功能都与美国Facebook十分相似，因此也经常被称为克隆版的Facebook。

VK以打造简便通信工具，是俄罗斯人获得资讯、休闲娱乐、交友的一个综合性网站，用户大多是"80后"至"00后"的年青一代。VK的找人搜索功能比较细致，可以通过国家、城市、中小学、大学、院系、毕业年份、年龄、感情/婚姻状况、信仰等方面进行高级搜索，比较容易找到有相同兴趣的朋友。

VK类似于微博和QQ的结合体，如果不特意设置，每个人说的话都是公开的，不像微信相对封闭，既能和朋友进行正常的聊天，又不像微博的私信那么不方便。

Facebook：全球最大的社交媒体网络，拥有非常庞大的活跃用户量。Facebook不仅是高效的流量来源与互动平台，同时也是品牌宣传渠道和营销工具。Facebook的主要作用就是社交，这也是Facebook的本质。在Facebook上，除了写日志和发送消息这些常规文本交流应用之外，还有一个经常被使用的就是相册。Facebook的群功能明显优于微信，非常强大方便。

(五）LBS类直播

我们常说直播，首先是抖音直播、快手直播或者视频号直播，直播是视频媒介必备的工具。

直播类还有秀场直播、游戏直播、购物直播等。另外还有一类直播，是一种窄众LBS直播，是以本地化区域范围内的人进行LBS直播，比如TanTok、Uplive、飞聊、艾尚等。

TanTok：一个交友平台，专门为成年单身男女们打造的一款交友App，让大家在这儿邂逅缘分。这类App非常多，尤其要慎重对待。

Uplive：一款视频社交分享直播平台，主打全球love体验，号称是"海外直播平台"，拥有在线翻译的功能，让不同地区的用户和主播沟通更加顺畅。

(六）工具类App

每个人的手机里都有一些必备的工具类App，如导航（高德地图、百度地图、腾讯地图）、打车软件（滴滴）、银行（支付宝、各大银行App）、照相机（美图秀秀）、航空公司（南航、国航等）。这类生活必需的工具类App，很难植入广告，导流也很难。地图中可以添加项目地，其他只是因个人使用需求，打开使用频率也不同。另外，还有一些涉及个别行业的小众特殊App，如迅飞极智、语音输入、CAD看图、孔夫子旧书网等。

高德地图：高德地图是领先的数字地图内容、导航和位置服务解决方案提供商。拥有导航电子地图甲级测绘资质和互联网地图服务甲级测绘资质，其优质的电子地图数据库成为公司的核心竞争力。

百度地图：通过百度地图来导航一些热闹的地段、商场、娱乐场所等，是开车族的必备App。工具类包含各种App，种类繁多，这里就不一一讲了。

(七）论坛类

论坛类主要是贴吧App,代表性的有天涯论坛贴吧。

天涯论坛贴吧：天涯论坛是一款社交互动平台App，板块内容丰富，覆盖了社会、娱乐、情感、财经、文字、旅游、生活、汽车、体育等类型的话题。用户可自行选择自己感兴趣的话题，线上就能快速阅览到贴吧动态，点击阅览热帖，与帖友们尽情地畅聊，发表自己的观点；关注自己感兴趣的论坛，了解吧友的人生百态，参与讨论，展现才华。在这里访问论坛非常流畅和舒适，可以让论坛互动更省流量，体验到超多话题，浏览奇文绝帖。

应用功能：一是查看到所有的社交贴吧动态，浏览到全部的帖子信息；二是帖子收藏，能够将感兴趣的帖子收藏起来；三是设置只看楼主，就能屏蔽所有的评论和互动消息；四是线上就能阅览到动态，实时查阅到热门帖子；五是根据热点推荐，就能迅速查看到热门帖子；六是选择楼主的发文，点击即可浏览到详细的文章。

（八）电子游戏类

电子游戏类分为两类，一类是普通人玩的，称为电游，还有一类是电竞。目前我国电竞选手大约有10万人，观看电竞比赛的观众有1.6亿人。电游用户已达5亿人，这是一个非常庞大的群体。

电竞和传统的体育项目不同。一般来说，足球、篮球不可能为某个人或某个公司所有，但是电竞是由游戏公司开发的，有版权归属，而且每一个游戏都有各自的赛制，所以不同版权方举办的比赛，赛制不同，会给选手带来很大的影响，甚至给电竞产业带来很大的影响。

电竞的模式一般是主客场性质的联赛模式，主要是以俱乐部形式参赛，由网吧组成，现在是由俱乐部组成的，电竞俱乐部和选手是相辅相成的关系，选手推动俱乐部不断发展。

电竞按操作体系不同，分为手游和传统的端游，手游的用户相比较年轻一点，手游的项目更接近于粉丝圈，例如王者荣耀等。

电竞不同于传统的体育项目，游戏的竞技一直处于更新换代之中，而且更新的速度比较快。玩端游的人喜欢在游戏中与别人加好友聊天，而玩手游的人一般是只玩游戏，很难干别的，所以通过微信加私信来沟通，是手游和端游的区别。作为选手来说，必须通过大量的练习来摸透游戏的运行规则。

电竞是一个依托于整体协作的运动，对选手来说，他的职业生涯很短，个人的技能取决于天赋和刻苦，而且团队协作尤其重要。

一般来说，电子游戏的变数比传统体育项目多得多，它的版本一直在变，慢的两三个月，快的一个星期，游戏的数值、英雄地图都会有比较大的变动，所以电竞项目可选的英雄也很多，战术也很多，而且赛制的改变对选手的影响也很大。例如，王者荣耀每个赛季的淘汰率都能达到30%。一般电竞比赛的胜负是由四个因素决定的：战略战术、个人技术水平、团队配合、临场发挥。随着游戏的更新，所有选手会不断地切换游戏。

在整个电竞里，英雄联盟的粉丝量是最大的。一般粉丝大部分都是二三十岁的上班族，男性占据绝对优势。

例如，微博超话里的前几名都是王者荣耀的选手，电竞解说人才的需求量非常大，电竞的解说门槛有点高。游戏解说不仅仅是对电竞，比如说短视频的形式，对市面上各种游戏的玩法攻略进行介绍，他们录制视频上传网站凭借高流量获得网站的分成，如果做得好，就会获得游戏运营商的推广。在直播体系里，秀场、游戏直播、直播购物占前三位。

电子游戏类App由于受众的高黏度以及受众之广，成为很多年轻人手机端的标配。但是电游的导流不容易，一方面是由于游戏厂家的限制，另一方面是缺乏有效的路径。

杭州、西安等地政府大力开发电竞小镇，欢迎俱乐部入驻，以促进城市文化的进一步发展。

（九）交友类

交友类App非常多，这里只重点介绍几个有代表性的交友类App。

1. 陌陌

陌陌可以便捷地通过地理位置信息发现附近的人，便捷地与人进行即时的互动，降低了社交门槛，加强更加真实的互动。社交模式：根据GPS搜寻和定位你身边的陌生人和群组，高效快捷地建立联系，节省沟通的距离成本。

2. 探探

探探是一个基于大数据智能推荐、互动模式的社交App。探探根据用户的个人资料、位

> 升级
> 新场景 新推广 新销售 新招商 新运营讲义要点

置、兴趣爱好等信息，计算并推送身边与你匹配的人，帮助用户结识互有好感的新朋友。探探"左滑右滑、互相喜欢才能聊天"的核心产品机制，给年轻人带来有趣、浪漫的独特体验，是一款非常受女性受众欢迎的社交应用。

3. Soul

Soul是一个内容+聊天为主的社交类App，深受Z世代年轻人的喜欢，主要分为Match、内容（他人+自己）、聊天、个人设置四项。"灵魂自测游戏"只有在用户第一次注册App的时候才会出现，以二选一、三选一的问答类形式展现。测试分为三个阶段。做完第一阶段的6道题即可进入并使用App；做完后两个阶段的26道题，有助于完善性格报告，匹配更为精准的用户。

Soul的注册流程有两大特点：一是完全匿名；二是不可使用真实头像，只可从系统内的头像库选择头像。

交友类的App非常多，不同的年龄阶段、地域形成了数不胜数的各类App，比如熟知的陌陌、探探、Soul，境外大学生使用的Unbordered，旅游者常用的Travel，还有婚姻介绍类的珍爱App，下沉市场常用的皮皮虾，附近人用的NOW直播等，都是交友类的App。交友类App是容易形成黏度的一类App，但因为信任度不高，所以不适用于售楼处的应用场景，在商场的应用场景里某些还可以，但转化率比较差，时间比较长，要慎重对待。

第五节　各类App里常用媒介

随着新媒体的发展，各类App里出现了许多新的媒介表达方式，最常用的媒介首选视频，其次是图文，最后是软文。另外，还有一些其他的表现形式，如这两年比较火的直播，以及一些新的媒介工具，如微电影、VR、垂直数据、笔记、条漫、H5等。这些新的媒介工具使我们的电子阅读表现方式变的更加丰富多彩。

一、短视频

（一）爆款视频的五个问题

视频创作的初期，最好是先拆借同行的视频，找出其中适合自己的模式。具体的做法是：通过关键词搜索该领域的十个大号，问自己五个问题：一是这个视频自己是否会点赞、评论、转发，为什么？二是这个视频的前三秒是什么？为什么我能够继续看下去？三是视频的配乐怎么样？怎么让视频变得更加生动？四是视频的标题怎么样？有没有让视频变得更加生动？文案引导讲的是什么？五是视频下面最热门的评论是什么？为什么评论引导？如果自己制作这个视频，需要在哪些方面有所改善？这里强调的就是完播率。所以在拆借视频时一定要注意，视频的开头要有亮点，能吸引用户看下去，开头的时间有多长，画面的内容具体怎么设置，这是需要仔细研究的。

创作爆款视频有四个小技巧：一是要学会蹭热点，做直播、评论涨粉和作品推广，根据热点评论、热点视频进行涨粉。二是通过直播可以吸引粉丝，通过连麦加粉发红包等。三是评论上有一些粉丝很多的账号，下面都有评论，你可以加大点赞评论。四是还有一些属于付费的，比如抖音上的DOU+、快手上的快手粉条等。

（二）有流量思维

流量思维，简单来说就是用户思维，站在用户的角度想问题。洞察用户需求，像用户一样思考，视频内容给谁看，就把自己当成谁来写文案。要想拥有流量思维，可以借鉴以下五点：一是用户的需求和偏好；二是需求和偏好的满足方式；三是这种满足方式需要什么产品和服务来完成；四是产品和服务需要用户投入多少成本来完成；五是对比其他商家，讲清楚你的产品投入成本上的核心优势。

（三）短视频平台分类

1. 社交型：社交型短视频更注重社交属性，将社交与PGC/UGC结合起来，使短视频符合社交网络的特性。平台上短视频的内容创作者同时也是观看者。如抖音、快手、火山小视频等。

2. 工具型：工具型短视频更多的是随手拍视频，可以帮助用户制作并发布分享视频，如剪映、必剪、小影等。

3. 聚合内容型：聚合内容型平台内嵌各种类型的短视频，如梨视频、西瓜视频等。

4. 传统视频网站也有短视频：爱奇艺、腾讯、优酷、微博、陌陌、今日头条、网易等。

（四）爆款内容的十大元素

1. 三种情感：爱情、亲情、友情。

2. 五种情绪：愤怒、怀旧、愧疚、暖心、爱国。

3. 两个因素：地域和群体。

可以说，绝大多数爆款内容都涉及这些元素中的一种或几种，它们相互结合、交叉，就可以诞生新的爆款。

（五）标题创作

标题字数要适中。标题的字数具体要根据渠道因地制宜。比如今日头条一般为10~20个字；美拍的字数则要多一点，抖音除了特殊叙事式标题外，一般都为几个到十几个字。通常而言，字数不要太多，否则会影响用户的体验。除了陈述句之外，创作者还可以用反问、疑问、感叹等句式，增强用户的代入感。

（六）短视频运营误区

不与用户做互动、运营渠道单一、不持续关注渠道动态、硬追热门、从来不做数据分析，这些都是运营忌讳的。

（七）注重视频结构和叙事的节奏感

1. 开头三秒留住人，引悬念。中间的内容要按照视频的时长来设计一些梗。比如，1分钟以上的视频，要做到每30秒就打破一下这个节奏，以防止用户觉得枯燥中途退出。30秒一个小梗，那么每60秒就要有一个大梗，来增加"种草"视频的可看性和用户的沉浸感、代入感。短视频的节奏和电影剧本的起承转合其实是一样的。做视频内容就是要让用户看进去，沉浸其中，减少中途退出的可能性，这样视频完播率才能高。

2. 片尾尽量做到有惊喜感。每次都可以设计不同的结尾方式，避免视频僵化、模式化，让用户感觉枯燥。

产生共鸣其实是视频"种草"成功最关键的一点。

（八）脚本制作过程

1. 镜头：镜头的表现手法一般包括推镜头、移镜头、跟镜头、摇镜头、旋转镜头、拉镜头、晃镜头等。

2. 景别：短视频拍摄的景别分为远景、全景、中景、特写。

3. 内容：把内容拆分在每一个镜头里面。

4. 台词：60秒的短视频，不要让文字超过180个字，不然让人看起来会感觉很累。

5. 时长：时长指的是单个镜头的时长，提前标注清楚，方便剪辑的时候找到重点，提高效率。

6. 运镜：运镜指的是镜头的运动方式，从近到远、平移推进、旋转推进都是可以的。

（九）短视频营销的几个关键点

1. 标题、图片、文案、字幕。

2. 控制短视频的长度：一般情况下控制在5分钟以内，如果内容比较丰富，最长不超过20分钟。从用户反馈的数据来看，2~4分钟的短视频最受欢迎。

3. 上线找KOL做传播：在短视频上线前，可以寻求一些KOL的帮助，以实现视频的有效传播。建议选择多个有一定流量，但流量不是极高的KOL。

（十）短视频运营的五个数据分析指标

1. 固有数据：发布时间、视频时长、发布渠道。

2. 播放量相关指标：对比同期短视频和相近题材短视频的播放量。

3. 播放完成性相关指标：完播量、完播率、平均播放进度。

4. 互动数据：评论量、点赞量、转发量、收藏量。

5. 关联指标：播荐率、评论率、点赞率、转发率、收藏率、加粉率。

（十一）影响短视频播放量的因素

1. 短视频类型和平台是否匹配。

2. 短视频的原创度。

3. 关键词。关键词对应的是用户需求、喜好，如果短视频内容非常好，但是关键词没有选对，没人搜索，播放量肯定不高。

4. 短视频推荐度。平台会根据各个数据判断短视频值不值得推荐，如果平台不予推荐，用户看不到，自然取得不了高播放量。

5. 上传的渠道数量。虽然有些渠道并不适合某类型的短视频，但是只要有人点赞、转发，就会收获播放量，所以不仅要选流量大的渠道，还要多渠道发布视频。

6. 上传短视频的频率。上传短视频也要勤奋，三天打鱼，两天晒网的话，粉丝就会渐渐流失，没了粉丝，第一时间看短视频的人数就会减少。

（十二）让短视频变现的盈利模式

1. 电商变现，让销售更易于接受。短视频评论区是电商变现的重要阵地，例如，在短视频中推荐商品后，在评论区写出购买地址（抖音用户主页面有商品橱窗链接），或是视频下方直接放链接。

2. 内容付费，为用户提供知识服务。看微视频主要介绍历史、人文、地理专业知识，App中有专门的知识付费板块。

3. 补贴打赏，粉丝量创造的价值。

（十三）做短视频的数据指数和关注点

1. 推荐平台指数：活跃度、原创度、垂直度、互动或喜爱度、健康度。

2.影响力指数：播放维度、互动维度、粉丝维度。

3.短视频内容的三大趋势：年轻人是短视频的主要用户，组织化、垂直化、个性化正成为短视频内容的三大趋势。

4.短视频行业未来发展的四大特点：社群化、付费化、版权化、生态化是短视频行业未来发展的四大特点。

5.建立自己的团队：尽可能有自己的团队，尽可能垂直细分，尽可能做出自己的特点和个性。

6.关联指标：两个数据互相作用的结果反馈，其中重要的指标有推荐率、评论率、点赞率、转发率、收藏率。

7.发布时间段：数据分析显示，用户观看短视频时间段主要集中在中午午休和晚上下班之后。其中，女性用户喜欢在19—23点观看，而男性用户观看的时间则更晚一些，在零点以后观看的比例较高。短视频在这些时间段发布，所能获得的曝光度相对其他时间段会更高。

（十四）视频创意

关于视频创意问题，运营者需要记住以下两个要点。

1.前5秒法则。如果视频在前5秒内没有亮点，则基本宣告了视频的失败。

2.5秒反差法则。指你需要在视频的不同时段（最好是每隔5秒内）设置反转点，对用户产生反复不断的刺激，吸引用户从头到尾看下去，对你产生持续关注。传统短视频时代，可能相隔30秒，有一个惊喜即可；但是在抖音的环境里，可能5秒你就得有反转、有反差，因为用户没有那么多时间等你。

短视频有一个核心理念——时间短，视频时长尽量控制在15秒，以加强完播率。

（十五）场景构图

不要随便用周边的场景，必须加入构图。不管拍摄者是谁，这都必须是一张有趣的照片，单纯的人物照没有意义。常用的构图模式有三种。

1.对称式构图，该构图法特点是稳定、相呼应。

2.三分构图法，是最常用的一种构图方式，是根据黄金分割产生的简易分割。

3.中间构图法，是指将主体放置在画面中心进行构图，其优点是主体突出、明确，而且画面容易达到左右平衡效果。

（十六）手机拍摄短视频的小技巧

能横着拍，不要竖着拍，稳住手不要动；使用网络功能；利用环境光线，换换场景和角度；手动设置曝光和聚焦；如果音效不理想最好重做；及时保存文件。

（十七）吸粉

内容本身就是粉丝和流量的聚集地，而爆款对粉丝和流量的吸附能力更是达到极致，可以在爆款评论区内通过评论推广自己的短视频，与粉丝互动，继而成功蹭粉，将爆款的粉丝吸引到自己的短视频上来。其主要方法如下。

1.针对爆款特色进行评论。

2.通过转发爆款，借势涨粉。因为爆款自身具有强大的流量属性，所以当转发爆款时，也会获得其粉丝的关注，蹭到足够的人气和流量。

3.制作与爆款相同或相似内容的短视频，可以成功搭上爆款人气快车。

在短视频结尾引导粉丝关注其他平台，如，在短视频结尾时显示二维码，引导用户扫描关注微信公众号、社群、微博等。

二、直播工具

（一）直播的媒介特点

现在的直播跟以前的直播是完全不一样的，它是一种新的交互形态，在这里诞生了新的内容、新的关系、新的玩法，它改变了人们的信息交互习惯，所有的活动都可以用直播再做一遍。

（二）直播平台的选择

一定要选择适合自己的闭环，比如原来擅长抖音的选择抖音，短视频加直播再加小店的闭环；如果是微信的就选择微信直播，微信直播里有一个核心点，首选是小程序直播，而不是微信的"发现"栏下面的公域直播频道。实现视频号加公众号，再加个人号的闭环。

（三）直播的六大特点

一是聚焦感。它满足了人性的存在欲，这种存在，对于底层的需求实在太强了，远远超过任何社交媒体带来的即时满足感。原来在购物中心为了满足感存在刷单的行为，在这个直播体系里被数倍地放大。因为在直播的特殊互动中，主播可以及时收到用户的夸奖、送礼、点评、刷屏、点赞等，就像聚光灯下的明星一样，它满足了人性的存在感和虚荣心。

二是即时性。直播加快了信息的交互，因为直播的信息交互速度特别快，它比传统的社交媒体更快，不需要编辑、剪辑、上传，而是直接在直播间里表现自己。用户直接反馈、点评、点赞、刷礼物或者关闭直播间。如果你做得比较好，用户还会转发，邀请其他朋友观看，尤其是小程序直播，能在对话框里直接转发进直播间，入口交流和传播的即时性更强。如果是事件类的直播，基本上让新闻类的其他媒体望而兴叹，因为你的镜头已经在即时向外传达。

三是高浓度。直播的瞬间信息交互量巨大，相对于图文媒体，短视频的信息浓度虽然很大，但是周期也长，需要创作脚本、拍摄、剪辑、上传，直播的信息浓度远远超过了短视频。

四是临场感。直播代替了客服和导购，现在的直播间，一天有几百个人来访，是原来的几十倍，由于有了临场感，信任度就容易解决，商业效益就会大大提高。

五是真实性。直播是把团队推向用户，在传统社交媒体里无论用户怎么留言或者评论都不是面对面地沟通，有时候团队为了自我安慰，把用户留言解读为对自己更有利的内容。但是在直播里，解释权退隐了，所以团队对用户的感受更加真实，在决策上更加面对真实。

六是符合度。直播压缩了内容生产成本，在直播中内容可以再次复用，直播中往往有许多精彩的瞬间，当被记录下来，经过再次剪辑处理，视频内容就完成了，大幅度压缩了内容生产成本，而且直播的时间长，生产出的内容多，能够再次被复用的素材多，对于要大量制作内容的团队来说，真是一件幸事。

因此，直播的六大特点，聚焦感、即时性、高浓度、临场感、真实性、符合度，直播将对一切商业的改变是深层次、高效率的，它重新打造了更多颠覆性的场景，将人、货、场重新洗牌。

（四）视频与直播的区别

1. 真实性。基于视频你能更全面地了解产品或服务，视频信息维度比图片文字丰富，直播则确保你看到的视频并未经"修图"，它是真实的，看房、看车，视频均是最好的信息承载方式。

2. 高黏互动。相对于传统电视购物的"我说你听"，直播是即时互动的，你可以问主播问题，还可以跟看直播的人一起通过弹幕等方式交流，所以直播电商是有社交属性的。关注某个明星、某个商品的一群人聚在一起购物，已经有一点"陪逛街"的感觉，大家一起买买买，而传统电视购物，以及所谓O2O，是做不到这一点的。

3. 全方位讲解。用户购买大件、重决策商品，比如家电、家居、美妆时，往往有很多问题，商场都有导购员耐心地解答，直播可实现类似的体验。

（五）直播分类

直播通常是主播通过视频录制工具，在互联网直播平台上直播自己唱歌、玩游戏等活动，而受众可以通过弹幕与主播互动，也可以通过虚拟道具进行打赏。

我们一般将直播产品分为三类，即我们常见的秀场、游戏直播以及一些教育节目、重大事件等直播。秀场直播，利用用户的礼物来进行抽成，通过这些支撑起一个基本的网络空间盈利模式，使秀场直播成为一个重要入口。秀场直播可以视为从游戏直播发展的直播平台中的一个子频道。游戏直播因为游戏的场景比较固定，主播成长和粉丝获得都比较容易，而当前很多的游戏直播都在拓展新方向，如娱乐、生活、情感、体育等频道。相比于秀场，游戏直播更可以推动出沉淀下的优秀内容，商业方向的想象空间更大。

泛娱乐文化的映客直播、花椒直播，游戏类的虎牙直播、斗鱼直播；选秀造星类的猫空直播；商业活动领域的星秀直播平台，都受到人们的欢迎。

（六）网络主播

网络主播按内容分为秀场主播、游戏主播、其他主播，其中秀场主播和游戏主播居多，现在带货主播比较火，其他主播形式较少。秀场主播按秀场内容不同分为唱歌主播、MC主播、聊天主播、NJ主播、舞蹈主播、乐器主播等。游戏主播通常是由游戏职业玩家、游戏高玩、游戏红人等转型而来。除了秀场主播与游戏主播之外的其他主播，包括教学主播、美食主播、户外主播、外语主播、财经主播、健身主播、理财主播等。

（七）直播引流

很多视频界面都会有一段简短的介绍，通过快速浏览，我们可以了解这个视频频道有哪些内容和精华。主播应当写明自己的直播特点是什么，如"周一互动情感""周二游戏大直播""周五你点我来唱"等，让粉丝立刻了解你的风格，从而愿意主动关注，并形成持续化。

不要小看这短短的近百字，一个账号的基础简介，一段视频的集中说明，都会在此快速展现。甚至还可以添加个人微信号，一旦粉丝感兴趣，就会通过这段说明直接找到主播本人。

例如，可以将自己的微博、微信号写入简介，这样当粉丝产生兴趣时，除了会关注视频直播账号，还会迅速找到微信账号，从而成为你的铁杆粉丝，达到引流的效果。

（八）线上直播间

线上直播间，一是有经验的主播会将视频的边框、音乐地图、文字等信息进行包装；二是运用丰富的插件，还能及时显示字幕，甚至有动效，欢迎新进嘉宾；三是主播对用户的评论、提问、需求和响应需要及时回复，除了主播想讲的内容外，大量的用户与主播实现内容的重构，因此，它的浓度远远超过一些精心设计的视频媒体。

网络的直播场景具有高密度、高负载、高并发、高漫游的特点，而且要做到低延时。设计脚本应包括执行脚本、互动、玩法、高级话术、福利设计等内容，其目的就是吸引用户，留住用户，引导下单。从主题优惠策略宣传到直播间，再到销售，再到复盘，每个环节都要站在用户的角度去思考问题。

在脚本的设计中要考虑三个重要指标，一是要明白我在看什么；二是我能够得到什么；三是有哪些好处。在整个流程体系里面，要有产品福利，首先从预热开始，进入抽奖、秒杀。每一个媒介和App的直播间都在强调这一点。

三、图文

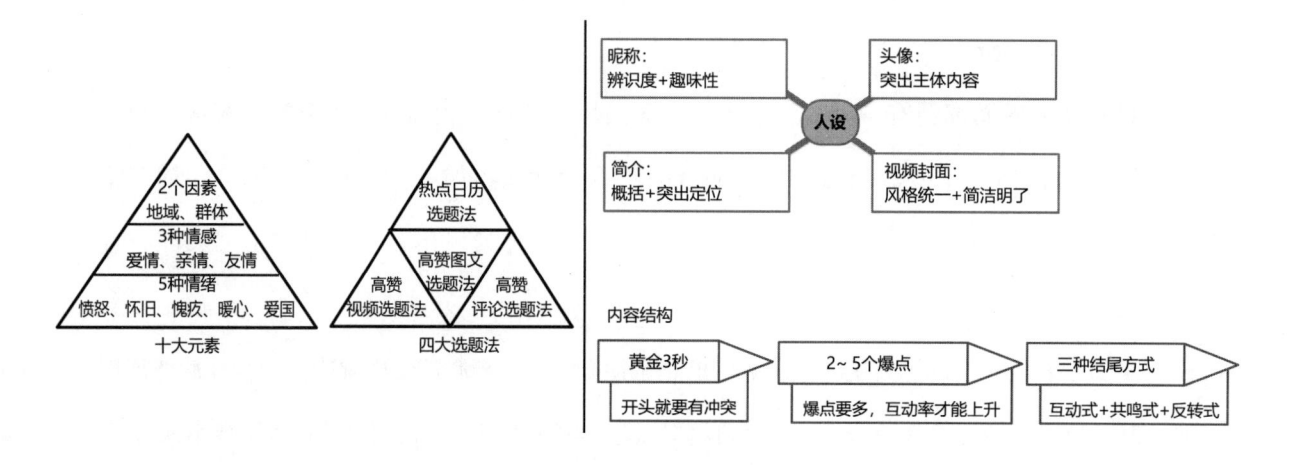

图 3-18 图文

（一）爆款

文章内容一般包含知识点和观点两部分。写一篇文章，开头有问句式、对话式、点名式、自我剖析式、回扣标题式、名句式、用户留言式、实时热点式等，但不论哪种方式，核心一点就是要新奇，能吸引用户打开。

关于文章的内容定位，有三个问题要写清楚，我是谁？我能够提供什么？我和别人有什么不一样？在写作的时候，先要找一个或者多个类似的账号，观察其发布的爆款，在其爆款的基础上提炼出爆款内容的框架，然后进行二次创作。

拿一些已经验证过的爆款重新来做成功率会比较高，就像围棋高手一样，80%的时间不是在下棋，而是在研究棋谱，所以要写好文章，一定要先研究爆款账号。

账号要垂直，账号的昵称、头像、简介和发布的垂直内容，要相互对应。另外，要关注评论，高赞的评论能够检查出爆款里还有哪些内容不够、缺啥东西。高赞的内容是通往爆款的一条高速公路。

爆款的三个核心：一是一定要顺应社会大众的心理体验和心理感受；二是爆款的重复，相信爆款是可以重复的，可切身实践去做；三是用户的参与，一定要满足其塑造形象或炫耀的需求。

图文笔记一般有封面图、标题和正文，封面图基本可以吸引用户的所有视线，而文字只能显示前面20个字，所以封面图特别重要，一定要做好封面图，这是吸引用户的关键。如果是单独的封面图，一定要选择颜值高的，让人看了就想点赞。如果是拼图，就要显示出集合和对比的效果，给人很丰富的感觉，让人想点进去看一看内容。

一个爆款能否上推荐页，有封面、标题、创作者和点赞数非常重要。

在做爆款的情况下，一定要考虑关键的搜索词，与百度上的搜索词一样，爆款的关键词也要蹭热点，一个好的笔记，首先内容饱和度要比较高，也就是说这文案图片或者是视频之类的，让客户看到有收获。其次是关键词提的次数，最好是原创，还有在平台发布的时间，比如早晨9:00—10:00、中午12:00—13:00、晚上20:00—24:00，最好是人们休息的时间。浏览数、收藏数、点赞数、分享次数，这些都可以用来检测爆款做的水平如何。

互联网文章中，公众号文字要有10万+阅读量，微博转发量要达到5000+等，才能实现线上爆发式传播和大规模引流。

（二）文案要求

微博文案：虽然微博不再限制只能发140字，但根据微博展示的视觉效果，超出140字会显示有"展开全文"，这就需要可显示的文案中有足够的价值和吸引力，让读者继续阅读下去。

微信文案：微信文案的字数可以稍多一些，1500字以内比较合适，短一点的也可以在

300~1000字。

论坛文案：论坛文案与微信文案相似，字数可以略少于微信文案，控制在1000字以内。

新闻文案：起步字数可以在500~1000字。

图片文案：图片文案一般在20字以内，如果字号较小，属于故事型或情感型的搭配文案，字数可以稍多一些，海报类的图片文案则一般在10字左右。

产品详情文案：一般在100字以内，或10~30字，具体根据产品描述来做引流文案，每一篇文案中一定要包含二维码。同时，一定要限时，如限时一小时或是一天，在这个时间内，引导你的粉丝进来。

另外，文案头图或者前三张图一定要把活动规则讲清楚，让粉丝和客户看到之后，清楚具体怎么做、怎么参与活动。

（三）写作技巧

写作套路举例：热点+地域+群体，热点+情感+怀旧。

文章结尾是和点赞、互动最近的地方。

快速达成10万+阅读量的四个技巧：一是将热点时间进行改编；二是简单盘点和梳理事件；三是复制粘贴获得最高点赞数的评论（推荐新浪微博、网易云音乐、知乎、天涯）；四是从争议事件上找角度。

三大情感：爱情、亲情、友情。

五种情绪：愤怒、怀旧、愧疚、暖心、爱国。

两大因素：地域、群体。

热点+情感、热点+情绪的组合搭配是爆款文章公式的基础款，这与视频爆款的要求一样。

寻找选题的方法：关注粉丝基数大的自媒体平台，包括微信公众号、微博号、今日头条号、抖音号等。

根据内容定位关注一些平台：比如豆瓣、知乎、抖音等。

如果你是影评写手，一定会关注豆瓣；如果你想寻找一些深度分析的文章，或者想写一些比较理性的推文，就关注知乎。关注评论，比如微博评论、爆款文章评论、网易云音乐评论等。

写热点的重要方法之一是看微博的高赞评论。

在微信小程序搜索"微博鲜知"，里面的内容都是经过用户精挑细选的，只需关注一个主题，就能持续看到相关的精选内容，以达到更高效、更专业的刷微博效果。

另一途径是"即刻"，基于个人兴趣，基本上聚合了微信朋友圈最火爆的内容，且拥有App和公众号两台载体，能够使用户清晰明了地看到什么推送热度最高。

新浪排行榜、搜狗微信热搜榜能看到全网文章阅读量排名，很容易发现热点话题。

验证敏感词的方法：在微信的搜索栏里输入"微信指数"，出现一个小程序，进入小程序后，在搜索栏输入你想查看的词语，都能看到该词语的24小时热度、7日热度、30日热度和90日热度。

去优秀的公众号上看他们的阅读量最高的文章标题，看他们都使用了哪些词汇。

巧妙晒单：激发客户行动最强的手段。营销人员在做产品销售推广时，除发布产品信息外，还要晒一晒成交信息和订单快递信息。但要有两个度，一是适度，二是真实度。

（四）种草文案

"种草"是一种另类的广告形式。

淘宝有"微淘"，京东中间位置的"发现"其实是"购物圈"，淘宝头条、淘宝直播、天猫商城则是"种草猫"，网易严选首页中心位置是"识物"，网易考拉App有"种草社区"。

种草文案要从"交换"和"交易"提升为"互动"和"共鸣"，最好的方法就是精准俘获用户的心。

痛点模板，可以代入自己的文案，作为"种草"的一种通用手段。在很多"种草"的爆款产品、广告文案中就是利用这些模板，去捕捉不同人群和不同场景中目标用户产生的心理痛点。

升级
新场景 新推广 新销售 新招商 新运营讲义要点

小红书、B站、新浪微博、知乎等知名网络平台都有大量的"种草"内容。体验晒单、定期盘点、种草好物、良心推荐等都是常用的标题。

（五）文案版式

（1）巨大的广告标题。

（2）口语化表达。

（3）充分利用版面：文案的背景版面不论是1/4版、半版的大篇幅，还是1/8版的"豆腐块"，都要利用好版面。整版广告，最好采用上软下硬式，上软可以是一个感人的故事，也可以是新闻式的报道，下硬就是直接点题，直指产品。

整版的大版面广告一定要有图片，讲究图文并茂。或是产品生产企业的背景，或是把产品机理进行图解使其生动形象，或是消费者真实的故事性证言。

（4）字体字号变化频繁。

（5）重点语句要加粗。

（6）"痛点描述"的内容排版要醒目。

（7）加入产品照片。

从当前比较成功的文案中去借鉴创意。俗话说，能卖货的文案就是好文案。市场有相似的产品，便会有雷同的文案。

文章的内容要能激发读者的好奇心，并产生信任感。文章应直观地告诉用户你的产品价值有哪些，明确地告诉他产品能给用户带来什么好处，甚至很多时候可以告诉用户产品背后的故事，产品是如何诞生的。而增加信任感最好的方式就是在文章中加入其他人的反馈，也就是第三方的评价，特别是用户身边朋友的评价和反馈。给用户一个立刻行动的理由，要以明确、积极主动的文字，呼吁用户采取行动，或者购买产品，或者填写在线表格，或者打电话，等等。

对于原创内容，可以在文章的开头或结尾添加一个版权声明，并注明诸如"未经同意不得非法转载"的字样。在进行版权声明之后，别人转载你的文章也会注明出处，这无疑也是为你的公众号增加了一个吸粉的入口。

为避免出错，微信运营者在编辑完具体的内容之后，在群发之前一定要先进行预览，这也是一种规避风险的办法。

使用自定义菜单，进行自定义回复。在提高工作效率的同时，也可以一定程度上保持对用户的互动，以达到稳定粉丝的目的；多进行好文推荐及软文推广。

四、其他

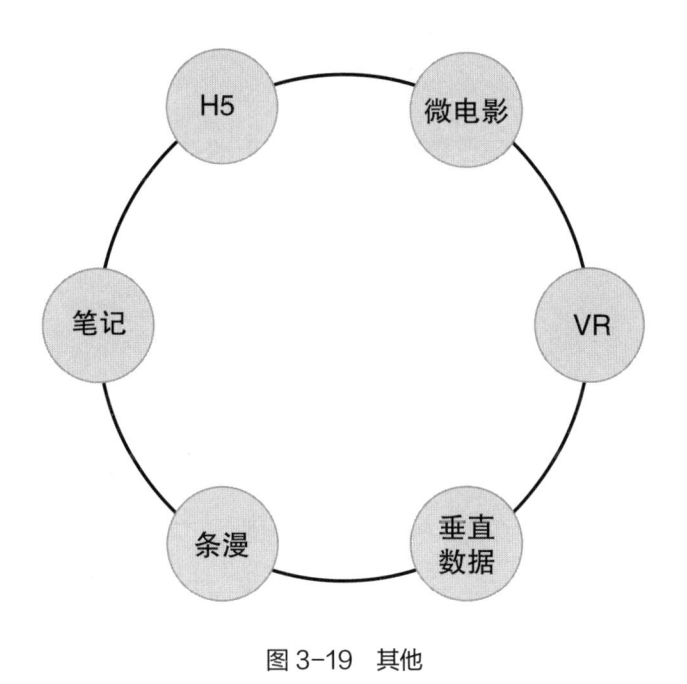

图 3-19　其他

（一）微电影

微电影即微型电影，又称微影。它是指能够通过互联网新媒体平台传播的时长几分钟到60分钟不等的影片，适合在移动状态和短时休闲状态下观看，具有完整故事情节的"微（超短）时（几分钟至60分钟）放映""微（超短）周期制作（7~15天或数周）""微（超小）规模投资（几千~数千/万元每部）"的视频（"类"电影）短片，内容融合了幽默搞怪、时尚潮流、公益教育、商业定制等主题，可以单独成片，也可系列成剧。

微电影是一个趋势，因为有市场需求，现代尤其大城市的生活工作节奏快，很少有人有时间看长篇的影视作品，微电影的出现占据了很大一部分上班族的休闲时间，所以市场非常广阔。

微电影还有一个很重要的特征就是——"碎片化"的信息接收方式，这种方式的形成或者说微时代催生了微电影的诞生发展。微电影形式简单，短小精悍，恰好在"体形"上契合了受众即时消费的诉求，它既可以满足时间上的"碎片化"需要，也可以满足传播上的"碎片化"需求。人们可以充分利用各种时间"碎片"，包括坐车、等人、排队等闲暇时间，用手机或iPad看完一部"微电影"。

在商业地产销售商铺项目中，想要把某些复杂的商铺销售产品介绍通过短视频的形式讲解清楚，是非常困难的，可能达不到我们想要的效果。因此，我们可以采用微电影形式，通过在爱奇艺、优酷、腾讯视频、搜狐视频、B站等App上进行发布，来吸引更多的用户关注到项目。

（二）VR

虚拟现实技术是仿真技术的一个重要方向，是仿真技术与计算机图形学、人机接口技术、多媒体技术、传感技术、网络技术等多种技术的集合。

随着房地产行业竞争的加剧，传统的展示手段如平面图、表现图、沙盘、样板房等已经远远无法满足消费者的需要。VR沙盘开始普及。

可对项目周边配套、红线以内建筑和总平面图、内部业态分布等进行详细剖析展示，由外而内表现项目的整体风格，并可通过鸟瞰、内部漫游、自动动画播放等形式对项目逐一表现，增强了讲解过程的完整性和趣味性。

未来6G时代，VR将会越来越多地在商业领域进行推广和应用，比如现在的元宇宙、VR看房、VR游戏体验等。

（三）垂直数据

垂直数据现在主要集中在各类垂直类App上，未来垂直类的数据也会更加值钱。简而言之，就是注意力集中在某些特定的领域或某种特定的需求，提供有关这个领域或需求的全部深度信息和相关服务。垂直类App的用户基本上都与该行业相关。每一个用户代表的使用量，比综合App用户的平均水平要高出许多倍。因此，垂直类App能以比综合类App少得多的下载量换来更多的使用量。

在房产行业内的垂直数据类App，比如链家、贝壳找房、安居客、房天下、搜房网、优铺网等，它们用的都是垂直数据，就是行业里的垂直数据。当然，如果商场在运行的情况下，商场里面也会产生垂直数据。

（四）笔记

微信收藏功能有多种玩法，我们平时可以把一些重要工作资料、聊天记录等存放在收藏中，也可以通过收藏功能来拼长图、分享长视频。

在笔记模块底部的工具栏中，从左到右依次是图片/视频、定位位置、文件、录音、编号。这个界面看起来非常简单，但是足以满足我们日常记笔记的需求了。其实它就像一个简单版的Word文档，我们可以添加图片、位置、语音和编号，做出一份完整的图文并茂的笔记资料。

打开电脑版的微信，在左侧菜单栏中找到"收藏"，点击"新建笔记"，即可弹出一个独立的"笔记"页面，这样我们就可以一边微信聊天一边写笔记，不用因为中途退出界面导致内容数据消失。

在这里，我们能够调整字体大小，还可以对文字进行加粗、倾斜、加下划线，让文字呈现更加丰富。另外，可直接截图的功能，让记录更高效便捷。

此外，点击笔记模块右上角的"…"还可以为笔记内容"编辑标签"，进行分类保存，方便后期查看。还可以"在聊天中置顶笔记"，打开微信后可以在顶部看到自己的笔记，方便随时编辑查看。

（五）条漫

在四格漫画的发展下又出现了一种新的漫画体裁——条漫。顾名思义，条漫就是一条横的或竖的漫画（为了阅读方便一般都是竖的）。一般情况下，条漫在内容上继承了四格漫画的风格，也就是文图结合。由于没有格数的限制，条漫的篇幅可以更长，在故事情节表现上有所变化。

条漫相较于传统漫画，观者在阅读时通过滑动进行逐个单幅画面的阅览，对漫画理解有很大帮助。同时条漫具有很强的互动性，观者可以通过对话框进行交流，增强了阅读趣味性。同时对漫画作者来说能收到实时全面的反馈，对于创作、修改都有很大的帮助。

现在很多很长的文章或者广告宣传都在采用条漫的形式进行推广宣传，因为有趣、不枯燥，所以受到很多用户的喜爱。值得注意的是，条漫需要有一定的绘画基础。

（六）H5

目前，H5在日常使用过程中，一般是称之为营销页面（即H5页面），相对于传统的平面海报，会在H5页面中增加交互体验和数据存储，用于进行营销推广和数据信息收集等。

1. 分类

根据其用途，H5分为以下几类。

（1）节日营销。通常节日都是各大品牌开始打广告引流的时候，毕竟每逢节日，其自带仪式感及热点，是商家的必争之地，而H5页面通过视觉、听觉及互动，让用户更加容易沉浸其中。

（2）H5邀请函。结婚邀请函、乔迁邀请函、大型活动邀请函、18岁成人礼邀请函、家长会邀请函、满月礼邀请函……总的来说，需要邀请函的地方非常多，秉承着快准狠、省钱环保的原则，H5页面绝对是最好的选择。

（3）在线招聘。现在各大厂的招聘，H5页面就是个很好的选择。

2. H5海报要素

H5海报最基础的六要素包括主题、大纲、人物或产品介绍、形象照、推荐理由、限时限量。在海报上一定要存二维码的引导，而且一定要写出紧迫感。比如前20名加入，还可以获得什么奖品，原价399元现在限时6.6元等。海报可以通过创客贴、图怪兽等工具进行设计，里面有非常多的模板。

3. 分享机制

活动最终呈现的方式一般是海报的形式，所以给大家分享一下裂变海报设计的五个要素。

（1）主标题：马上获益，告诉用户参与可以马上获得什么利益。文案描述击中用户痛点：字大，没点开朋友圈也能看到主标题；突出解决某个具体问题。

（2）主要内容：简单易得，降低用户参与成本，觉得非常容易就可以获得。预期明确，描述尽量具体、形象，不要含糊其词。罗列具体能给用户带来的好处；描述一个用户期待的场景；适时地使用数字形成强烈对比。

（3）信任背书：权威担保，使用名人或品牌的背书，增强信任感。强化大平台或者知名人士的加入；对产品进行形象包装；线下渠道首发。

（4）紧迫感：仅限前××名，限额××名；突出时间节点的倒计时；太高的价格无法在朋友圈形成传播，但价格也不宜过低，要让用户感知价值。

（5）短期利益：限时限量，营造稀缺感，促使用户马上行动。价格特惠，让用户有占便宜的心理。如进售楼处即送××礼物的机会，到店可领取价值××元礼品等。

第六节　新媒体推广和应用策略

|信不信|看不看|转不转|
|信任|互动|转发|

微微一抖：微信+微博+抖音
三小一中心：小视频+小游戏+小程序+用户为中心
两小一私：小号+小程序+私域

图 3-20　新媒体推广

一、新媒体推广的策略核心

（一）信不信

随着互联网App的发展，客户量被网络大大地延展了，绝大部分人员在线下是陌生的，再加上网络上骗人的东西比较多，所以不管是视频、图文，还是直播，或是其他媒介，如微信、抖音、快手等平台，一定要让客户对产品或者发布的内容产生信任，首先要考虑对应的指标，就是点赞。

由于浏览数据在算法中会自动推荐，例如，百度的竞价、抖音的推荐、头条的首推流量，很多客户会一扫而过，并不打开，所以点赞数尤为重要，它尤其考核信任。不同的平台和内容，浏览量与点赞数的比例是不同的，一般而言，至少要300~500的浏览量才能换回一个点赞。某些平台甚至达1000个浏览才能换一个点赞。

（二）看不看

这里说的看不看，不是指浏览，对应视频的是完播率，对图文公众号而言是"在看"标识，要完整看完衡量它的指标是"评论数"，所以各个平台的算法对评论数尤为看重。由于产品不同发布渠道不同，某些有争议性的内容或者是敏感性的内容会出现评论数大于点赞数。但一般而言，点赞数是大于评论数的，不同的内容平台，其转化率比例是不同的，不能一概而论。

（三）转不转

转不转就是转发，转发量在购物平台上则为种草或者拔草，所以有的平台也称之为种不种草，即为此内容或者是产品进行裂变或二次传播。一般情况下，转发量是很低的，10个赞都换不回1个转发。但是有几种情况会提高转发量，而点赞和评论都很少，一种是有超级福利，转发有大好处；另一种是内容有价值，值得客户转发。

通过以上三个基础指标可以衡量出一个作品或者内容是否合格，也是对内容运营者的KPI有个要求。当然，不同的平台还会有很多其他的指标，例如B站就有收藏量、弹幕量、成交率、转化率等KPI，小红书有收藏量的KPI要求。

二、App应用的策略核心

（一）微微一抖或微微一快

作为移动互联网早期的传播三巨头，微信是主打强社交熟人群，微博是主打弱社交泛人群，抖音和快手主打视频传播。这三者对于项目的形象传播构成黄金三角。俗称微微一抖（微信、微博、抖音）或微微一快（微信、微博、快手）。

（二）三小一中心

随着互联网App深入发展，商业地产领域开始推广三小一中心。所谓三小是指小游戏、小视频、小程序，一中心指的是以客户为中心。由于抖音和快手视频不好直接转发在微信朋友圈和社群，使得微信的视频号对抖音和快手造成了一定的冲击，相当一部分的视频内容在视频号里，而不在抖音和快手。

微信小程序的上线，使各类小程序快速发展，从拉新到留存再到转化，打通了"最后一公里"。尤其是小程序商城的出现，使实体商业的线上线下成为一体。在各种吸粉工具中，利用摇一摇、跳一跳、红包墙等小游戏，使客户吸粉更加广泛，增加黏度。以客户为中心，通过小视频、短视频产生形象，再通过小游戏形成互动、黏度，最后通过小程序进行流量转化，这样以客户为中心形成一个矩阵，引爆小程序的火爆发展。

（三）两小一私

1. 两小

两小指的是小号和小程序。小号分两种情况，如果是新产品、新项目面临的客户小于1万人，用微信的个人小号即可，一个小号可以加5000人，虽然可以超过5000人，但是超过的人不能看朋友圈，因此有两个小号就能满足需求。例如，小项目的售楼处、小餐厅或便利店之类的就足够了。如果是大商场或者产品需求量比较多，可以用企业微信号，通过企业微信号加人。值得注意的是，不管是哪一种客户都需要留存在小号上。这一点和市面上通常的操作方法是不一样的，因为公众号的打开率低于2%，而小程序是没有主动触达功能的，所以小号是留存客户的核心。很多公司在操作层面是错误的，他们的客户是留存在公众号和小程序上，不是留存在小号上，这样做就很麻烦，令转化、成交、留存、促活等各种功能很难实现。

如果是在售楼处，一般售楼处的客户比较少，几千名客户对于一个售楼处足够了，用一个小号就行。如果是一些特别大的项目，用两个号就可以，两个号就是1万人，1万人的话就足够了，特殊项目例外。如果是在商场，做小号就不够用了，一般一个商场都有10万至30万的客户，甚至更多，大型的商场达到100万，一般就要用企业微信，小号的作用就是负责吸粉，先通过小号吸粉，再进行一系列转化。如果是小程序的话，它是被动触达的，没有主动出击功能，因此，发红包等可以通过小号发，而且小号可以拉客户进群，并关联到整个微信的其他几个频道，例如小号的视频号、公众号、附近的人等，都可以关联到，所以小号就是用来做吸粉工具的。

第二个小指的是小程序，小程序主要是完成整个交易体系。比如，商场的线上商城就是商场的小程序；售楼处销售需要的大转盘、摇一摇或者是发红包、团长团等，裂变都通过小程序来实现。

这就是通过小号吸纳客户，通过小程序进行一个变现的过程。

2. 私域

百度百科关于私域流量的定义是：相对于公域流量的概念，简单来说是指不用付费，可以在任意时间、任意频次、直接触达到用户的渠道，比如自媒体、用户群、微信号等，也就是KOC（关键意见消费者）可辐射到的圈层。私域流量有三个属性：归自己所有、能够反复触达、可以免费使用。符合这三个标准的，就是你的私域流量。

由于公域平台的导流和吸粉黏度越来越低，比如，微博的日活月活在下降，而且很少有推荐量；抖音动不动让你上DOU+，流量的扶持也比较少，逐渐演变成为头部控制的效应，头部控制占了80%的流量，其他人很难获得流量的扶持。

因此，对于新人而言，吸引客户建立自己的私域，从而孵化、重复触达、转化就成为日常最基础的工作，KPI也是以私域流量为要求的。这里的私域指的仍然是微信生态，虽然抖音系做得也很好，但是在几年内要取代微信是不可能的。另外，抖音的搜索意外地做起来了，发展势头不错。其他平台如小红书、知乎等，都是把客户导流到微信的小号上形成私域，建立社群，通过社群完成互动、黏度孵化的服务，通过小号加小程序的矩阵体系，建立起强大的私域流量，这成为未来的发展方向。

经过短短5年的时间，互联网的操作核心就从"微微一抖"或"微微一快"到"三小一中心"，再到"两小一私"。但是，很多从业人员到目前为止连"微微一抖"都还摸不着头绪，所以任重道远。

3. 私域的运营

私域流量活动可以分为两类，第一类是以增加用户黏性为目的，第二类是以提升销售为目的。增强用户黏性的活动形式有很多，比如连续签到打卡、每日答题赢红包、用户投票

●等，企业也可以结合直播、社群一起来策划。

●满足了提供价值和充分曝光这两个前提，企业大体可以通过四种方式来保持私域内的用户活跃度，它们分别是内容运营、用户互动、活动运营和社群运营。

●在预热这类活动时，企业通过公众菜单长期入口、图文推送、社群预告、重点用户的私信等方式进行广泛告知，甚至客户运营在平时跟用户互动时，都会引导告知每个月的粉丝节。这样一来，粉丝节一年就能做到相当的营收。私域对企业增长的促进，主要体现在三个方面：高效转化、持续复购和裂变传播。

●根据私域流量的定义，它不仅指个人微信号、微信群。诸如公众号、企业微信、自有App、小程序商城、QQ群、微淘群、实体门店都应该包含在内，这些工具都是企业自有的服务客户的私密渠道，企业拥有自主权。

●淘系私域流量池：淘系私域流量池主要包括钉钉、品牌号和微淘。钉钉是阿里巴巴推出的办公应用软件，作用类似于腾讯的企业微信，一些淘宝商家会通过钉钉来添加用户好友，进行服务和沟通。品牌号的作用类似于淘系版的"微信公众号"，淘宝用户可以订阅品牌号，企业可以通过品牌号向用户推送图文信息。微淘则类似于微信的朋友圈，当用户订阅了商家的微淘，就能看到商家实时发布的动态信息。

●微信生态的私域流量池主要包括个人微信、微信群、公众号、视频号、企业微信。

以私域流量体系作为流量的承载基础，打造魅力人格体（人设），通过微信号、社群、公众号输出有价值的内容，与更多的用户建立链接和信任、促进成交的整个过程。找到最有效的方法、最好的推广渠道，让更多用户使用自己的产品（服务）、信任自己的产品（服务）、购买自己的产品（服务）。

三、各类App平台、媒介运用汇总

●不管是哪一类App平台，随着互联网管控审核的严格，超出平台规定限制的内容、关键词、敏感词等相当多的作品是不能正常发布的，需要合理合法规避后发布。

●在所有平台中，微信生态是核心，个人微信号、企业微信号要想留存客户，其核心是打造优质的微信号，昵称、签名、朋友圈等需要认真对待，掌握一定的技巧。

●微信上的互动孵化都是靠社群打造和管理的，虽管理社群费时费力，但有成效。一个好的社群管理者可以同时管理20个群，也就是1万人。

●对于形象宣传有众多的选择。从表现媒介来说，首选短视频的平台，如抖音、快手、B站、微信视频号都是重要阵地。

●形象的宣传，一定要找准客户画像，有针对性地投入平台，如文艺青年在豆瓣、知乎；美妆在小红书；二次元在B站；广场舞在糖豆等，做好矩阵主打的平台，每天都要日更几次，非主打的平台一般都是几天一次或者是一周一次。

●微博、QQ、百度的影响力在不断下降，但是作为曾经风靡的App平台，仍然有很多的用处，它们应用场景以售楼处为主。比如，商场的应用场景集中在购物平台内，美团、小红书、淘宝、拼多多等，因为需要线上线下打通，所以这些平台都是产品发布的重要阵地。

●在庞大的资讯类App平台中，今日头条凭借其优质的AI算法胜出，作为资讯类形象首选。虽然长尾效应在很多窄众App和公众号里都有。但优质的内容，在知乎和公众号会产出你意想不到的长尾效应。

●公域平台的吸粉流量转化率降低，成本却越来越高，建立自己的私域流量势在必行。

下一个赛道的赢家就是在拼私域流量的大小和日活度转化率，工作人员在公域的KPI之一就是把客户导流到私域里。

●不建议在公域平台上直接大把地撒钱，把时间精力多花在策划内容上、运营上，效果会更好。

●同样，视频内容或图文在不同的时间、不同的平台发布，会产生完全不同的效果，所以除了了解平台的算法规律外，如何发布、如何推广也是一门学问。简单的方法是在一个作品下面，一个赞三个评论，而转发量则是依靠团队的力量推上去。

升级
新场景 新推广 新销售 新招商 新运营讲义要点

● 策划人员的三板斧在传统纸媒时代是文案、设计和活动，而在新媒体时代则是视频、小程序加App应用技巧。小程序未来大有前途，编程和视频是策划人员的基本功，如同纸媒时代的文案写作一样重要。

● 综合的短视频平台，比如秒拍、西瓜视频等，采用"频道+关注"形式；美拍、小红书，主打高颜值，70%的用户为女性用户，成为美妆、服装、母婴等品牌无法忽视的流量平台；梨视频主打资讯，聚集一批拍客用镜头讲身边的新鲜事；西瓜视频最大的特色是拥有巨大的影视和综艺短视频资源，是广大影视粉和综艺粉的探宝池。

● 算法分发决定用户在平台上能够看到什么内容的短视频，而关系分发是用户关注的人决定其能够看到什么内容的短视频。AI算法推荐在各个平台上的作用越来越大，已经发展到离线语音AI搜索推荐了。

● 视频体系，目前短视频中的视频号背靠微信，日用户达到4.5亿，但抖音是第一，快手第二。这二者之间看似相同，实质不同，它的区别是在于流量分发的逻辑不同。

抖音是爆款逻辑，就是视频的内容质量所占的权重高，社交关系所占的权重低，整个流量分布相对中心化，抖音2%~3%的头部创作者占据了80%的流量，所以普通创作者很难在抖音上获得流量。换句话说，抖音对内容消费者更加友好，内容消费者的行为的重要排序是点赞大于评论和转发。快手的分发逻辑是相对趋中心化，注重流量分配的公平性，社交关系所占的权重更高，用户看到的创作者新发视频的概率是30%~40%，对内容生产者更友好，内容消费者行为的重要排序是评论大于转发和点赞。这刚好是不一样的，抖音是点赞大于评论，快手是评论大于转发，再大于点赞，点赞放到最后。

相比较抖音、快手而言，视频号的分发机制是去中心化，它是以社交推荐和算法推荐为主，主要体现在三个方面：一是社交关系的推荐，是你的朋友看过点赞才会推荐；二是根据用户的喜好和标签来推荐；三是基于地理位置同城推荐。因此，视频号是基于关注获得的原始曝光，基于社交分享和系统推荐获得的二次曝光。另外，从用户这个层面来说，视频号拥有全量的用户，月活是12亿，这是抖音和快手触达不到的。

通过微信生态可以触达更多的人，视频号关注的不是内容，而是人，它重视的是社交关系、兴趣分发内容，消费者行为的重要排序是：点赞大于评论，而评论又大于转发。朋友点赞是视频号获得流量推荐的重要因素。抖音与快手的分发机制是以公域为主，着重个性化推荐，视频号的分发机制是以私域为主，重视社交推荐，背靠微信的视频号，未来在社交领域里将获得更大的发展。

● 视频号与微博最大的区别。微博的转发功能强大，决定了微博上的内容多为搬运性内容，原创性内容很少。视频号之所以只做发布功能，弱化转发功能，是为了最大化地鼓励用户原创。视频号是一个创作平台，这也决定了视频号与微博特性不同，视频号侧重社交分享，用户可以将短视频内容分享给好友观看，但不能将其"据为己有"；微博可以无限制转发他人的内容，更倾向于社交传播。

● 我们要找准客户画像，客户画像就是要有标签，也就是说企业或者客户在互联网上留下的痕迹，最后形成企业标签。我们要打标签，一定要自己做，要了解自己的客户定位。

因此，一定要找对客户，根据平台的匹配度和客户对平台的使用频率，据此创作内容，同时还要根据创作的内容、难度和需求选择平台。

要找到平台的用户画像，最简单的方法是在百度指数搜索，一搜就知道。例如，小红书画像，在百度上输入小红书马上就能看到，如果买东西，小红书上就有很多美妆产品，可以看到KOL推荐的品牌。还有闲鱼，闲鱼上会卖很多的二手产品。在内容方面，要向竞争对手学习，研究他们的选题方向和内容，结合自己的内容进行创新。

其中一个主要的公式是：挑选平台等于用户的匹配度乘以内容创作的难度系数。作为判断是否入局的标准，一是看平台上是否有我们的目标客户，二是看是否有大批的竞争对手入场，三是看我们是否能够有持续输入的优质内容。例如，知乎搜索平台，它的公信力和内容质量是比较高的，知乎上的话题经常有人搜，就算两年前的回答也会被搜出来。

还有一些是在简书、今日头条自媒体上发表内容，一是成本低，二是有看过你创作优质内容的人，对你产生信任，更加容易促成成交。

升级
新场景 新推广 新销售 新招商 新运营讲义要点

●在没有更多微信群的情况下，用微信搜索器可以搜社群；搜狗浏览器也可以；或者可以付费加入一些有用的高质量群；同时可以多报名参加一些线下的社群活动，争取多曝光。

进入微信群，首先要自我介绍，介绍的内容基本上有六点，一是我是谁。二是坐标、工作和生活地点。三是标签，职业标签、个性标签。四是做什么。五是你的价值。六是想结交有什么资源的人。在群里最有效的方法就是干货引流，提供一些有价值的东西，然后别人分拨主动打招呼，主动来加粉。

●朋友圈导流由三部分组成，首先是要有一个反差点，引起别人的好奇，然后证明，获得他们的信任，最后就是利益。别人会想到你，反差点就是表示转折，利用前半部分的文案和后半部分的文案形成反差，证明点就是通过真实的证据来证明你的成绩数据，权威背书。另外，看到你朋友圈转发推送文案的人得到一些好处，再加上微信互动，促使他加上你的微信。在App里投放广告分几个渠道，一是搜索与信息流，二是社区和短视频。简单地说，比如搜索和信息流，包括百度、知乎、今日头条等平台；社区类，比如小红书、哔哩哔哩、微博；短视频，例如抖音、快手等。

例如：小红书的流量就非常精准，用户多为女性，而且70%以上的用户是购买力比较强的"90后"，只要你会写笔记，写出爆品，很快就会形成导流；B站是年轻人聚集的平台，有动漫、番剧、电视剧等，只要上传的内容优质，成为优秀的UP主，系统就会进行导流；豆瓣是被引流的，人不多，但是它的活跃度比较高，特点是上手难度低、竞争小、操作简单，比较适合互联网新手做；微博日活、月活量已做到5亿，成为我国国内最大的社交媒体，很多的知名品牌在微博上都进行营销和巨大的引流，但现在的活跃度有所降低；糖豆基本上是一个中老年人的流量基地。如果你的目标客户是中老年人，比如说老年舞蹈服，在糖豆平台上卖就有优势。

转不转的公式：一个好的长文等于10个长的视频，等于20个短视频，等于10个平台。如果你在公众号上有一篇好的文章，把它修改后可以发到知乎、今日头条等平台，也可以做成视频在各大视频平台播放，实行一个题材的多种利用。但是最核心点还是针对你的客户群，要集中力量做一两个平台，做好了以后再在别的平台来做。

●所有号都要养一下。

养号就是计算机算法，首先是判定你是不是一个活生生的人，而不是营销号；其次是判定你的标签，方便发布和推荐内容。因此，在发布内容之前一定先要养号。很多人直接发是不对的，需要系统先判定你是人，判定标签后再发内容，这是基本技巧。

●不同的平台上都有社群，包括微信群、微博群、QQ群、快手群、抖音群等，因为高黏度，效果最好的是微信群，其他群黏度和转化率明显低于微信群，只能作为该平台的客户互动平台。

●笔记有非常好的转发功能，例如，一篇文章通过公众号每天只能发布一篇，如果转化为笔记，则可以随时发布到朋友圈，也方便二次转发。

●标题的秘密就是看到标题能引发好奇心，吸引你打开正文。在纸媒时代，标题是归纳法，浓缩正文，例如，鲁迅的名作《呐喊》，在新媒体时代标题则是《震惊！他们在呐喊什么》，用的就是好奇法。

●随着移动互联网的发展，在手机小小的屏幕上展现出各种内容实质，呈现出新的表现形式，如短视频、VR、电影、条漫、小程序、直播、笔记、问答等，有点像传统纸媒时代的一个作品，在海报、杂志、报纸、户外广告牌等都有展现是一样的，只是表现内容的媒介变多了。

因此，掌握各种媒介的应用技巧，是新媒体从业人员的基本功，就像纸媒时代需要掌握排版、美工、文案等基本功一样，在新媒体时代首先要掌握的是短视频制作技巧，短视频是目前产品传播中最有效的方式，我们从抖音、快手的迅猛发展就可以看出，其势头已经超过了百度、微博，在短视频中5000个赞是及格线，从业人员发表的作品可以对比一下差距。

最难掌握的是小程序，小程序有很多应用工具，要求从业人员有基本的编写代码的能力，无论是百度的SEO优化中的代码优化，还是微信小程序应用，或者是微信小程序内的直播、小程序发文件等，对于编码的要求越来越高，编码就像纸媒时代的平面设计工作一

升级
新场景 新推广 新销售 新招商 新运营讲义要点

样重要。

●直播工具的细节在直播体系里已经讲得很多了，需要强调的是直播绝对是考验现场把控能力的，每一位优秀的主播都是长时间练出来的。

条漫、笔记、VR、H5等新兴工具都是随着互联网的发展产生延伸起来的，都需要一定的基本功，尤其VR在未来的6G时代会有更大的发展。现在做VR需要专业工具，做H5、条漫、笔记则需要掌握一定的小技巧。就使用范围而言，H5的应用比较广，海报、社群裂变等都会用到H5。而条漫则需要美术功底，对一些有情节性的话题作品，条漫的转发、评论、点赞速度远远高于图文，在文件传输中占有优势。

●随着人们对感性的东西更感兴趣，纯粹的硬广越来越少了。硬广的场景最好是在线下，在线上如果是纯粹的硬广往往会被屏蔽降权，所以软文、图片、图文、图集这类的作品就取代了硬广。互联网传播讲究的是2小时的快速引爆，48小时的有效期，广告的转化效果就立竿见影。

因此，硬广在电子媒介时代的应用作用是有讲究的。传播传统的硬广表现形式，如竞价排名，这是传统的电子媒介式的硬广表现形式。竞价排名、CPM曝光、开屏广告之类花钱多、转化率低，所以打造私域流量是重中之重，也是未来的趋势。

●随着大数据AI智能的发展，未来最有前景的行业之一是垂直数据，各个行业的垂直数据公司是未来数字英雄的标榜，贝壳公司、阿里云、小米都是掌握大量私域数据的公司，成为成功运营的典范。

●在售楼处场景中应用较多的有VR看房、VR沙盘、VR商业场景，此外还有AR效果，这些都是未来售楼处的必备。

在产品的表现中，短视频、长视频、微电影、条漫、图集都是可以根据项目组合应用的。房产是低频的高价值产品，需要深度的认知，所以长视频、微电影之类的都很有市场。

第四章 新销售应用

这里的新销售应用以商业地产售楼处为应用场景，重点讲述售楼处销售商铺和住宅时，如何进行互联网拓客裂变、案场管理、商业地产商铺产品优化等，即互联网赋能在商业地产开发的应用。

◎产品体系

◎互联网拓客方法

◎互联网拓客案场管理方法

◎案场管理注意事项

升级
新场景 新推广 新销售 新招商 新运营讲义要点

第一节 产品体系

图 4-1 商业新零售+城市会客厅+网红打卡地

一、新零售商业模式

新零售是线上与线下一体化+智能物流的一种商业新趋势，集吃、喝、玩、乐、购+线上线下于一体的新型商业模式。在开发领域，投资一间商铺相当于拥有了两间商铺，即拥有一间线下的实体商铺和一间线上的网店，统一帮客户打造、推广、宣传，帮助商铺吸粉，增强商铺的经营能力，那么租金也就会越来越高，保证了投资收益。运营方通过私域流量、小程序商城等工具，打通实体商铺的线上交易，实现线上线下一体化。

二、城市会客厅

城市会客厅是把一个城市的历史文化发展状况，综合地展现在某些特别的人文景观或标杆建筑之上，成为具有一个城市名片效应的代名词。目前来看，一个城市的核心广场、代表性或地标性建筑都可能成为城市会客厅。这个公共空间是市民和八方来客共享休闲、体验、娱乐、消费的场所。同时，城市会客厅的设计、装修装饰风格也能充分体现一个地区的特点，体现出"主人"的"待客之道"。

随着消费习惯的改变，商业空间不仅仅是购物消费的场所，更是公共社交空间，而商业则是社交场所的载体。商业利用公共空间给予消费者共享休闲、体验、娱乐、消费的场所，那么也就是给消费者提供一个可以在购物之余休息、沟通的功能型的社交场所。

城市会客厅就是打造一个公共空间，结合相应的业态，如咖啡厅、轻食、水吧、便利店、花店等。很多地方的星巴克、肯德基通过对餐厅内部的主题装修，以获得让客户拥有一个可以放松的环境，在这样的环境里，客户可以会客、闲聊、进餐等，这样的地方实际上就具备了会客厅的功能。

通过景观设计，利用街景的打造，使客户有一种在复古街道或者身处欧洲小镇的代入感。比如，在时尚街区里喝杯咖啡，看着周边漂亮的景观，心情舒畅，得到极大的放松。

虽然做这样的功能性服务空间很费钱。但是客户所喜爱的场所，必定会受到追捧，这不仅会给项目带来大量的客流，同时也让商铺有巨大的增值空间。

三、网红打卡地

网红打卡地简单理解是人流特别火爆的地方，而商场通过营造各类主题网红场景或业态组合，形成独特的一步一景、一店一风格的网红商业。

网红场景要有颜值，如爱情场景、儿童场景、花园场景、魔幻场景、文艺场景等，它都有颜值要求，在这些场景里做打卡的点，在小红书、微信朋友圈、抖音等进行推广，就形成了一个网红的打卡点。通过网红店可以吸引非社区人群、网络人群和社交人群来到这里，拓宽了客流范围。

在商业公共区域的美陈设计上，采用主题式、互动式的设计理念。随处可见的各类景观艺术雕塑、人机互动设施，如网红直播间、三生三世桃花林、爱情电台站、爱情湾网红打

升级
新场景 新推广 新销售 新招商 新运营讲义要点

卡站等元素的各种主题场景；结合体验式业态商家，网红餐饮、特色小吃、甜品烘焙、剧本杀、密室逃脱，每个店铺装修都有自己的风格主题，比如艺术主题情景、文创主题情景、儿童主题情景、复古主题情景等。由此打造时下最潮流的体验式商业，最大化地吸引不以购物为目的的隐形消费人群的到访。

例如，某地商业街，以爱情为主题的网红夜经济，整个场域装修、美陈以爱情为主题，有诸多的爱情元素，主要元素包含love精神堡垒、埃菲尔铁塔、心心相印、同心锁、三生三世桃花林、爱情鲜花墙等。多个触点包含超高动感水母、五彩旋涡、灯光秀、鹊桥、爱的斑马线、天使翅膀、超酷机车、网红玩偶、草坪小风车和光球，甚至连卫生间都做了涂鸦创意处理。在业态选择上，选择当下网络评分较高或者口碑较好的网红夜经济业态为主，包括网红餐饮、特色小吃、甜品烘焙、剧本杀、密室逃脱等60多个品类，消费者主要以Z世代年轻人和年轻夫妇为主。

现在售楼处销售商铺时，客户对商场能否经营起来有很大的疑虑，通过场景打造网红打卡地，吸引年轻人以及社群人员，再打造会客厅功能，使来拍照的人体验、购物、社交，从而留住人，然后打造新零售的线上线下一体化，即线上导流，线下消费，线下吸粉，线上交易，双向导流，从而保证商场旺场，使商铺投资有价值。

第二节　互联网拓客方法

一、传统销售与新零售下销售渠道的区别

传统销售渠道
主要是以线下为主

新零售下销售渠道
主要是以线上+线下双向导流过程，即线上吸粉裂变导流线下，再由线下再分享到线上裂变的过程

图4-2　传统销售与新零售下销售渠道的区别

在传统模式下的售楼处，渠道来客主要依靠中介带客，很多地方中介已经控制渠道，中介带客的提成点位相当高，而售楼处自身的渠道拓客模式依然停留在发单、打电话、约客、陌拜这些低效模式上，甚至很多项目取消了策划岗位。殊不知，项目营销的核心就在于策划。

新销售赋能售楼处的互联网模式，它是以线上吸粉导流到案场，然后案场再将客户的线上资源裂变，从而形成指数裂变的模式，业务人员也是以吸粉、裂变、黏度、互动、转化率为KPI，进行管理。

由于购商铺的客户大部分大于35岁，属于互联网老用户习惯，因此，线上的吸粉渠道就侧重于传统互联网App，其中以微信为核心，微博、抖音、百度等作为辅助手段，以形象宣传为主。

以下详细讲解微信引流的几个有效的方法，这是近几年有效的实践经验总结。

二、互联网拓客——摇一摇

● **什么是摇一摇**

摇一摇是基于H5或小程序的抽奖活动营销工具。通过微信线上摇一摇，摇中奖品，再到线下售楼处免费领取奖品的抽奖营销活动，可以作为案场持续性导流的营销工具

◎ 短期快速进行形象传播的有效工具
◎ 对小额投资客非常有效，主要用于提高热度，跟项目的好坏、远近、是否核心商圈没有太大关系

图4-3 摇一摇

（一）什么是摇一摇

摇一摇是基于H5或小程序的抽奖活动营销工具，短期快速进行形象传播的营销工具。通过线上摇一摇，摇中奖品，再到线下售楼处免费领取奖品的抽奖营销活动，可以做为案场持续性导流的营销工具。

类似活动营销工具分为多种，摇一摇只是其中一种，线上大转盘、砸金蛋、刮刮乐、开宝箱、猜盲盒、跳一跳等，都属于营销工具，目的都是一样的。

（二）为什么要用摇一摇

现在售楼处案场获客成本越来越高，且获客越来越难。大部分的售楼处案场基本上面临着同样的问题：没客户、没氛围、没业绩。

为了解决销售案场流量少、获客难、成交低等问题，通过摇一摇，执行管理，实现活动

筹备、宣传推广、引流获客、转化成交、利用客户资源等营销环节的高效执行，真正做到房地产数字化营销赋能，引爆售楼处。

（三）摇一摇的注意事项

摇一摇：每天每人有3次摇奖机会，转发朋友圈、推送微信群各得1次摇奖机会，每天最多转发、推送5次，可得20次摇奖机会。

一定要设定特等奖，奖品如苹果手机或华为手机等，特等奖奖品在实际设定上数量很少，只是宣传的噱头，以吸引大量客户的参与。小奖的设定是为了控制活动的成本，在100%中奖率基础上，控制客户能中哪个奖项，投放多少数量，以保证案场客户回流量。每个奖项要有两种奖品，以保障奖品的丰富性。根据客户的喜好，奖品可以进行调整，也可以后期补发奖品。

领奖有效期可以设置为24小时或48小时，根据需求设定即可，超时自动失效。要求客户在规定时间内及时领奖，逾期作废，这是为了刺激客户能快速到场。

每人每天仅限领1个奖品，活动期间最多领取2个，奖品自行选择，到达领取上限则无法继续抽奖。

通过设定大小奖中奖比例，可以控制成本；要设置年龄的要求，尽量控制在65周岁以下；通过中奖次数的限定和有效期控制，可以让中奖者尽快到场。

（四）摇一摇的执行细节

造势：线上客群互动10万+；项目1~5千米范围内彻底洗客；行业内竞品、经纪人、渠道大量吸引关注带客；事件营销造话题，全城关注。

导客：15天内约4000人到访；平均200~300人/天。

转化成交：案场热销氛围包装；销售热销氛围营造；大客户到访；极大提升到访率和转化率。

（五）摇一摇的准备流程和效果特点

线上炒作：当地公众号、媒体、论坛、微信群、微博、社群以及公司的员工朋友圈等根据实际情况定向投放。

线下活动：事件营销、地推活动等，造成全城皆知，疯狂刷屏。

客户到访：各渠道客户到访，意向客户筛选（现场筛客、数据分析筛客）、客户分组、促进成交。

摇一摇参与性比较强，更具有一些娱乐性，各年龄段人群均可参与，相比凭证+转发活动，客户偏年轻化些。

摇一摇还有主动分享功能，客户使用完最初3次摇奖机会后，通过转发朋友圈和社群会各多1次摇奖机会，从而形成主动转发。

摇一摇的小程序或H5可以设定开屏广告页，有4秒开屏广告宣传，以及底部广告，可以更好传达项目价值卖点。

大小奖品区别，通过利用大奖吸引客户参与，用小奖控制中奖成本和来客量。

（六）形象推广

摇一摇对项目的形象推广有帮助，尤其是某些长期较"冷"的售楼处，或是某地理位置偏僻的售楼处，通过摇一摇可以达到快速上客，引爆氛围的作用，在形象传播方面有非常强的优势，因为线下来一个人相当于至少在线上做十个人的推广。比较适合小额投资产品。另外，引爆裂变时要控制老人人数，太多无消费能力的老人充满案场，会使转化率降低。整体而言，一场摇一摇能引来7000~8000人，视项目情况预计可成交几十套房到100多套房。

摇一摇可整体推广项目，对项目拉升也比较好，对氛围营造有刺激作用，如提高转化率，则需要业务员团队在单兵接待能力上快速成交，在筛客讲解方面要有经验。

摇一摇的整个周期在15天，加上筹备的一周或10天，基本上21~25天为一场。一个项目摇一摇最多推两次就可以，它属于短期核爆模式，过了以后，案场又冷清了。一场摇一摇一般稳定在来客7000人左右，成本大约在50万元。

三、互联网拓客——转发裂变

通过线上微信营销活动，使符合要求的客户到线下售楼处免费领礼品，从而形成持续性导流

转发朋友圈营销活动一般会结合线上+线下模式进行组合，如凭证+转发3天等

◎ 活动时间：周期长，可持续1~3个月，筹备期7~15天
◎ 到访人数：3个月到访10000人，日均到访100~200人
◎ 四大优势：成本可控、时间可控、条件可控、曝光时间长

图4-4 转发裂变

（一）凭证转发

通过线上微信营销活动，转发凭证和转发项目要求，使符合条件的客户到线下售楼处免费领礼品，形成持续性导流。转发朋友圈营销活动一般会结合线上+线下模式进行组合，如凭证+转发3天等。

凭证：凭营业执照、驾驶证、教师证、医生资格证、护士证等，持本人身份证到访，免费领取礼品。线下限定特定客群，以吸引此类特定客群到访。

转发：扫码关注官方公众号，连续3天转发活动文章至朋友圈，凭转发信息和本人身份证到访，免费领取礼品。线上不设限，使线下的客群裂变到线上，使其快速转发，引爆朋友圈，形成二次传播。

（二）转发朋友圈的规则及流程

持营业执照、驾驶证、教师证、医生资格证、护士证限领1次，不能重复领取，不可代领。

参与转发活动须连续3天转发，转发期间中断视为无效。

转发活动参与者，仅限本人微信号参与活动，不可一人持多部手机、多个微信进行参与。

需持本人身份证和本人手机方可获得领取资格，一个身份证仅限领取2次，不得代领。

微信好友不得低于50人。

未满20岁和65岁以上人员参与无效。

转发内容屏蔽好友，取消领奖资格。

须关注项目公众号，并转发活动文章至朋友圈，以及一对一群发好友等后方可具有活动参与资格。

领取时间见公示时间，非领取时间不能领取礼品。

凡是满足领取资格的参与者，由工作人员进行核实方可领取。

须配合工作人员进行拍照留存，活动照片版权归举办方所有。

活动规定可以根据项目的实际情况进行限定。需要强调的是，导流活动走的是流量，如果限定太严，会导致流量较少或几天后无流量，所以一定要把控好组织活动的流量和热度。

（三）流程

活动流程是检验整体活动的通达性，从客户进门到领奖拍照等环节，每个岗位及人员对其环节的执行过程。在活动中，要区别两类客户，一类是通过介绍，来客对项目有意向的，一类是纯为领取礼品而来。在每个环节都要严格执行，使活动形成裂变，保证活动持续来客。

转发朋友圈的效果示意：活动现场照片。

转发朋友圈的注意事项：

凭证+转发活动是非常基础的导流性活动，形式上看似简单，其难点在于对活动的本质认知和执行管理方面；

案场每天都处在满员的状态下，销售的氛围便形成了，销售成交自然就会提高；

活动规定限定，职业、证件、好友数量、年龄等限定，以及领取的要求等，以便甄选客户的属性；

导流活动走的是流量，流量决定了客户的质量情况，如果项目要流量又要质量，这本身就是矛盾的问题，必须协调好两者之间的关系。

（四）转发3天

没有证件的，请打开微信，扫码关注"某广场"公众号，有个"免费领油"点击一下，会出现一篇文章，把这篇文件转到朋友圈，必须连续3天转发（不能间断），转够3天了，带上手机和本人身份证过来就行。

裂变效果三个关键步骤：种子用户、诱饵的设置、用户的分享动机。

（五）转发工具

主要是朋友圈裂变，由于朋友圈有屏蔽对方的功能，很多人是看不到对方朋友圈的，打开率大约是20%。另外由于微信限制机制。如果是有实力的客户，一般只转发一次朋友圈，而连续转发3天朋友圈往往是老年人，因此朋友圈转发的功能效果就差，同理，集赞模式现在被淘汰了，因为人们的习惯是很少点赞了。转发的作用，主要是形象传播，一般持续性可达半年之久，另外如果项目视频或文案内容质量高的话，转化率就高一点。

四、互联网拓客——群发

○微信群发助手
○新建群发
○现场群发活动信息
○实现活动二次传播
○证据传播
○建立信任关系
○白话沟通
○多用表情，拉近距离
○"再来一条"
○可发送多条信息

互联网拓客的核心工具

群发的核心

KOL：即Key Opinion Lead，关键意见领袖

指在特定群体中具有较大影响力和话语权的人
如社群群主、种子用户、活动高频互动者

二次传播、证据传播

挖掘KOL背后圈层粉丝，通过证据传播，建立信任关系，实现二次拓客

图4-5　群发

（一）一对一群发

一对一群发就是利用微信端助手工具，一对一地发布项目信息。其群发目的是通过微信好友（受信任的人）将信息（证据）进行传播触达，通过这种信任关系，实现二次传播，使活动裂变最大化的关键营销工具。一对一群发包括群发互推、名片互推。

1. 群发互推

群发互推就是指以群发的方式，寻找互推资源，然后再利用这些资源进行群发裂变，如果操作得当的话，群发互推会短时间内为你带来大量粉丝。朋友圈的到达率远远不如一对一来得直接，如果话术得当，群发给200人，这200人都觉得你是在一对一私聊，并且感觉给他们提供了价值。一定站在提供价值的角度，给别人帮助，或者推荐一个优质大咖，能领取福利礼物，这样引流的效果就会倍增。

群发互推要注意几个问题：提前设置好文案；不要强求别人；群发互推的激励措施一定要兑现。

2. 群发福利

礼物要大于50元批发价，零售价在100元左右就有吸引力。

3. 名片互推

群发内容里要有业务员的二维码名片，方便沟通。

（二）一对一群发的核心

一对一群发的核心就是KOL，即关键意见领袖，是指在特定群体中具有较大影响力和话语权的人。如社群群主、种子用户、活动高频互动者等。

关键点在于二次传播和证据传播，挖掘KOL背后圈层粉丝，通过证据传播，建立信任关系，实现二次拓客。

（三）活动应用模式

因为一对一群发是结合微信体系、导流活动的核心裂变工具，是形成二次传播的最大助手，因此，导流活动能否长期持续进行，关键就在于群发的"量"，这个量就决定了活动的后期走向。

一对一群发可推送文字、视频等形式，单次最高可推送200人，需推送200人以上，就得进行多次操作。为了吸引客户多做群发，在此也可设置其他额外奖励，如群发400人额外送卷纸一提；群发600人额外送大米一袋等。依次类推，吸引更多的人，群发好友。

在一对一群发微信好友时，不要强制客户发，一定要提前沟通确认，避免产生矛盾。不群发的人则无法领取礼品。

（四）操作流程

一对一群发是微信裂变的核心，因为私信到个人对话框，打开率超80%，转化效果明显。具体的操作流程是：先打开微信设置里的群发助手，新建群发，然后将提前编辑的项目利益点文案，以及客户已经领到礼物的证据，用口语化文字编辑，方便接收人看，容易拉近距离。末尾带上业务人员的二维码，方便一键加联系人，因为群发后很多人不愿听讲解，回复有业务人员的二维码，这样方便讲解。另外也可做群发海报的方式。

（五）注意事项

一对一群发的核心，就是利用礼物购买了客户通讯录里线上资源，相比于各种引流工具，这种方法简单有效，缺点是相当一部分人会拒绝，担心隐私曝光，这样在群发时可以把隐私人员剔除。另外群发时，有的客户通讯录里大于3000人，操作起来费时，因为一次只能转发200人，不能过于频繁操作，只能手动群发大客户，利用增加更多的礼物，或说一些情感话术沟通说服的方式，来鼓励客户操作。无论怎样，一对一群发都是最核心、有效的工具。

五、互联网拓客——秒杀

1元秒杀

公域秒杀、私域秒杀

◎ 限时秒杀精美礼品　　◎ 秒杀收入归置业顾问所有
◎ 建小群秒杀，参与度高　◎ 大群参与度低

图 4-6　社群秒杀裂变模式

（一）什么是秒杀

秒杀是基于小程序的营销活动工具之一，其功能包含了"团购、砍价、拼团、抽奖、推荐、优惠券、预售"等功能分类，是一个非常强大的营销活动工具。

秒杀原理也与摇一摇一样，通过客户线上支付，再到线下售楼处领取礼品，为售楼处案场持续导流的营销手段。

（二）秒杀注意事项

秒杀是快速拉升案场人气的利器。秒杀活动到访率高，达60%~80%，是众多营销利器中非常实用的营销工具和手段。

秒杀活动是可以阶段性开展的，可随时开始，随时结束，时间非常紧凑。因此，礼品一般也选择日常消耗品进行秒杀，以吸引大量客户；也可以选择库存礼品进行消化。

秒杀群凭谁发起，谁收益原则，因此秒杀活动置业顾问参与度比较高，容易形成业务员自挣秒杀收益行为，因为每次秒杀支付的1元钱归业务员，所以个别业务员当天秒杀数量300多人。

秒杀一定要控制好当天投放数量和投放人员，不能私自开设秒杀活动，推送秒杀群也要及时监督管理，避免业务员从中非法盈利而导致的不良后果。

（三）秒杀的应用

秒杀的核心：KOL关键意见的影响力，实现线上圈层拓展。

秒杀应用模式：秒杀是基于微信上面的小程序，通过朋友圈、微信群、好友扩散，再进行线上支付，最后线下售楼处领取礼品。如1元秒杀价值59元食用油。

（四）小程序介绍

小程序：商家活动工具（微信界面下的）。

小程序分类功能：团购、优惠券、砍价、拼团、秒杀、抽奖、推荐、预售等活动分类，是一个非常强大的营销活动工具。

会员体系：免费版、VIP会员版两种。免费版只是基础的功能，比较单一，很多特色功能都无法使用。VIP会员版则功能比较强大，包括活动的区域限定、信息的收集、多样化的模板以及多人核销等功能。

（五）活动说明

须持本人身份证或其他有效证件进行登记，方可获得领奖资格。

参与1元秒杀活动，3天内领取有效，超出领取时间视为自动放弃。

参与1元秒杀活动限领1次，不得代领。

年龄限制20～65岁之间参与有效，超出年龄参与无效。

秒杀可以结合转发活动开展，是快速拉升案场人气的利器。秒杀到访率高，可达

60%～80%；限量秒杀，礼品数量可控，节点可根据案场情况随时开展，效果立竿见影。

（六）秒杀的功能

秒杀活动可以检验整体活动导流成果，从客户进门开始，到领奖结束环节，每个岗位接待的执行状况，确保每个环节严格执行，保证活动持续来客。

需要注意的是，秒杀属于快闪秒杀群，秒杀完即解散群，不要重复在群里秒杀，这样就失去导流效果，造成一个人重复多次来案场领礼品。没有真正地裂变起来。

秒杀裂变也可以在公域里秒杀。秒杀的小程序发在朋友圈或其他大群或是公众号推文等，这种秒杀没有现场组群效果好，因为快闪秒杀群有气氛，有信任背书。而公域里要花精力解决信任问题，互联网传播的第一要素就是要建立信任。

六、刮刮卡

图 4-7 刮刮卡模式

（一）刮刮卡抽奖

刮刮卡抽奖是通过推荐客户或客户带朋友到访看房，即可领取抽奖券，然后凭券，兑换刮刮卡集中刮奖，以即得利益形式促进客户推荐积极性，促进项目的上客量与成交量提升。

此种模式是老带新和新带新的全新结合，利用客户即得利益心理，不管成不成交，都能得礼，促使种子用户进行转介绍。这种模式效果远远好于传统的老带新模式。

（二）带客流程

客户推荐新客户到访售楼处，置业顾问进行销讲接待，判定客户。

有效客户：到指定负责人登记客户信息（查看是否重复）并领取抽奖券，通知客户赠送抽奖券，告知集中抽奖时间，推荐越多，抽奖次数越多，依次类推，100%中奖。

无效客户/重复客户：解释原因，注意服务态度，并以利诱之，让客户重新推荐。

（三）抽奖流程

客户到访售楼处签到 → 活动开始前，可让客户打卡拍照，赠送精美礼品 → 客户凭抽奖券换取刮刮卡，现场刮奖 → 客户登记领取信息 → 发奖拍照合影。

注意：会场现场告知，举行集中性抽奖，让客户积极推荐，100%中奖，推荐越多，奖品越多。

（四）活动注意事项

推荐客户是之前未登记客户，已登记客户推荐无效。

每次推荐不同的新客户，如果同一个被推荐客户重复来访，则记第一次推荐人员。

置业顾问判定为无效客户则不能参与，案场要重点关注置业顾问接待情况，同时要观察避免置业顾问作假。

推荐带访客户不仅可以抽奖，成交后还可以拿到现金奖励，既利用了客户即得利益心理，不管成不成交，都能得大礼，又能促使种子用户进行转介绍，成交后的奖励更高，可以促使客户推荐一些高质量客户。

刮刮卡可以和直播结合，因为刮刮卡主要针对成交客户老带新，所以客户质量会高，刮刮卡集中在一个时间段，如周六的早上10点，统一开奖，同时现场直播，直播有录制功能，可以把精彩的节选下来做成视频转发，对于没来现场的客户有个带动作用，对一些远程未能抽奖而委托抽奖的，可以通过现场直播客户观看或远程参与。如果是未成交的推荐，也可以参与活动。

刮刮卡的奖项设置比例一定要预先进行估算出价格值；一等奖、二等奖、三等奖、四等奖的比例以及奖次金额，这样做到转化率和投入之间正循环。

七、大转盘

● 大转盘抽奖活动分为线上大转盘和线下大转盘两种；目的都是一样的，都是通过礼品吸引客户到访案场，线下大转盘活动是售楼处案场常用的活动之一，这里的大转盘是指为线上裂变而采用的全新模式

图 4-8 大转盘模式

（一）大转盘活动

大转盘抽奖活动分为线上大转盘和线下大转盘两种；目的都是一样的，线下大转盘活动是售楼处案场常用的活动之一，大多数活动形式都相似且老套，但它仍然是目前效果出众的抽奖套路之一。这里的大转盘，则是为了线上裂变而采用的全新模式。

从心理学的角度讲，转盘的概率性给予玩家获得金额的结果，当获得较少的金额时，由于游戏并不直观地表现玩家"胜负"，玩家总会依赖或幻想下次会产出更好的奖励，因此大转盘的行为会进一步持续下去。

大转盘活动与其他活动形式相比，操作简单，趣味性强，用户参与度高，可以刺激沉睡的用户，是案场抽奖活动的常选之项。让客户在玩得快乐的同时留下深刻的产品印象，可以加深用户对品牌的认知和了解。

（二）凭证参与玩法

第一种凭活动广告或凭证件，如营业执照、驾驶证等，以吸引不同客群，持本人身份证到访就可免费参与大转盘活动。

第二种就是让客户连续3天转发文章至朋友圈，凭转发信息和本人身份证到访，就可免费参与大转盘活动。将线上和线下进行组合，双向进行扩散引流。

（三）抽奖活动目的

用礼品换客户朋友圈广告曝光，推广项目活动和形象，为营销打下基础。

借助大转盘导流活动，提高案场人气，营造售楼处销售氛围。

通过大转盘导流活动大量获客，筛选意向客户，完成销售转化率。

（四）注意事项

导流活动是高强度、高流量的工作，因此案场必须保证有足够的置业顾问方可进行，要考虑到置业顾问休假和流失率等，在一半人员休息的情况下可以保障活动正常进行。

转盘可以节省成本，为什么这么说？如果统一送50元的礼物，那么有些人嫌便宜，不愿意参与，如果改成10元、20元、50元、80元、100元五个档，那么平均计算也是50元。但是10元的五等奖量多，而一等奖的100元量少，加权下来就少，但是客户的赌博心理认为自己会中100元，反而参与性会大。和刮刮卡有点类似，所不同的是刮刮卡是集中性比较有效，而大转盘则是随时的即时性，来访客户通过大转盘随时就可领取奖品。

八、社群营销

图 4-9 售楼处社群营销

(一)为什么要做社群

如何做房地产社群营销呢?就是把所有到访过销售案场的客户、有意向的客户,统统拉进社群。通过发布成交喜报、定点红包雨、介绍项目卖点、真实客户约访互动,线上线下同时营造热销氛围进行挤压,达成客户离案不离场的目的。

再利用已进社群的客户,邀请更多好友进群,参与项目互动和活动等,从而提升售楼处到访量。

(二)社群营销执行要点和准备

成交喜报;

红包雨;

项目价值卖点;

马甲客户邀约看房;

专人运营社群;

安排公司内部三四个人进群当马甲;

社群名:×××交流群、×××购房群、×××咨询群等。

（三）社群营销注意事项

社群人数上限不超过400人为宜，群主不要设置群主验证和人数限制，便于后期群内人员可以拉更多的人进群，为后期营销节点储备流量。

发布成交喜报（喜报文案+成交视频/照片），确保每日3组以上，真假参半。喜报发出后自己人跟2~3条放鞭炮的表情包。

定点红包雨+项目卖点发布，每天整理一条项目卖点文案，或者项目重大政策、重要合作、重要商家落位等利好信息。发布定时红包雨，比如，每天中午12点准时发红包，培养群用户的关注习惯，20元分2~4次发，每次发5~10元，每次间隔2~3分钟，用于自动扩群（活跃气氛，让群用户拉更多的朋友进群，增加新的流量）。红包雨后及时发布每日项目卖点或利好信息。

安排3~4个马甲号，进行群内氛围互动，可以发二次看房的约访，并和销售人员进行互动。让群内客户看到不断有人邀约看房，并且介绍朋友看房，增强他们的二次回访挤压。

售楼处的社群营销，建立的社群主要是微信社群。抖音、快手、微博、QQ等都有群，但是买房子这种高价值、低频、认知的产品需要深度信任，社群是转化的好工具。另一种是其他人的群。有效的如业主群，重点客户的交流群，这些群里最好与群主沟通好，由群主发信息自己作为讲解员，让群里的大咖和群主信任背书，这样导流就容易一点，当然是需要给群主一些礼物。

另一种就是自己建的群，在自己的群，群主一定是项目营销负责人，群管是业务员，业务员把自己手里有意向的客户拉进群，不要贪图数量，要质量，所以群的成员上线不超过500人，小群几十人或一百多人都可以。

已成交客户建群需谨慎。

（四）社群裂变转发案例

1. 活码+海报+群裂变

工具简述："一个微信群可以200人扫码进入"，所以用免费的活码工具（草料活码/零一活码/微友活码等）+自己建几十个微信群+新用户进群自动回复，就可以免费跑起来，完成

升级
新场景 新推广 新销售 新招商 新运营讲义要点

一个群裂变活动。

很多人做群裂变之所以效果不好，是因为机器人冷冰冰的自动回复让用户觉得很假，所以一定要在群里通过水军小号带节奏、快速让群里的用户建立信任（觉得活动质量好/优惠稀缺）、调动用户从众加入转发截图。

群裂变的利益点一般也是像上面说的一样选"虚拟产品"，要让用户转发即可获得一个确定的"利益"，裂变成本才低（很多人让用户转发朋友圈、奖励一个"抽奖资格"/"便宜多少钱"等不确定的利益都失败了）。

2. 路径

用户路径1：用户刷朋友圈看到活动海报→点开图片→长按识别二维码。

用户路径2：用户扫码后进入活码页面，看到一个微信群二维码（这个页面满几百人访问会自动切换微信群二维码，所有扫码用户都能进群）→扫码进群。

用户路径3：用户进群后，会触发一个自动回复话术，引导新加入的用户转发"海报+文案"到朋友圈，再截图转发到群里。

这里需要注意的细节是：很多人一进群就看到密密麻麻的文字，是不会仔细看的，所以如果没有小号在群内活跃带节奏，转发朋友圈的截图或者互动，群内的转发率会很低。

用户路径4：用户转发朋友圈→发送截图到群里→获得完成任务的领取奖励资格（一般是引导完成转发任务的用户添加个人号领取奖励，或者把群里未完成转发任务的用户移出群直接在群里发放奖励）→进入到后续的留存运营。

最后总结一下这个工具的优劣势。

优势：可以完成个人号涨粉和社群引流的双重效果，通过活动吸引来的用户需要沉淀到社群来确保后续运营，用户群的黏性会更高，有利于筛选和转化。

劣势：一旦有新用户进入社群，就会触发自动回复话术，频繁的消息回复会打扰到已在社群的用户，让用户反感。所以最好能在短时间内加强群内引导，让用户集中转发完。

九、拼多多模式

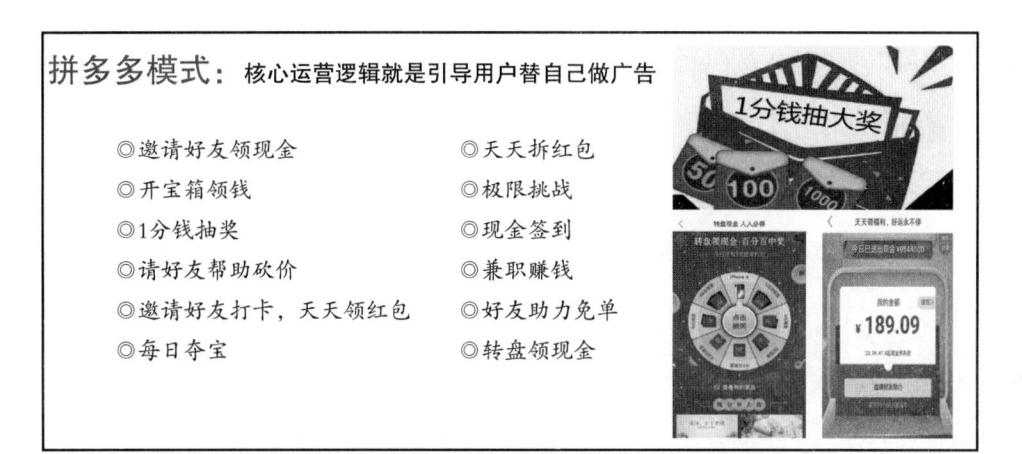

图 4-10　拼多多模式

拼多多利用砍价助力、一元购、断码清仓、限时秒杀、特卖等活动，进行社交裂变。

就拿一元抢购来说，所有的活动抢购商品都是生活必需品，并且是根据九宫格抽奖的形式进行的，消费者总能在活动中找到自己需要的东西。

拼多多的用户大多集中在下沉市场，为了能够淘到低价格的商品，多花时间分享、拼团、砍价都是可以的。

而对于商家来说，这样的活动虽然利润小，但流量却是非常大的，轻轻松松卖出几万件是非常有可能的。

（一）一元购模式

拼多多一元购，目的都是转化新用户，但是老带新流量更大，老用户开团邀请新用户拼团转化率更高。

一元购这个活动，用户可参与一元购手机或者是其他产品，这个活动一般都会有非常多的用户参与，拼成抢购团，然后抽取中奖名额，这个一般都是要看运气成分。

首先，就是拼团参与，因为价格低，会第一时间吸引消费者，反正只是一元钱，抱着试一试运气的心理去参与，不管最后是什么结果，对消费者来说都不具有很大的利益损失，所以消费者愿意积极参与。

其次，为了使拼团人数达到要求，很多用户会将这个活动推荐给亲戚好友，这样一来就会带来流量和关注度。平台推出这个活动会吸引很多新用户。新用户注册后会有部分新用户在平台上逛一逛，这样就会促使消费的产生，带来盈利。

拼多多的社交裂变模式，无论是售楼处还是商场都需要认真学习，在售楼处应用场景中需要学习的是社群拉人、天天领红包、每日签到、夺宝、天天有礼等，通过这类活动拉新方式先完成群裂变，再导流到案场。

另外，好友助力，请朋友砍价，有点类似一元秒杀，不同的是房子作为高价值的商品，采用模式更多，如99元买500元的礼品之类，要有10个好友助力，才能完成拉新。这种情况是针对意向用户，这样用户的质量高一些，转化率也会高一些。

（二）团长团模式

拼多多团长团模式，只需要发起一个团购，然后让其他人参加拼团，这样，你就是这一次团购中的团长了。拼多多平台中所有的商品都是参加团购活动的。不过，团购的限制不一样，有两人团、三人团，以及更多人数的团购。团购人数的要求越高，拼团成功之后，商品的单价就越低。

拼多多的这种团长团模式就像是让用户在做游戏一样。用户在拼多多上先选择好一件商品，接下来就是要去拉人，拉到足够多的人购买才能成功获得这件商品，为此该用户需要分享沟通。如果很多人都在购买这个商品，该用户就需要以更短的时间凑成这个团，占据优势，特别是在很快就会售完的限量或爆款商品的购买中。在这争分夺秒的"游戏"过程中，也带有社交元素。消费者会觉得有意思、好玩，被吸引参与进来，然后发展很多个微信拼团群。由熟人朋友影响，拼多多这个品牌口碑不断传开。

（三）团长团模式——两层推动机制

● 参与活动的用户需要招10名团长，如果招够数量的话，用户可以得到指定的奖品。如果这个10人团中有3个及以上的人，也招够了10个团长，那该用户就可以获得更好的奖励。

● 拼多多"一元拼团""一元抽奖"等活动形式如下：

开团的人需要拉够几个人作为团员才能拼团或开奖，以一元的价位买到自己想要的东西。

团长拉过来的团员需要先关注微信号，然后拼多多微信公众号会自动推送一个团长免单的活动给每一个用户，促使这个用户再进行下一层的分裂。

这种人为的推动，在用户参与的每一个关键节点进行干预，促使裂变进行下去。

● 在商场应用场景中，团长团模式非常好，而在售楼处应用场景中，团长团要针对KOL、KOC来做，这样客户质量高，但是KOL、KOC一般比较少，而且很多人不愿意做，因此设置的礼物要大，甚至几千元才有吸引力，尤其是对高净值客户，而且语言话术事先要演练好。

● 与线上拼多多不同的是，线上的商品是通过物流或包邮到家，而售楼处应用拼多多模式来拼团购礼物，则需要客户来亲场自提，不可以快递到家，从而达到售楼处的导流目的。

十、抖音霸屏模式

图 4-11 抖音霸屏模式

抖音霸屏怎么做？客户用抖音扫码，将售楼处提前预设好的推广视频自动发到客户抖音账号里，如果一天售楼处里有100个客户参与，一般一个客户的抖音视频同城曝光量在500左右，那么售楼处这一天的抖音实际曝光量就是5万人次，吸引客户来到售楼处现场，这样一直裂变下去，是非常棒的拓客引流。

1. 用户操作简单，只需打开扫一扫，领取商家优惠券，就可以转发开发商指定的视频广告，达到双赢的目的。

2. 开发商只需将提前准备好的短视频（一条或多条）上传到同城霸屏大师、推屏大师、抖推商家引流系统，或者利用海报或宣传单，客户会到店内或通过其他宣传方式来扫码领券。

3. 也可先将一段准备好的广告视频发布到自己的账号上，解决客户拍摄视频和剪辑视频的麻烦。同时为售楼处实现短视频同城大种草，达到宣传推广的目的。

4. 每个客户的账户，每次发布一条视频自然播放量至少500次。在视频内容制作方面，开发商凭借自身内容打造的优质视频，并制作N条高质量的短视频内容，供各合作商家，上传至系统后台备用。如果视频内容创作得好，一条视频播放量几万几十万次，就能获得同城百万量级曝光。

5. 由于抖音对于引流客户到微信里非常抵触（注意不要触碰抖音发布内容的红线）。抖音生态里包括头条、西瓜视频、火山视频等，在这些平台做项目形象也非常有效。抖音里的群，以及抖音自己的即时通信"多闪"，包括头条的流量推送，AI算法推荐对于项目形象宣传还是有效的。如果到访客户仅限定在微信里，并在微信生态里一揽子完成裂变，工程量就很大，客户一般不愿意再在抖音生态里帮助项目裂变。所以，要在抖音里完成裂变，则需熟客或额外做些工作。

6. 所以针对多次来访客户、熟客或是成交客户，在抖音里进一步裂变是可以，他们一般抵触较少，抖音生态由于视频的黏度高，一些人已经养成每天必刷抖音的习惯，在抖音生态下完成增长，对于商场消费者应用场景而言效果较好。但是售楼处场景，商铺属于高价值、认知性商品，因此留存在抖音里转化率低，还是要想办法导流到微信生态。另外，对业务员的KPI认定，以微信生态为标准，留存抖音界定不方便，要做两个界定。因此现阶段而言，抖音就两大功能，形象宣传和导流到微信，然后完成转化。

十一、推介会（会销模式）

- 项目推介会一般从投资、收益、安全性、经济发展、房地产市场等几个层面剖析。通过各种推介会、答谢会、论坛等活动，针对意向客户和来访客户进行讲解

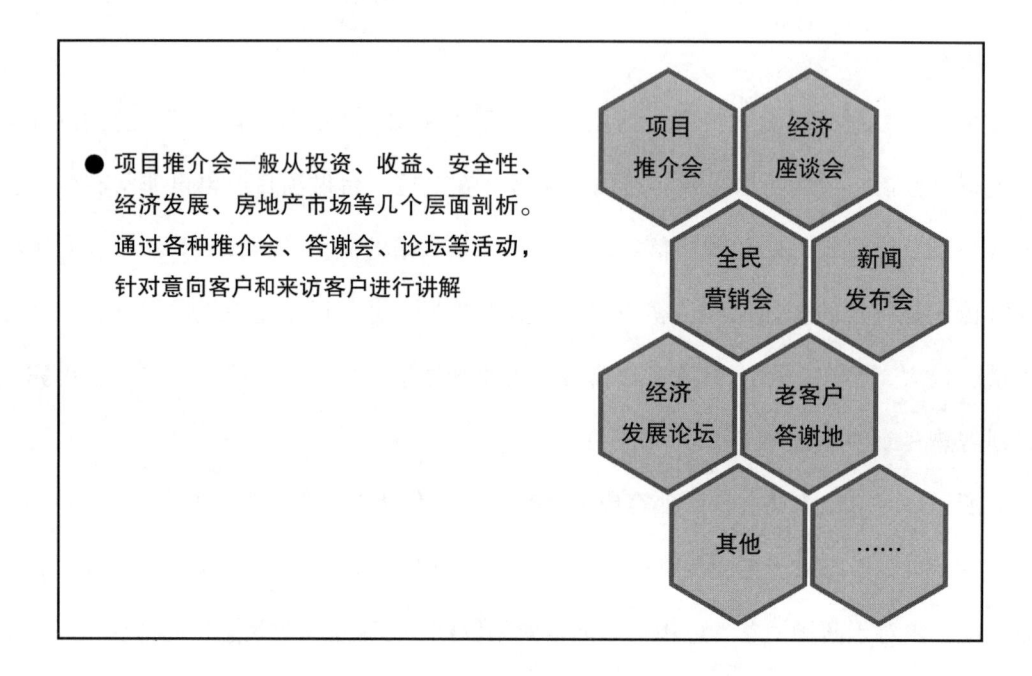

（图中六边形：项目推介会、经济座谈会、全民营销会、新闻发布会、经济发展论坛、老客户答谢地、其他、……）

图 4-12　推介会模式

（一）什么是推介会

推介会，顾名思义就是产品的推荐和介绍大会，又称会议营销。通过推介会，可以让客户更加深入地了解项目，增强已购或已订客户的信心，消除观望者的顾虑；赢得客户的口碑，促进产品的销售；展示和提升项目的品牌知名度和美誉度。

推介会一般从投资、收益、安全性、经济发展、房地产市场等多层面剖析，通过各种推介会、答谢会、论坛等活动，针对目标客群进行系统的讲解。

（二）什么时候做推介会

只要蓄积到一定客户量，就可以组织大型推介会，活动名称不限，推介、签约、答谢、论坛等均可，目的在于是集中解决客户疑虑问题，促进成交。

活动当中可通过项目PPT销讲，现场品牌签约，以及客户答疑解惑环节，逐步解决客户的问题。最后再通过现场成交送大礼进行挤压刺激，形成销售井喷。

活动形式：PPT销讲+品牌签约+答疑解惑+成交礼+抽奖+表演。

活动时间：活动时长1天，至少提前15~20天释放，大规模可选在高档酒店举办，小规模可在售楼处举办。

活动人数：100~500人（意向客户+成交客户）。

四大优势：集中式解疑销讲，展示项目及招商实力，统一解答抗性问题，挤压成交。

（三）活动注意事项

演讲环节中，建议所有的演讲都用PPT形式，比较直观，客户对内容的接受度会比较深。

活动中，要设置表演、抽奖或砸金蛋等活动，增强活动氛围，同时，抽奖或砸金蛋一定要放到最后环节，不要中途分几批次抽奖，这样可以把客户留到活动最后，不会出现中途离场。

答客问环节，由各个专业口的领导统一解答客户关心的问题，如招商、销售、建筑、运营等专业人员上台解答，可先安排内定人员进行核心问题提问，解决抗性问题，不能避重就轻。

活动现场人数控制在100~500人最佳，人太多，会场比较杂乱；人太少，会场氛围不佳。

在活动中公布当天成交送礼环节，一定要注意，以防客户不知流程或不好意思带头，建议活动案场最好安排工作人员（安排置业顾问—问题解决—交钱—领礼—回座等），进行整个活动成交的带动动作。

（四）推介会的模式

推介会是一种传统的营销方法，在互联网赋能方面，可以同步直播，直播要在几个平台同时播，如小程序直播、抖音、快手、视频号，但是直播整体效果一般。不建议用网红线上表演，而是请专业人员线下表演，线上表演与线下表演的互动性差别太大，要使推介会成交额提升的方法是：现场成交送大礼，如2万元定金送3000元礼品，具体可以根据项目情况。小型推介会三天一次或者一周一次，大型推介会（300～500人）一月开一次即可，互动环节砸金蛋助力以线下现场为主。如果是线上导流，在线下的助力效果不好，意义不大。对于犹豫、观望的客户，可以采取200元小定金送300元礼物的形式，先刺激其下单，然后再裂变引导成交。

十二、其他模式

图 4-13　其他模式

（一）互联网赋能地推发单

互联网赋能地推发单，就是在传统模式的单页上增加几个核心要素：一是业务人员的微信二维码，二是凭单来售楼处可以领礼物。客户来到售楼处后，裂变客户通讯录里的线上资源，一对一群发、秒杀、社群转发等微信工具。

(二)互联网赋能案场物料

互联网赋能案场物料就是现场物料展板、户外围挡、卫生间墙面贴上公司的二维码，通过扫码完成吸粉；二维码下要有一行字"扫码有礼物"，千万不要只写扫码有奖，人们会自动过滤掉，一定写清楚奖品，而且产品一定要摆放出来，现场有人领礼物，这样客户容易被带动参与。

同样，在一些电视电子屏、户外、擎天柱、候车厅线下广告都有二维码和礼物，有条件的增加一个H5，这样方便一键转发和裂变，切记不要再只留客户电话号码了。

(三)销售信、感谢信

随着互联网媒介载体的多样化，图文、视频、PPT、图集、条漫等工具都可以使用。这使销售信和感谢信有更多的表现形式，对于某些抗性较大的商铺，或是某些产品有硬伤，或是客户对风险有较大疑虑的产品，对于一些有意向客户、犹豫不决客户以及一些成交客户可以有目的地反馈。核心仍是可以一键转发、裂变导流，业务人员或公司的小号二维码裂变引流，具体奖品要根据实际情况而定。

销售信或感谢信的配送方式是线上送达的，不用通过邮局送达。

第三节　互联网拓客案场管理方法

一、互联网流程

吸粉 ▶ 筛客 ▶ 谈客 ▶ 社群 ▶ 成交 ▶ 裂变

互联网流程管理六大系统

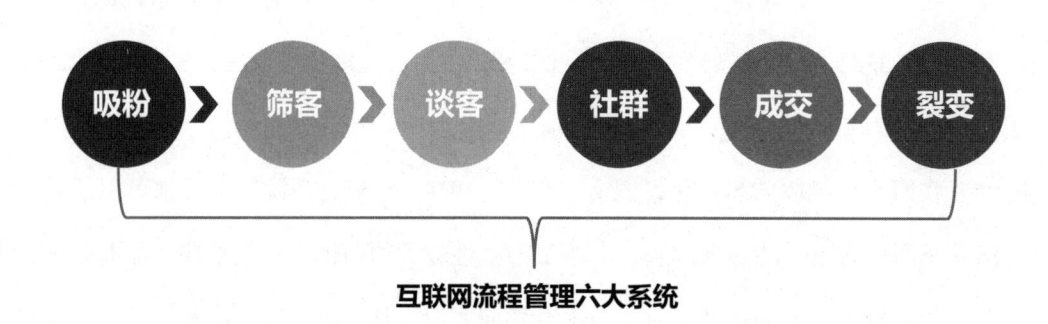

图 4-14　互联网流程

（一）传统的案场成交系统

我在专著《商业地产操盘实务》中详细讲过，来电、来访、约访，成交标准系统的每一个环节，传统模式是建立在客户电话号码作为留存基础上，它无法裂变，互动性差，而且和App不互通，客户来访量少。而在互联网拓客的案场中，互联网案场的拓客是以社交裂变为核心，礼物作为诱饵，以客户的信任为背书，用礼物购买客户的信任背书以及客户的线上资源，它是以微信来访系统和微信留存为主，以从泛人群中筛选有效客户为导向的模式。

举一个裂变案例，传统案场的来访客户一般很少老带新，虽然也给予好处，但实际执行的人很少。互联网案场的一个到访客户则可以裂变客户，假使他朋友圈500人，通过转化朋友圈，大致可以让100人看到，以20%的打开率计算，秒杀一个群40个人；"再看"公众号以2%的打开率计算，大约有10个人；群发一对一有500个人；视频号以10%的打开率计算，点赞大约50个人，计算合起来会有750个人；抖音以10%打开率计算，大约50个人；假设扣除

50%的重复率，也有350个人在现场裂变掉，按10%到访计算，线下能来35个人。也就是线下一个人就至少裂变了35个人再到访。

（二）六大系统

吸粉→筛客→谈客→社群→成交→裂变，组成六大系统。

1. 吸粉

这里的吸粉主要讲的是活动导流客户的吸粉体系，通过活动把客户导流至案场，让客户成为我们的粉丝，并且留存在项目的社交体系当中，如企业微信、微信小号、微信社群、视频号、小程序、抖音号、快手号等为主的社交媒体。核心就是微信生态体系的粉丝留存。

2. 筛客

筛客是指对通过活动导流过来的客户进行销讲接待，初步筛查了解客户的意向情况，是真实客户还是非意向客户等方面判定，主要通过客户的案场反馈、询问项目问题和关注点、销售人员追踪约访等多个方面综合筛查。

3. 谈客

谈客是将活动筛查出来的意向客户拉进成交体系，核心就是解决客户的疑虑问题，解决客户最关心的问题，把项目产品全部讲完、讲透后，让客户当场交钱进行预订。此环节当中，有的客户会有很多托词，如回家考虑、商量一下等，要了解客户的真实问题，到底是确定要回家考虑，还是托词而已。

导客活动需要流量性活动，通过礼品吸引客户到访，再进行筛客、谈客逼定，虽然客户成交率比较小，但通过我们数据测定来看，到访流量高的时候，月成交套数要高于平时。

4. 社群

将所有到场的客户拉进项目微信社群，根据客户意向标签，拉进不同标签的社群，不断做多客户基数。达成客户离案不离场的目的，客户看到案场销售氛围，心里对项目就产生一定的认知行为，再通过社群进行孵化挤压。

社群发布成交喜报、项目卖点、扮演真实客户约访互动，不断制造看房、约访、互动，让群内客户看到不断有人邀约看房，并且介绍朋友看房，增强意向客户的二次回访销售孵化挤压成交。

5. 成交

当客户进入成交体系，直到交钱完成交易，成交体系才算真正地完成。所以，在成交环节当中，一定要引导客户交钱下定，不要给客户再考虑的机会。

例如，"咱们项目认购优惠非常大，咱们定金是多少钱，刷卡、微信支付都可以"。"您看这个房子非常适合您，铺位总款也符合您的预期，而且位置也不错，您是微信、支付宝还是刷卡"，并跟客户说"那就给您开单了，免得晚了别人就订了""走，我带您到财务处交钱去"等快速引导客户完成交易，切不可拖泥带水。

6. 裂变

成交完成了，不代表就结束了，最后环节，客户的裂变体系是重中之重的工作。此处客户裂变体系是针对所有客户，成交客户和未成交客户都要进行裂变，针对不同的客户裂变不同的内容。

针对成交客户裂变，成交客户作为种子用户，身边围绕着更高质量的客户群体。因此，要利用好种子用户，老带新体系、推荐带客抽奖体系等裂变动作。

针对未成交客户裂变，一方面针对未成交客户进行追访，解决客户疑惑点，用关注点将客户拉回；另一方面充分利用客户微信圈层，加微信好友→一对一群发好友→拉客户进微信群→关注公众号（点赞、在看）→分享朋友圈→关注视频号（点赞、评论、转发）。让客户变成你的广告媒体，从而达到广而告之再导流来客的效果。

二、筛客流程

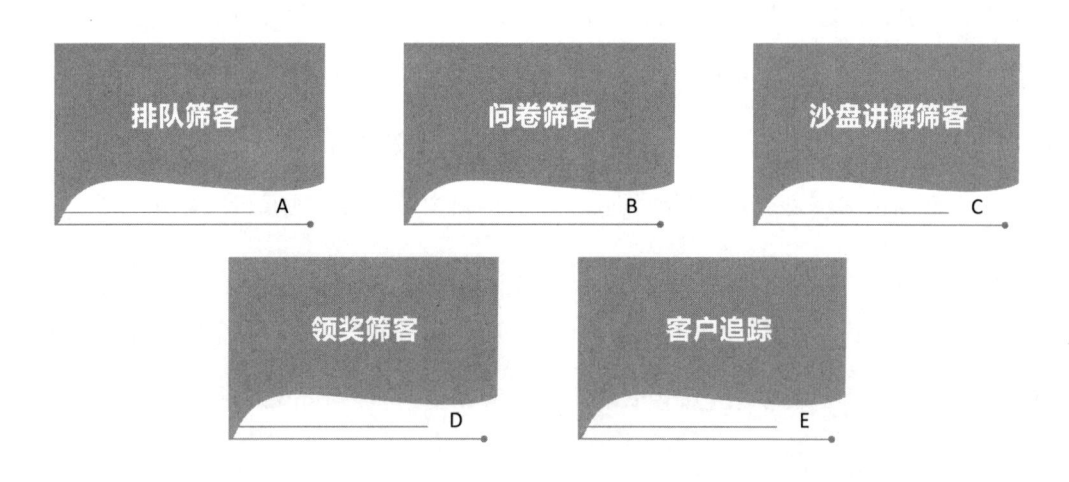

```
排队筛客     问卷筛客     沙盘讲解筛客
   A            B              C

领奖筛客     客户追踪
   D            E
```

图 4-15　筛客流程

（一）互联网活动

通过礼品来吸引大量的来客，这些客户相对于其他途径来访，客户质量明显较差，如何在这批客户当中挑选出意向客户或高质量客户，筛客环节就显得至关重要。

为什么要做筛客体系？传统案场做暖场活动，只是把客户邀约到案场，沟通一下项目，再参与活动，现场活动虽然热闹，但现场客户对项目了解较少，销售业绩也不理想，变成了为了做活动而做活动。因此，我在经历这么多项目后，总结出几套筛客体系，即通过排队时的初筛，再到销售人员接待沙盘讲解筛，最后再到谈判桌深度沟通筛，一环扣一环。客户因此也变成两种客户，一种是水客，做宣传、做氛围；一种是意向客户，抓质量，多跟踪，提升客户转化率。

（二）筛客环节注意事项

在活动开始前，客户会提前到售楼处，在此针对提前到访客户进行第一轮初筛，针对客户发放项目单页让其进行了解，还可以多留意客户的穿着、交通工具等，有针对性地沟通交流，对有意向的客户直接单独洽谈。

在活动开始后，销售人员开始轮流接待客户，通过讲解项目沙盘以及销售四要素进行二次筛客，让客户对项目有更深的了解，并引导客户坐到谈判桌。在此需要注意，不要一直站着给客户讲项目，让客户坐下来，慢慢进行细致交流，侧面了解客户属性。

最后一定要加客户微信好友，将客户拉入项目微信群，后期可以通过社群进行SP营销，最重要的是要通过客户微信进行一对一群发，挖掘客户身边资源，从而达到活动的目的。

由于互联网拓客模式是社交裂变模式，在客户画像不清楚，或是没有KOL、KOC种子客户裂变时，盲目开始，会产生很多无效客户，有意向的优质客户可能只占到其中的1%，视不同项目而定，可在1%～5%内，每天来100组，按照业务员一天10组接待能力，工作量很大。互联网的拓客中水客比较多。这种模式和中介带客完全不同，中介带客是由中介引导客户，之前中介已经筛选过客户。

（三）排队筛客

在等候区，首先是要与客户有一个驻留时间，大约要30分钟，具体时长根据项目情况调整，筛客时最好是围绕着沙盘，重复讲解沙盘区位图，不要离沙盘太远，最好排队路线要经过区位图。

讲沙盘是要先讲后提问，让排队的客户通过回答问题获得不用排队权，这样客户都愿意听讲解。讲沙盘的核心卖点可以让客户复述，回答优异的客户不用排队。

（四）问卷筛客

所有的筛客在之前要做客户的画像，要有目的性地针对客户讲解。

在问卷环节关于项目的核心卖点和吸引点，要在15秒内讲清楚，如果客户感兴趣，工作人员可以随时在案场内重点讲解，不用再排队讲，讲完后可以领礼物。

问卷中关于互联网的受众习惯要弄清楚。

一对一群发是核心，在问卷后，尽可能地把标准裂变的动作完成，转发，一对一群发。如遇到有抗性的客户，可以通过重点词语进行诱导说服。

（五）领奖筛客

在领奖环节，客户的防备心放下，在领取奖品时要核对身份，并且要问客户对核心卖点是否知晓。

（六）客户标准裂变流程

对客户的标准社交裂变的动作要求是：一是客户进门时加公司小号，然后由业务员接待。二是加业务人员私人号，关注公众号，在公众号点赞、在看。三是关注视频号，有条件的去关注抖音、快手，在视频号里点赞或转发朋友圈。四是进入秒杀群，秒杀宣传。五是群发一对一，一般客户的通讯录达500~600人，200人一组三次操作就完成了。六是让有意向客户填写来访登记表进入社群，社群里有统一的欢迎词。七是如果是参加刮刮卡、大转盘的客户要直播抽奖，现场最好做好拍摄。八是KOL、KOC的证言，拍摄视频现场有关台词要准备好。九是客户的有效保鲜期一般在15天。十是文案宣传核心是证言传播、信任、权威背书和数字化证据。

三、单兵体系

5+4+3体系

5 卖点：地段、规模、业态、档次、理念

4 要素：安全性、收益性、升值性、机会性

3 核心素质：逻辑性、目的性、策略性

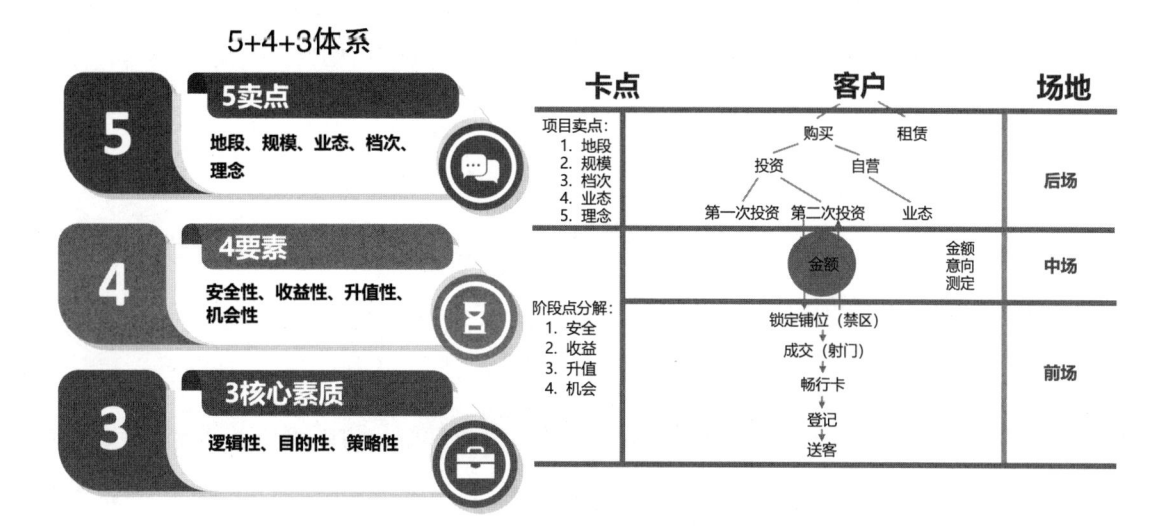

卡点	客户	场地
项目卖点： 1. 地段 2. 规模 3. 档次 4. 业态 5. 理念	购买／租赁 投资／自营 第一次投资　第二次投资　业态	后场
	金额 金额意向测定	中场
阶段点分解： 1. 安全 2. 收益 3. 升值 4. 机会	锁定铺位（禁区） 成交（射门） 畅行卡 登记 送客	前场

图 4-16　单兵体系

升级
新场景 新推广 新销售 新招商 新运营讲义要点

（一）五卖点

五卖点是指从地段、项目规模、业态、场景档次、运营理念五个方面归纳的项目卖点。

1. 地段

地段优势，包括项目的区位优势、地段优势、交通优势、周边人口优势等方面进行综合归纳。

2. 项目规模

规模主要是介绍项目的总体概括。

3. 业态

业态是讲项目的业态定位，项目的整体定位以及各楼层的业态定位，讲解完各楼层业态，在最后进行总结业态优势。

4. 场景档次

场景档次就包括了项目的整体硬件、软件等方面的打造，以及项目的亮点。

5. 运营理念

运营理念是指项目未来要打造出的成果，如采用全新的商业新零售——城市会客厅的全新理念，通过利用互联网的新技术，包括AI智能技术等，推动新式商业发展，实现传统商业的升级，即线上线下一体化，使我们的购物变成社交体验，整个商场成为社交场所。

（二）四要素

销售三要素，从"安全性、收益性、升值性、机会性"四个方面归纳，精准掌握客户疑虑，牢记商铺投资的核心，巧妙地算出让人心动的收益，有效灌输项目价值，全面分析未来发展，暗示客户抓住入手时机。

1. 安全性

客户最关注安全性的问题，只要解决客户投资安全问题，销售就成功了一大半，要不断地把买商铺的安全性讲解清楚，如何保障商业能开得起来。

安全性包括很多内容，只要客户提出的疑虑可以说都属于安全性问题。因此，要回归以上价值点，从项目的交通、地段、消费、客群、产品、业态、档次、场景、品牌、实力、运营、收益等方面，根据客户的问题进行针对性回答。

2. 收益性和升值性

收益性主要体现在租金方面，升值性主要体现在产权持有方面。计算的时候可以用到对比方法，以项目周边实际商铺租金举例子。具体需要利用计算器，快速算出租金和上涨收益。在计算过程涉及租金、回报率、房款、总收益累计、月供等数据时需配合手动计算进行数据展示，以强化客户对数字的敏感度，计算收益时最好用40年的租金总收益算收益账。

3. 机会性

机会性是指现在购铺的机会难得。市面上有很多投资渠道，为什么要买商铺，在这个方面可以进行对比，综合对比下来，买商铺是最划算、最有保障的投资机会。

（三）三核心素质

三核心素质指的是销售的逻辑性、目的性、策略性。单兵系统，即完整的业务人员接待、逼定流程，并将接待流程以球场原理进行分解，使业务人员能够在接待中按照合理的顺序讲解项目优势，能够准确了解到客户的谋略。

1.逻辑性

逻辑性是指业务员交流时要有逻辑，即单兵环节中自己是在前场、中场、后场、禁区还是射门，明白自己所在的位置。

2.目的性

目的性是指业务员与客户交流时，谈话一定要有指向性，避免闲聊一些无关内容，扯来扯去，偏离主题。

3.策略性

策略性是指谈话交流时，尤其在前场禁区，业务人员针对客户提问进行讲解后，要原路拉回再进入射门，中间不要有任何盘带，这是策略性的核心，很多业务员在临门一脚中失误，就源于此。

第四节 案场管理注意事项

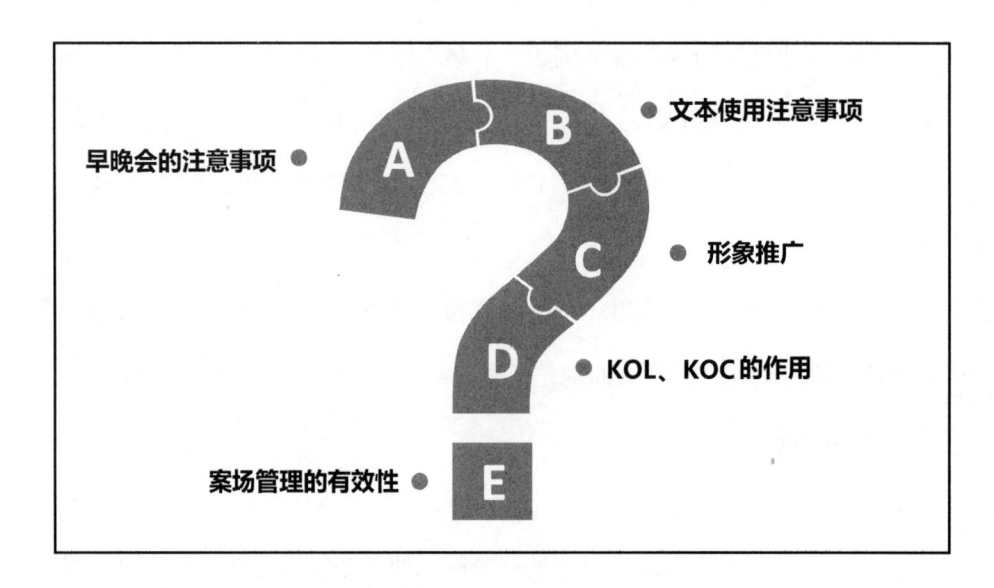

图 4-17 案场管理

一、早晚会的注意事项

早会最好是唱个有激励作用的歌,不要光喊口号,或者有一段舞蹈可以拍成视频发到抖音、快手、视频号上。

晚会的时长一般在一个小时之内,特殊情况再调整。晚会上,要检查业务人员在线KPI,即每日矩阵系统今日头条、视频号、朋友圈、抖音等的日更,以及日更后的反馈情况,任何一个发布内容要一个点赞,三个评论是标准动作。

一些优秀的文案、图文、视频需要业务人员全体努力转发,在晚会上要检查一下转发量。

检查社群的维护是否及时。

在新媒体方面的形象推广,现场客户的社交裂变、社群互动,这些都要汇总到两个指标，即吸粉量和转化成交率。不同的项目差别很大，要根据实际情况定KPI。

二、文本使用注意事项

客户的留存体系要在微信号不是手机号，所以会有两次加微信，一次加公司小号，一次加业务员个人号。秘书在客户资料输入栏里要有微信号。

领奖的客户中，无购买意向或者持观望态度的客户，一定要有问卷表和领奖表。问卷表尤其重要，一定要向客户阐述清楚项目的核心卖点。

对于客户的互联网受众习惯，在来访登记表这一栏一定要填写客户在互联网的认知渠道。所有文本要有经理阅后签字，意向性客户来访表总监要阅后签字，做到心中有数。

三、形象推广

形象推广的核心是在各媒介如视频号、抖音、头条、快手日更，这是每天必须用心做的。

现场可以做直播，直播的矩阵是抖音、快手、视频号以及业务员的个人号，另外还有LBS功能的一些直播群，也可以是小程序直播等，作为重点使用。直播的黄金时间是晚上的8:00—12:00，一般是8点以后开始，所以做直播的业务员第二天可以晚半天上班，中午直播的黄金时间是12:00—14:00。

直播的转化率是比较低的，仅作为活跃气氛或者项目的形象推广是可以的，但不要作为主流。每天的直播内容由经理安排剧本，不要无目的随意去播。

四、KOL、KOC的作用

第一，在中小城市、小县城KOL、KOC尤为重要，需要注意的是，KOL、KOC的证言传播录制视频可以重复播放，效果比较好。第二，有的社群中互动性差，单纯的红包雨是吸引不到客户的，社区中KOL客户的建议尤为重要，可以孵化一批人。

五、案场管理的有效性

案场管理除了传统的案场管理方法外，还要注意以下两点：一是不要让业务员形成有效的工作时间为每天做一个小时，即有效工作一个小时，其余时间都是玩手机、无所事事。二是业务人员的工作，从单兵练习，线下来访客户的手机微信裂变，线上矩阵形象推广，社群维护，KOL、KOC的沟通，直播工作等都要完成。业务员不仅是谈客成交工作，要有相当一部分时间用于线上的裂变客户工作。

第五章 新招商应用

> 新零售招商更多的是以流量为中心的招商模式，注重的是业态的体验性，通过线上线下两种合作、租金加扣点制模式，与商户利益一致，形成有效共赢。

◎传统招商和新零售招商的区别

◎新零售招商的互联网新媒介工具

◎新物种

◎新零售实体商场品牌规划简述

◎新零售下的招商模式

第一节　传统招商和新零售招商的区别

传统招商：依托于传统方式进行的关系式或资源型招商，特点是依赖品牌加租金模式。

新零售招商：通过线上线下一体化进行的互联网式的流量型招商，特点是扣点加流量的转化率模式。

一、传统招商

传统招商就是利用传统的模式（发单子、陌拜客户、内部资源介绍等方式）进行的一种关系式的招商，"资源"对于传统招商人员以及招商的项目来说非常重要。传统招商的业态组合是以品牌为中心和导向，主要是通过收取商户租金的形式赢利的。

二、新零售招商

现在的新零售招商不仅对业态的组合模式有新的要求，而且与商户的合作方式又是灵活多变的人性化招商。新零售招商更多的是以流量为中心的招商模式，注重的是业态的体验性，通过线上线下两种合作、租金加扣点制模式，与商户利益一致，形成有效共赢。

传统招商的核心是品牌，以品牌带动人流，品牌的号召力是核心，所以很多品牌都要有引店费和高额的装补费，不可否认不少品牌确实是有这个能力。之前的商场、购物中心采取的是租金模式，现在很多也是租金模式，免租期限不等，一般几个月到一年，这种以品牌为导入的模式，品牌商大都是连锁经营，或者是与招商的拓展人员有千丝万缕的联系。"资源"的实质就是利益,这一点很重要,这个就是靠人脉了。

新零售商场招商的底层逻辑改变了,它是以流量为中心,以线上流量和线下流量为导入模式。举例来说,阿迪达斯品牌在线下影响力好,但线上效果一般,因为阿迪达斯的线上流量是阿迪达斯自己的,不会带给商场,而且线上的流量被分流了。但是乐乐茶就不一样,它的线下就有流量,其线下的流量可以导流到线上;线上的流量也可以导流到线下的门店。乐乐茶的LBS功能可将种草的消费者导流到商场,对于商场的流量也有所提升。因此商场在同一个位置上会选择乐乐茶、放弃阿迪达斯,就是这个原理。现在以流量为导入的标准,是因为线上流量的交易都是扣点模式,线下也可以做扣点模式,保底或扣点加租金,或者纯租金的多种模式,商家的流量是大于品牌效应的。因此,招商是从流量平台,小红书、大众点评和口碑网等,利用其口碑、流量、粉丝数,再结合线下店的经营情况综合去招商。

第二节 新零售招商的互联网媒介工具

一、招商网站的分类和简介

随着互联网的发展,实体经济受电商冲击、招商环境日益激烈等因素的影响,之前拼资源、拼政策、跑展会、挖项目的招商方法已经逐渐成为"过去式",如何主动适应经济新常态、创新招商思维,就需要对新零售时代下的线上招商资源、招商网站有一定的了解和运用。

对于招商人员来说,要学会使用市场上常用的几个招商网站,针对不同的项目、不同的招商需求去发布,寻找对应的品牌资源。例如,赢商网、优铺网、联商网等,以上几个招商网站所对应的功能各不相同,除了基本的服务外,资料查询、对接品牌资源、商家资源等可能会收取一定的费用,具体就需要根据自己的需求选择。

赢商网:主要覆盖国内外的百货、超市、餐饮、连锁酒店、服饰、箱包皮具、化妆品、珠宝、钟表、家居、建材、KTV酒吧、影院、健身俱乐部、美容SPA、药妆、电玩、游乐园、家电数码、奢侈品等连锁商家,城市综合体、购物中心、社区商业、商业街、专业市场等开发商,以及商业地产相关服务机构、投融资机构及配套商。

赢商网立足于服务商业地产产业,通过整合庞大产业链资源,运营"商务中心""共享中心""新闻中心""招聘中心""交流中心"五大板块。赢商网主要浏览群体为连锁品牌商家、商业地产开发商中高层业内人士,通过整合庞大品牌商家及开发商资源,开展点对点数据库营销,为开发商与品牌商家提供了有效的推广、合作平台。

赢商网高端客户还可享受品牌(项目)资源定制,以及开展线下主题推广活动的个性化服务。

二、新零售时代下的招商工具

为了项目顺利地招商,项目前期招商阶段,肯定要对项目周边的市场进行细致的调研,传统项目招商时,前期需要对项目周边市场进行调研分析,周边的商业组成、商户数量、经营的状况、租金、小区人群、学校、消费人群特征等数据进行收集,很费人力和成本。然而,在新零售招商过程中,仅仅需要依靠一些互联网媒介/App或者网站等就可以完成这些工作,这些媒介/App就是利用LBS功能把周边的商家资源和周边的人口、配套、旅游、经营情况等进行收集,这是一个比较方便的工具,适用于调研获取消费人群的一些数据信息,现在消费者人群分为三种,即三社人群(社区人群、社群人群、社交人群),所以这种模式主要是周边人群数据调研,只是参考的一个数据。目前运用比较多的,且效果比较好的有边界猎手、赢拓展等。

边界猎手:一款商业数据服务软件,软件可以帮助企业更好地掌握市场的动向、数据和

第五章
新招商应用

相关研究成果等。软件提供许多的使用数据和功能，用户可以通过软件做市场调研，快速了解市场的动态；还可以将企业和服务内容编辑一键发布，让更多的业内人士浏览，从而转化为客户。部分对应的产品信息需要收取一定的费用。

通过大数据"即时市调"方式，有针对性地对文旅项目开发、大型商业项目选址、品牌拓店选址需求，整合城市与区域中核心的经济数据、人口数、区域周边配套竞品情况、旅游数据以及商业数据等，结合对数据源的深度降噪的基础上建立数据模型以审查监控，确保数据的真实趋向，让异地投资开发的用户更清晰、快捷地了解陌生区域实时变动的关键市场信息。

边界猎手通过深度大数据挖掘，智能组织，市场调研选址、互动商业短视频垂直发布展示、10万+品牌库查询与认领自有品牌，解决在项目选址拓店、设计运营管理过程中有效洞察市场、高效链接资源落地等问题。

随时随地智能调研陌生市场详情数据(客流洞察、商圈数据、交通分析、周边配套分析、城市宏观等）；互动商业，商业短视频发布；行业社区，文旅商行业之间用户互动交流、资源需求、商铺发布；商业问答，提问商业相关问题。全国猎手帮你提供解决方案；数据众包，商铺、购物中心、写字楼、小区，做采集任务得佣金；覆盖120个地级城市，901个主流商圈；直营加盟品牌库超过10万个品牌目录。

线下商业招商可通过边界猎手成为会员，线上会员付费后可共享其超过10万品牌商家的通讯录，进行随时沟通洽谈，为项目招商。用户输入目标地址，即可查看区域，同时支持"一键市调报告"导出，随时随地帮助用户解决开发市场调研问题，让用户对市场进行超前预测，从而做出更准确的决策。

赢拓展：赢拓展是由赢商大数据开发的一款智能选址调研工具，致力于为零售商业领域的开发拓展人员提供动态的商业调研数据，全国众多城市、商圈、购物中心商业环境优劣提前知，让市场调研有据可查。邀请好友免费赠送10次导出报告的权益，如果需要更多服务，则需要付费申请体验产品。

三、招商类常用App，以美团为例

在新零售招商过程中，我们会寻找各类App资源对线上的商家进行筛选，寻找适合项目的各类商家入驻。不同的App平台侧重点是不一样的，有侧重餐饮类的App，集中了大量的以餐饮为主的商户资源，有侧重零售类的App，集中了大量的做零售的商户资源；有做体验类的、种草类的等。在线上商户的筛选过程中，势必要对商户线上的评分、口碑、销量等指标的数据进行综合考量，通过各平台之间数据的比对和筛选，最终选取适合我们的商户进行洽谈招商。以下是针对目前在新零售时代下招商比较常用且具有代表性的招商App——美团的简介。

美团作为我国领先的生活服务类电子商务平台，拥有美团、大众点评、美团外卖等消费者熟知的App，服务涵盖餐饮、外卖、生鲜零售、打车、共享单车、酒店旅游、电影、休闲娱乐等200多个品类，业务覆盖全国2800个县、区、市。

美团整合了当地各类餐饮、甜品、奶茶等全品类的品牌资源，以及网红店铺和品牌商家。在美团上可以搜集到各商家业态、地址、电话等信息，不用费时费力去跑资源，是一个十分不错的招商助手工具。

与美团类似的App，例如大众点评、饿了么、口碑网、小红书、西五街这类平台，有大量的在招商的商家资源和信息，而且都有评分星级，可以从上到下对项目所在地有针对性地招商。所有的平台都有LBS功能，可以就项目附近的商家去搜索。

现在是流量时代，要审核商家的线上店以及线上粉丝数量、流量评级和粉丝口碑，以此为标准去招商，完全有别于之前只看品牌影响力，所以会出现某商场用奈雪的茶取代了施华洛世奇店这种情况。

零售类的商家在购物类App上也非常多，如淘宝、京东、唯品会等，具体要根据项目需求，对线上资源筛选梳理，有针对性地洽谈招商。

第三节 新物种

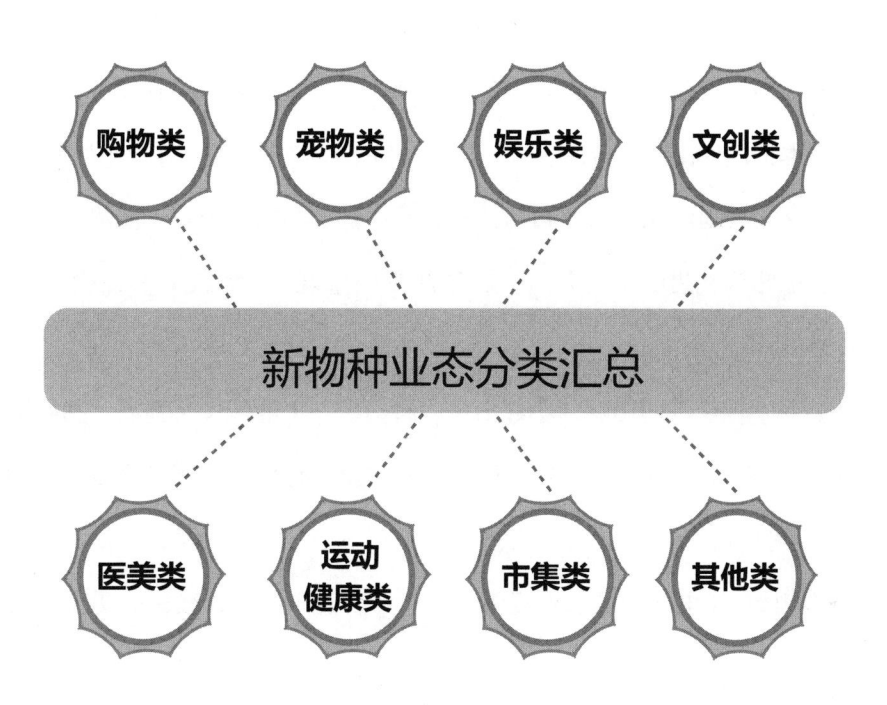

图 5-1 新物种业态分类

（新物种业态分类汇总：购物类、宠物类、娱乐类、文创类、医美类、运动健康类、市集类、其他类）

所谓新物种就是新业种，在新零售时代大家习惯这么称呼。本书也就"入乡随俗"，这么称呼了。

新物种，传统的购物中心里有许多新增加的业种，这里对典型的有代表性的物种进行归纳讲解。

如果从消费者的身份来划分，现在的新物种依托于消费者经济：会有夜经济、小样经济、微醺经济、男人经济、女性经济、萌宠经济、儿童经济、老人经济等分类。

夜经济。现在的夜经济更加多元化，无论是室内的还是室外的商业，都延长了营业时间，完善了服务体系。代表性的有北京三里屯、西安的大唐不夜城等。夜经济的娱乐方式更

升级
新场景 新推广 新销售 新招商 新运营讲义要点

加丰富，例如，狼人杀、密室逃脱、酒吧，同时还有星空影院、屋顶酒吧、屋顶音乐会、深夜食堂特色烧烤等。

小样经济。随着新场景和新业态的发展，小样经济逐渐流行。事实上，小样原本是品牌为消费者提供的试用装或赠品使用，不用于售出，甚至在包装上标有非卖品。但是现在小样经济却发展得比较好。例如，我们常见的调色师、话梅、黑洞等，它通过这种断舍离式消费，降低试错成本，性价比比较高，还有的受收集偏好等影响因素，客众小样比较受喜欢。

微醺经济。Z世代对酒精的一些口感比较喜欢，例如，以老乡鸡、凑凑、海底捞为代表的火锅加酒，以咖啡为代表的星巴克，以奈雪的茶为代表的茶饮加酒进入酒吧、清吧、小酒馆，发展得比较好。

女性经济。受女性经济的影响，小红书风、科幻风、工业风、小清新、粉红萌宠等消费场景得以出现。另外，有女性的专用停车位等，相比较普通车位2.5米的宽度，女性车位一般是3米宽，颜色为粉红色。

男人经济。例如三C电子用品、电竞等方面，体育赛事红利比较好，男人经济逐渐发展起来。

萌宠经济。商场内的猫咖、宠物商店内有宠物餐厅、宠物时装、宠物医院，同时提供给宠物洗澡、理发、美容，以及宠物减肥、宠物婚礼、宠物殡葬等。一些大的购物中心还专门开设了宠物专座、宠物游览的活动区域。

儿童经济。儿童经济部分，包括儿童用品、儿童玩具、亲子、教育、医疗等。其中，婴儿休息室、母婴室是必备的，还有奈尔宝、优瑞卡、安奈尔等主题的儿童乐园，以及儿童医疗、儿童洗澡、儿童摄影、儿童早教、幼儿园、小学等全方位服务以及音乐艺术、绘画、舞蹈运动等教育品牌的培训。

孤独经济就是老人经济。老人经济是一个人的孤独经济，比如，一个人的产业形成的矩阵中迷你KTV、无人健身房、街头自助照相馆、小户型房产、迷你型家电等。

二手经济。二手经济主要是人们将一些不太喜欢或闲置的东西放在专门的平台上进行售卖。随着二手经济的发展，出现了专业的保养、鉴定等平台。

冰雪经济。随着北京冬季奥运会举办而兴起的冰雪经济逐渐升温，比如室内滑雪场滑冰、滑雪等。

从业态的类别上划分，主要有购物业态、文创业态、娱乐业态、宠物业态、医美业态、运动业态、市集业态等。由于购物中心体验业态的大力发展，所有业态里纯购物业态呈萎缩状态，而体验类主要包括文创、娱乐、宠物、餐饮、运动、医美等组合日渐兴盛。尤其是购物中心里一个大的种类，也是传统业种。需要注意的是，餐饮类在购物中心一定要有大排档，因为现在孤独的、宅的人比较多，小众化就餐非常多。餐饮有句顺口溜：做餐饮的分类，一锅饭（火锅）、一碗饭（炒菜）、一袋饭（外卖），现在是一袋饭发展得比较迅猛。

在体验类业态中，宠物发展迅猛；文创类由于招商难度大，发展不快；运动类、医美类的坪效低、面积要大；坪效高的则是市集类和购物类。因此，我们会看到一个奇怪的现象，商场刚开始的时候体验类业态较多，成熟后购物类业态比较多，这是坪效问题导致的，也是盈利模式的单一导致的，即太依靠租金。线上流量以及交易基本上放弃，线下流量对于线上的赋能很少，所以整个商业逻辑是有问题的，需要升级打通线上交易，从而使线下免费的庞大的流量入口赋能到线上实现交易，从而实现线上交易收入成为购物中心的一个重要收入来源。

线下的业态是以吸粉和流量为主，交易在线上，吸粉在线下，体验增加、黏度互动、复购、双向导流，线下的购物业态就会迎来大爆发。

我们从七鲜、盒马鲜生、达美乐的这些线上线下一体化的品牌可以看出，线上交易强大，依靠的是线下门店强有力的赋能，线下赋能、线上导流线下，新物种的选择是以流量为参照标准，而不是以传统品牌影响力，以流量系统、转化率、黏度为招商的参考值。下面选择有代表性的新物种进行介绍。

升级
新场景 新推广 新销售 新招商 新运营讲义要点

一、购物类业态

图 5-2 购物类业态

购物业态主要包括：国潮、盲盒、二次元、线上品牌的线下店、科技店、古着店、药妆店、跨境商品店、杂货铺、设计师品牌店、糖果店等零售型业态。

（一）国潮业态

设计出来的带有中国特定元素的潮品是国潮，国潮具有当下时尚潮流特色，符合当下绝大多数受众的潮流审美，深受很多年轻人的喜爱。

国潮以中国文化和传统为基础，集腔调、时尚与格调于一身，是传统与现代的碰撞，更是东方美学的淋漓展现。它在不断地发展、成熟，并走向国际化，让更多的人了解中国潮流。目前国内的潮流文化搞得如火如荼，百花争艳，当中有非常多的佼佼者脱颖而出，有新起之秀，有潮流老牌，都取得了不错的成绩，这就是国潮带给人们的吸引力和魅力所在。

例如，从李宁携"悟道"系列登上了2018纽约时装走秀，融入中国元素的新品引来了国内外主流媒体的报道，也带来了社交网络的刷屏，人们开始意识到国潮的力量。还有故宫口红、国家地理眼影等品牌也潮出了街。

国潮将传统文化与时下潮流相融合，既符合年轻消费者对时尚的认知，又能够吸引他们对传统文化的关注，展现他们对文化价值的认可，同时还能引发年轻群体的情感共鸣，满足他们的情感寄托。

所以，国潮兴起是基于国家对传承和弘扬传统文化的大力支持，以及新时代下消费者强烈的本土意识和文化认同，而消费者对中国文化的自信是国潮爆火的主导原因之一。国货在年轻人消费里占比越来越高，消费者有着越来越高的文化自信，更多国人对国货品牌重拾信心。

除了购物中心的"国风营销"，场内的品牌与国风的跨界联名更是不胜枚举。例如，成功打造出"中国李宁""悟道"等多个国潮系列的李宁，将国潮IP引入品牌的设计宣传，吸引着越来越多热爱国潮风的Z世代青年；长沙新式茶饮品牌"茶颜悦色"在LOGO设计上运用八角窗、美人和团扇等元素，茶杯上还有花重金购买的中国风插画，以"幽兰拿铁""人间烟火""烟花易冷"等来命名，展示出中式的典雅。

进入这一行列的国货品牌，还有老干妈、故宫、百雀羚、大白兔……它们纷纷向世人展示东方美学、中国风格，引发一波波的热议。

国潮是一种现象，它需具备两个要素：一是要有中国文化和传统的基因；二是要与当下潮流融合，更具时尚感。媒体层面，《中国诗词大会》《国家宝藏》《上新了故宫》等节目引领着话题。民间层面，读经典、听戏曲成了风尚，穿汉服的年轻人成为风景。反映在消费领域，便是对国货实力的日渐认可。不只是吃穿，也有住用，包括新中式家具等。国潮已成为年轻族群彰显个性、打造个人标签的方式。

（二）盲盒

盲盒，顾名思义，是指消费者不能提前得知具体产品款式的玩具盒子，具有随机属性。最初名字叫Minifigures，流行欧美后也开始衍生被称作Blindbox。

所谓盲盒，里面通常装的是动漫、影视作品的周边，或者设计师单独设计出来的玩偶。之所以叫盲盒，是因为盒子上没有标注，只有打开才会知道自己抽到了什么。不确定的刺激会加强重复决策，因此，盲盒有让人上瘾的机制。

相对较强的购买力，让那些受影视动漫文化熏陶的年轻人，能够撑起庞大的盲盒经济。从上游的IP设计，到中游的零售，再到下游的二手交易和玩偶改装，其产业链已相当成熟，且市场空间巨大。

盲盒产品主要是各类主题的周边产品，从手办、公仔、杯子、装饰碟，到海报、购物袋、钥匙扣、冰箱贴等，种类繁多，精美别致。其中又以动漫周边产品居多，其产品涉及的动漫作品包括七龙珠、海贼王、进击的巨人、新世纪福音战士、火影忍者、银魂、哆啦A梦、全职猎人、FATE等，几乎囊括了当代一大半最著名的动漫。

（三）二次元

二次元是指由ACGN（动画、漫画、游戏、小说）组成的二维平面虚拟世界，此外还包括动漫周边、声优、Cosplay等衍生产品和活动。然而，ACGN仅仅是二次元的载体，并非所有的ACGN都属于二次元范畴，真正的二次元产品，还需要具有宅、腐、基、萌等特征。

消费群体主要集中在Z世代。二次元群体主要使用的App平台是B站，在B站上有相当多的二次元产品售卖，价格不菲，线下实体店有潮玩店，泡泡玛特之类主打二次元系列，相当吸引Z世代人群，成为商场的亮点商户。

（四）线上品牌的线下店

在线上正在经营的有很多"线上品牌"，线下店就是实体店，可以理解为线上品牌开设的线下实体店。

代表性的线上品牌有妖精的口袋、茵曼、天猫国际、网易考拉、当当网、下厨房、YOHO!、一条、Keep、三只松鼠、良品铺子、小红书之家RED home、当当之家等，都开始布局线下的实体店。线上品牌的线下实体店，带着互联网的流量基因优势，比如妖精的口袋玩转IP场景，茵曼、Keep售卖生活方式，网易考拉、天猫国际主打大数据黑科技等。

例如"一条"的线下店。风格、产品、选址与MUJI接近的"一条"，在上海3家商场同时开出了3家实体店，开启了其线上线下结合的新零售之路。作为我国最大的视频类原创微信公众号，一条从内容起家，并以生活美学为核心，创立了瞄准中产阶级的电商平台。线下店内设有图书文创区、美妆洗护区、数码家电区、美食餐厨区、家居生活区、海淘体验区以及咖啡区等几大区域。值得注意的是，每家店里，咖啡和图书都会放在最抢眼的位置。对标MUJI、茑屋书店，定位为"大型生活集合店"。

（五）科技店

购物中心的科技店传统上以手机专卖为主，如小米、华为、苹果手机专卖店，随着科技兴国战略，许多科技新产品也涌入商场，扫地机器人、戴森吹风机，都是热销产品。机器人专卖店、老人机专卖店、戴森专卖店以及智能家居一体化店越来越多。科技新产品进入商场展示，一般选择商场的一楼作展厅的多。

（六）古着店

古着是二手的意思，但并非所有二手服饰都可称为"古着"，一般古着服饰店主要售卖20世纪50年代至90年代的服饰，不过现在很多古着店也售卖近几年的服饰。

我们常常能从文章和购物网站上看到"古着"或"Vintage"的字眼，实际上Vintage这个概念指的是那些真正有年代有历史并且现在已经不再生产的东西（通常指衣物，后也扩展至饰品、日用品等）。购买二手奢侈品不再是"丢人"的事情，而是一种成熟消费心态，消费者追求高性价比的消费心态凸显，满足具有怀旧情怀的需求。一般奢侈品选址要求高，对于非重奢的商场很难招到，古着店弥补了这一缺口，实现鉴定、养护、回收、零售，一站式完成。

（七）药妆店

去过日本的朋友都知道，药妆店是必逛的。药妆采购是每个游客的必经之处，有别于美妆，药妆有相当多的食补品，目前国内的药妆店刚起步，大多都是海外代购的，而国产的少，随着经济提升，这类药妆店会越来越多，目前知名的药妆店有欧美药妆。

（八）跨境商品店

随着海外代购的兴起以及保税区、自贸区兴起，各类跨境商品店也日益增多，如俄罗斯商品专卖店、韩国商品店、澳洲商品店等，既有纯粹一个地方的，也有多地集合店。笔者曾经在一个三线城市调研了商业结构，跨境商品店占10%的份额，令人咋舌。

(九)杂物集合店

杂货铺集合店就是一个商店里卖各种各样的东西,现在很流行这个模式,进入一家店就能把所有的东西买齐,节省时间。

杂货铺产品种类多,顾客选择更多,同时成交的概率会更加高,优秀的集合店可以满足顾客的一站式购物体验,附带成单率也会高。往往一些不起眼的小东西,其中的利润是不可小觑的,杂货铺的优势在于流量大,更容易测款、选品轻松,其中代表的品牌有杂物社、解忧杂货铺等。

(十)品牌集合店

消费者心理的变化,精神消费逐渐替代曾经的物质消费。相比较传统零售店,集合店的承租能力、品牌聚合力及顾客完整体验感都大大增强,因此正在逐渐成为购物中心的主流。

品牌集合店是涌入国内实体商业的新鲜血液,各种类型的集合店以购物中心为主要渠道设店。客流量、盈利点、优质、个性化、趣味体验,集合店的出现同时满足了消费者、购物中心、品牌之间的核心需求。

品牌集合店也被称为"品牌概念店",即在一家统一名字的大门店内,汇集多个品牌的产品,货品种类可涵盖服装、鞋、包、首饰、手表等多个品种,不同风格及设计理念的各个品牌被同一店面"召集"在一起,融合为一个备受关注的品牌集合店。

近几年,我国零售终端竞争日益加剧,品牌集合店已成为一股强大的新生力量。

第一种是多品牌集合店,这种店铺的面积大多在300~1000平方米,主要以一些喜好分明的大众服装为主体,在每个品牌之间既有明显差异的品牌定位,又有密切的关联。品牌与店铺之间不是租赁关系,而是买货、代理或者代销,对于进货量、款式的选择权都属于店铺方。

第二种是买手制精品集合店,这种店铺的面积一般不会太大,主要以属于同一风格的多品类商品为主要组合方式,多品牌组合。这类店铺销售的大多数都是一些定位一致或者是颇具潜力的非知名高端品牌商品,所有商品都能准确地阐述店铺的文化定位、遵循一致的店铺风格、彼此之间有着很和谐的关联性。

第三种是生活方式类集合店，生活方式类集合店又称为"Life Style Store"，即以某种生活形态为店铺定位，产品全部围绕这类形态组合而成。

在产品线上，一般会以全系列的方式呈现，包含男女童服装、配饰、鞋包、文具、生活杂物等，有些大型集合店还会增加餐饮、咖啡、茶吧，甚至画廊、酒店等经营类别，形成真正意义上的全方位综合型生活方式集合店。

（十一）设计师品牌店

设计师品牌的种类可以分为三类：一是以设计师命名的品牌；二是另起一个名字作为品牌核心；三是由设计师主导的品牌。

此外，非设计师品牌是由品牌主导设计师，设计师是为品牌服务的。因此，设计师品牌具有个性鲜明的设计风格和设计理念，品牌忠诚度高于非设计师品牌。

（十二）买手店

买手店核心在于挑选，反映了店主的审美，以主题策展的方式陈列，对特定群体有极强的影响力。购物中心里的买手店吸引越来越多的人，例如，在小红书里，关于买手店就有好几万篇的笔记，同时奢侈品消费者也是买手店的重要客户，买手店在空间设计中出现了独特的审美，有意识地表达品牌态度和价值观。

它的线下活动侧重于线上线下一体的转化，有VIP沙龙、新品发布、联动艺术家机构入驻主题策展等。

商业项目通过引入买手店提升调性，吸引对时尚敏感的消费群体，带动餐饮零售，实现整体业绩增长，对项目的良性发展有帮助。买手店有几种类别，例如设计师买手店、奢侈品买手店、潮牌买手店、设计师折扣买手店等。

买手店的崛起是受益于消费者时尚观念的成熟，年青一代追求的个性和自我表达，以及中国设计师品牌的成长和供应链的成熟。同时我们也看到，它的品牌同质化明显，受电商和代购的冲击，以及消费者的自我认知的提升，现在买手店走的是小众化风格，从小众化走向更加专而精。

升级
新场景 新推广 新销售 新招商 新运营讲义要点

买手店就是快时尚里的慢生意，通过大量时间、选品培养客户建立影响，通过追求爆款，扩大门店规模和数量来谋求发展。今后挖掘细分领域，推荐优质小众品牌的买手店会实现良好的发展。

（十三）汽车展厅

购物中心向生活中心进化的当下，商场内的业态也愈加丰富多元，很多以前无法想象的业态逐渐成为新时代购物中心的"标配"，汽车体验店就是其中之一。现在已愈来愈多的汽车品牌开始进驻商场，首选的是商场一层人流入口处，当然其租金也是相对较高的。个人认为汽车展厅这类业态对于商场来说提供流量较少，相反，它是在不断地吸取商场的流量。

例如新能源汽车业态，新能源汽车从传统的4S店开进了商场，最早是特斯拉，现在小鹏、未来、理想等品牌也进入了商场。有的购物中心同时有很多品牌入驻，例如，某个购物中心里就有未来、小鹏、蓝图、特斯拉、宝马、极客等多家入驻。

虽然汽车展厅不过十几平方米，但是日租金承受力较高，甚至一天1万元。

它实际是一种新的模式，是在体验式消费的热潮下创造的一个第三空间，是汽车业态第三空间的延展。例如，除了品牌销售空间，还以买车体验车为主，以及适用于车主的生活方式的社区打造。

新能源汽车在购物中心里都是扎堆，有的有四五家，形成一个新能源汽车的展厅集群。它对于较大体量的商业来说，在有招商压力的情况下，承租能力和客单价比较高，坪效高的新能源汽车业态广受欢迎。另外，在新能源汽车里，还有电竞运动馆、撸狗馆、运动馆等配套，打造了一个综合男人经济圈。

总体来说，这种模式是依靠购物中心流量的，汽车展厅自身流量并不大，但是它是一个高租金的、能体现高产值的业态，所以很多购物中心会选择。

二、宠物类业态

图 5-3 宠物类业态

随着孤独经济的发展，养宠物的人越来越多，宠物业态呈现爆发的势头，尤其是社区商业，以前的一些餐厅、理发店、小超市让位于宠物、儿童培训和线下新零售店这三种业态，宠物业态日益成长为社区商业的主力业态，有的甚至占了一整层物业来做宠物业态。主要有：一是宠物业态的猫咖，撸狗馆是吸引客户驻留的利器，而且面积可大可小，从小的10多平方米到大的上千平方米，但对通风有要求。二是宠物的食品，进口猫粮已经长期登上热销榜单。三是宠物行业可以作为一个大的系列，涵盖宠物的方方面面，在电商购物冲击下，宠物作为体验性强的业态，有无与伦比的优势，是商场的核心业态之一。

宠物行业是指涉及宠物交易、宠物医疗、宠物美容、宠物服装、宠物食品、宠物用品、宠物寄养、宠物餐厅酒吧、宠物比赛、宠物驯化、宠物婚介、宠物摄影、宠物殡葬、宠物游乐场（公园）、宠物浴室、宠物旅社等与宠物有关的所有行业。

除了宠物买卖、宠物食品、托管、美容、摄影、医疗、殡葬、保险等细分赛道的商业模式不断推陈出新，且与产业链条紧密结合，层出不穷的。

升级
新场景 新推广 新销售 新招商 新运营讲义要点

宠物日常饲养、美容、造型、医疗护理，许多宠物博主通过线上知识分享为线下宠物美容、宠物医院、宠物寄养导流，或是将宠物打造成网红IP，推出玩偶、手机挂件等衍生品。

商场打造多元化宠物精品店，线上宠物服务平台+线下宠物配套的一体化模式，或是宠物+餐饮（猫吧）或宠物+文创，为宠物营造出温馨氛围，充分满足小众客群需求，也提高消费者的忠诚度。

宠物馆：宠物生活馆主要是为宠物提供用品零售、宠物美容、宠物寄养、宠物活体销售。其经营项目一般包括宠物用品超市、活体销售、宠物美容、宠物寄养、宠物医疗、宠物乐园、宠物摄影、待产养护、宠物驯养等。目前比较好的宠物生活馆品牌有小佩宠物PETKIT、派多格宠物PETDOG、宠物家Pet'em等。

宠物交易：宠物交易已成为宠物市场中最重要的部分，是各大宠物店赢利的最主要途径。

宠物寄养：宠物主人因外出在短期内无法照料或照看自己的宠物，寄托或托付给宠物店寄养。

宠物食品：按照宠物食品的形态，宠物食品分为干燥型宠物食品，如鱼粮、犬粮、猫粮、休闲零食；半干型宠物食品，如宠物罐头食品、自制犬粮、猫粮；宠物流质食品，如宠物肉酱、宠物营养粥等。按照宠物食品的用途，宠物食品分为宠物日粮、日粮伴侣、宠物保健食品、宠物零食、处方食品等。

宠物用品：狗类附属用品；猫类附属用品；猫、狗洁净用品；其他小动物附属用品；两栖类动物，昆虫如蚂蚁和鞘翅目，蛛型纲如蝎子、蜘蛛，爬行动物用品；笼养鸟、飞禽、野鸟等用品；淡水或咸水观赏鱼用品；给宠物及其主人的礼品、纪念品。

宠物培训：宠物主人选择需要的科目后，教练对宠物进行技能培训，有简单科目和技巧性大科目训练。接受培训的宠物狗多是身价贵重的名犬。最热门的基础科目包括"坐""卧""立""随行""叫""定"等。

宠物洗护：给宠物洗澡是件麻烦的事情，大多数宠物对水都有排斥反应，但是它们到了宠物店里就变得乖巧多了，洗澡也迅速多了，主人们也开心多了。

宠物美容与护理：宠物美容与护理是指能够使用工具及辅助设备，对各类宠物（可家养的动物）进行毛发/羽毛/指爪等清洗、修剪、造型、染色，使其外观得到美化和保护，变得更健康和时尚。

宠物医疗：以现在人们对宠物的关爱程度来看，宠物生病了要吃药、打针，要去宠物医院。

宠物侦探：所有的市场都是基于需求诞生的，宠物侦探亦是如此。随着越来越多养宠用户把自家宠物当作家人、儿女或者情感的寄托，宠物们的安全就成了头等大事。宠物侦探的工作便是找寻丢失的宠物，宠物侦探不仅受过专业训练，并且设备齐全，无人机、生命探测仪、夜视仪和管道探测仪这些都是基本装备，有些团队还配备了嗅探犬等专门的工作用犬。他们对宠物的活动时间、地点等规律非常了解，会根据宠物平时的生活习惯、留下的足迹、气味，甚至追踪附近的流浪猫狗等方式，帮主人找到丢失的宠物。

举办展会、广义宣讲等与萌宠相关主题线下活动，通过宠物认识新朋友，加强社交。宠物用品包揽宠物的衣、食、住、行、娱乐等生活所需，从食品、玩具、房子、洗护用品、牵引绳、背包、高定服装、小宠类户外用品等，到宠物牙科健康的健齿环、洁齿棒甚至有"毛孩子"餐厅，专为宠物设置就餐，举办生日派对或社交活动。基于宠物独立直达入店原因，大部分宠物店会偏向低楼层，在B1的居多。宠物类业态对通风和防疫都有一定要求。

三、娱乐类业态

图 5-4 娱乐类业态

包含：密室逃脱、剧本杀、VR/AR体验店、沉浸式剧场、电玩世界、电竞馆、轰趴馆、影咖等

（一）密室逃脱

密室逃脱，又叫TAKAGISM，是一款烧脑益智冒险、真人逃脱类游戏。密室逃脱互动游戏的主要创意多源自电影、网络等场景，一般具有较大的趣味性及挑战性，能给玩家带来刺激的情景体验。密室逃脱可以因不同的设计思路衍生出不同的主题，从古墓科考到蛮荒探险，从窃取密电到逃脱监笼，玩家尽可以在自己喜好的主题场景中扮演理想中的角色，凭借细致的目光、缜密的推理、强健的体魄和齐心的协作，最终在规定时间内完成任务，获取奖励。

1. 越狱类型

玩家的代入感很容易做出来，同时也符合密室逃脱的宗旨，容易形成故事和线索的关联。但这种类型的主题现在做得很多，种类也大同小异，所以玩家新鲜感不足。

2. 恐怖类型

这个类型的主题也是众多密室的最爱。装修成本较低，容易营造紧张恐怖的密室气氛，给玩家不错的体验感受。

3. 电影、小说、动漫、游戏类型

此类密室因为电影或者小说已经有很大的影响力了，所以玩家对剧情就有了比较直观的概念。如果装修和设计到位的话，会有身临其境的代入感。能让玩家得到很大的体验乐趣。但如果装修和设计不到位的话，会让玩家有很强的失落感，同时，还原电影场景的费用是很高的，对于一般的小密室来说，是一个不小的挑战！

4. 魔幻、科幻类型

这种类型主题，一般见于稍微上规模的密室。有极强的体验乐趣。但场景制作费用较高，想做到效果好，成本非常高。

5. 谍战类型

这种主题相对小众。谍战主题玩家身份多样，玩家间互动较高，且装修成本较低。但部分玩家不好融入谍战主题的剧情，导致效果下降。

（二）剧本杀

剧本杀指的是有一名或者多名玩家，选择一个剧情，获得一个剧情中角色的剧本。基本上都是玩家阅读自己的剧本，确定自己的身份后，再通过几轮的话术以及搜证各种逻辑推理，从而找出真正的凶手，或者完成自己特定的任务。剧本杀是一种沉浸式社交体验，玩家花上100元或几百元就可以演绎一段人生，作为一个社交新宠，剧本杀使很多人上瘾。目前为止国内的剧本杀门店有4.5万家，达到200多亿元的市场规模。剧本杀是年轻人聚会的一个必然选择。

玩家们走出家门，围绕一张桌子坐在一起，再经过数小时推理，共同揪出背后的"真凶"，还原案件真相……多维互动的剧本情节设置、沉浸式的线下场景体验、无负担的社交等游戏特点，助推"剧本杀"成为当下年轻人最热门的线下社交娱乐方式之一。

"剧本杀"一词起源于西方宴会实况角色扮演"谋杀之谜"，是玩家到实景场馆，体验推理性质的项目。剧本杀的规则是，玩家先选择人物，阅读人物对应剧本，搜集线索后找出活动里隐藏的真凶。剧本杀不仅仅是一个游戏，更是一个集知识属性、心理博弈属性、强社

交属性于一体的娱乐项目。

目前剧本有三种类型：盒装本也就是普通本，每家店都能购买；城市限定本，一个城市只有几家店有；独家本，一个城市只有一家店拥有。三者的售卖价格也是天差地别，盒装本的价格在500~600元之间，城限本在2000元左右，独家本则在4000元左右，高的可过万元。

"剧本杀"有线上和线下"打本"两种方式。线上App提供的剧本大部分免费，少数精品剧本需要付费，玩家在同一个网络"房间"中以声音展开角色扮演游戏；线下实体店通常根据剧本设定布置场景，玩家同处一室，通过语言、表情、谈吐、肢体动作等表演故事。这样的游戏过程也被玩家们称为"打本""玩本""盘本"。通常剧本杀整个过程持续时间不定，但基本上需要数小时，一天只能安排上午和下午或晚上各一场。

角色服装的穿戴、贴合剧本的场景布置以及环境气氛等，让玩家身临其境地体验剧本杀的乐趣，是玩家更青睐线下门店的主要因素。

剧本杀兴起的背后反映出年轻人对于社交媒体的倦怠和对线下沉浸式社交的需求。剧本杀的推理性、悬疑性可以满足玩家的推理爱好和表演欲，同时，剧本杀场馆也为有社交需求的玩家提供了平台。

网民玩剧本杀时偏好与朋友组队，占比88.3%；与陌生人组队占比26.9%。与朋友、同事组队，能加深熟人间的情感链接，而与志同道合的陌生人拼桌，则能拓展年轻人公共交往的兴趣圈子。"聚会、好玩、新玩法、代入感强"等字眼是被提及最多的词语，也是年轻群体玩剧本杀最主要的原因。围绕游戏展开的线下沉浸式社交，在满足游戏体验感的同时，也在推动年轻人突破社交壁垒与维护自我圈子。

（三）VR/AR体验店

VR体验，有机械性装置VR馆，VR体验占地50平方米，现在发展成几百平方米，"绿室"性VR馆，多人共享，VR的软件也大大提高。出名的有哈利波特VR沉浸式体验馆。

AR是虚拟增强现实，常见AR射击等，吸引年轻人参与。

第五章 新招商应用

(四)沉浸式剧场

沉浸式剧场就是剧场有表演,而观众作为一分子,可以参与到场内互动,因此吸引相当多的年轻人加入。例如,上海某沉浸式舞台剧,整个剧在一个大楼里有四五层,观众可自由在整个空间里行走,观众全程佩戴白色面具,不能说话,可以近距离跟随演员跑动,而戴黑色面具的工作人员,可解决体验中的突发问题。

(五)脱口秀

脱口秀起源于英国,20世纪后,随着广播等传播媒介的诞生,脱口秀在美国得到极大发展。近年来,随着国内众多脱口秀节目涌现,这种舶来的"语言艺术"被越来越多的年轻人喜爱。上海、北京、成都等地,脱口秀爱好者自发成立的脱口秀俱乐部不断涌现。

脱口秀可以单独地存在于商业业态内,也可以与其他业态相互结合,例如酒吧+脱口秀、夜经济+脱口秀等。

(六)电竞馆

电竞馆从字面上可以理解成网咖+电竞元素。电竞馆类似羽毛球馆、篮球馆等,它从设计、运营、活动、氛围等方面都是与电竞这项运动相挂钩,目的是让玩家在这个场馆里面进行电子竞技项目的运动,在给玩家一种优秀电竞体验的同时,也能让喜爱电竞的玩家有一个线下的社交场所。目前国内做得比较好的有B5电竞馆、阿里电竞馆等。

(七)轰趴馆

轰趴是从国外引进的一种新型聚会方式,是一个为人们提供聚会玩乐设施的场所。轰趴馆内有许多好玩的,比起那些单一的聚会玩乐场地更能给人带来快乐。许多商家发现了出租聚会场所的商机,大力兴建"聚会场馆",这样的场馆就称为"轰趴馆"。商家将轰趴馆以出租的形式,对外租给顾客玩耍,为自己获取一定的利润。

轰趴馆的出现很好地解决了场地、费用、扰民、道具等问题,大家只管带上愉快的心情来玩即可,费用分摊每人也就100~200元。

轰趴馆消费人群:一是聚会属性,朋友聚会、老同学聚会、车友聚会、闺蜜聚会、战友聚会、老乡聚会等。二是企业客户，主要有4大行业，保险业、金融业、汽车业、房开业，其他中小企业也具备这种团建需求。三是定制需求，亲子需求、订婚需求、交友需求、相亲需求、比赛需求、节日需求等。

轰趴馆提供的项目一般分为两种：一是传统娱乐项目，比如KTV、影院、桌球、桌游、棋牌、体感游戏。二是独有的特色项目，比如VR虚拟现实游戏区、密室逃脱、潘卡足球、电竞游戏、养生保健、DIY私人定制、健身潮玩、舞池影音大厅。

（八）影咖

私人影咖是一种精神品位需求，可以满足人们自选影片和私密观看的需求。观众可以按影片类型、流行程度、年份等不同标准进行分类查找，选到中意影片后只要按一下按钮，电脑就会自动"下单"，然后您就可以带上零食，在包厢里坐等电影开始了，一个包厢少则1人，多至8人，保证了观影的私密性。

私人影院：私人影院主打复合式结构及多元化经营，与传统影院放映业态相比，私人影院集观影、桌游、棋牌、咖啡、KTV、摄影、书吧等多功能于一体。除观影外，超过6成的私人影院配有桌游、棋牌等休闲娱乐设备，并提供咖啡、酒水、小食等配套餐饮；部分私人影院，如聚空间，房间内可以同时实现观影、KTV、上网看直播等，并可举办主题影展、文化沙龙、私人party等活动，满足消费者多元化需求。

大部分私人影院走主题化路线，除设置常规的宽敞大沙发、造型独特的床之外，近7成私人影院走定制化主题路线，且主题趋于多样化。卡通动漫、电影场景、趣味运动等主题，营造出的个性化氛围为消费者提供了舒适的观影体验。小黄人、海盗、HelloKitty、哆啦A梦、龙猫等卡通主题受到消费者的青睐。

四、文创类业态

包含：手作DIY、网红书店、漫展、字画、博物馆、照相馆等

图 5-5　文创类业态

（一）手作类业态

手作，又称为DIY，与商场、网上买到的物品不一样，这样的物品有了更多时间和情感的投入，也充满了创意，在年轻群体中成为一种新潮流，深得年轻人的喜爱。许多商业区也出现了许多种类的手作店，在专业人士的指导下，自己可以动手制作一些诸如油画、泥雕、木工、布艺、花艺、饰品等小物品，当然，还有一些吃的，如烘焙蛋糕。目前代表性的品牌有花花草草、十八字金、陶艺、铁艺、ABC cooking等。

1. 教人做饭的，比如ABC cooking等。

2. 教适龄儿童做蛋糕的，如宝宝厨房。

3. 花花草草，做盆栽盆景的。

4. 结绳记，现场编制各种绳子。

5. 剪纸艺术、绘画。现场教绘画，以提高现代人的艺术修养。以零基础绘画体验为引领，在绘画体验和教学的基础上，例如美深绘馆定期举办各类展览、讲座、放映、下午茶等沙龙活动，以及水彩、永生花、木刻、刺绣等兴趣类课程，以开放和跨界的姿态探索各种艺术介入生活的可能性。

6. 木艺现场工匠做手工；铁匠，铁艺工艺手工以及18K金；皮艺，做皮包、皮带等。

7. 陶艺：制作陶器，需商场额外提供动力电。

8. 淘宝石：水里淘宝，还有考古化石之类。

9. 突突毯：毛线编织。

10. 流体熊手作等。

手作类的优势是占地面积不大，20多平方米就可以，缺点是招商难、坪效低。手作类的消费者黏度高，对儿童和文艺青年有非常大的吸引力，并且做社区营销有黏度，容易形成复购，并容易种草，形成口碑。

（二）漫展

漫展亦称动漫展览，是各界漫迷交友的地方，主要参与者为Coser和游客以及摄影爱好者。漫展是众多动漫爱好者的聚集地，因为只有在漫展上可以尽情地展现自己，扮演自己喜欢的角色，结交更多志同道合的朋友。

一般漫展上会有各类动漫周边，个别动漫游戏展还会准备手游、主机游戏等电子竞技游戏项目。同时，漫展展会上还会存在很多Coser（动漫角色扮演者），这些Coser基本由游客扮演，而非官方（官方的也有，但普遍来说比较少）。通常来说，二线及以上城市会邀请一些在"C圈""二次元圈"（实际为Cosplay、唱见、舞见等）有一定知名度的人来作为展会嘉宾，提升展会的影响力。

（三）博物馆

在保持内容的吸引力与游逛体验的前提下，"博物馆+商业"对比传统意义上的商业地产，其价值是巨大的。博物馆业态可以有书法馆、诗歌馆、古董馆、艺术馆、绘画馆、诗歌馆、古文字博物馆，消费者可以线下参与绘画达人、原创绘画师、绘画作家、游客等活动，把作品发布到项目线上平台，通过线上平台进行点赞、评论等数据排名，通过作品排名榜，在馆内进行展示和售卖。通过社群KOC和线上矩阵推广，线上主要以吸粉、排名为主，线下主要以体验、互动、交易为主。

还有自然博物馆和海洋馆。例如正佳广场室内海洋馆，面积5.4万平方米，超500种3万多个极地海洋生物栖息于此；自然科学博物馆占地8000平方米，收藏着千年珍稀古生物画室与矿物标本。不定期推出展览，为体验式商业注入新的活动内涵。

国外火爆的间谍博物馆、集沉浸式体验、密室逃脱、博物馆展览为一体，深受年轻人嘉爱。

（四）照相馆

目前照相馆中具有代表性的有海马体照相馆。海马体照相馆打破传统摄影，追求"轻、快、简"，为顾客提供定制服装、化妆造型、精致修片等服务，2~3小时即可取片。海马体也是业内首创在线预约、云端商业级修图模式的照相馆，消费者可以在线自主选择门店、套餐、拍摄时间，并通过缦图云端下载电子底片。

另一类比较流行的照相馆是在各大商业区都能见到的有自拍功能的机器或者提供场地的专业自拍馆，自拍馆最大的特色在于没有专业的人去操作，所有的拍摄都需要自己去操作完成。旅拍也是日前流行的拍照方式，用户可以选择场地，选择喜欢的装束、装扮，有专门的化妆师和服装造型师为你服务，与特定的人物或者风景合影；还有一种是文旅写真，如京剧脸谱艺术写真、汉服拍摄等。照相馆的发展前景越来越大。

升级
新场景 新推广 新销售 新招商 新运营讲义要点

五、运动健身类业态

包含：网红健身房、室内模拟机滑雪、优享健身、壁球、拳击、击剑、瑜伽馆、室内高尔夫等

图 5-6 运动健身类业态

近年来，运动健身的消费量明显提升，许多购物中心对运动业态的布局越来越重视，并且越来越多元化和娱乐化。跑步、马术、攀岩、蹦床、瑜伽、武馆、球类（篮球、网球、壁球、台球、保龄球、高尔夫、羽毛球、5人小型足球等）、车类（赛车、卡丁车、室内单车等）、潜水、游泳、滑冰、滑雪、射击、击剑、射箭、飞翔风洞、飞行体验、儿童运动馆、综合型运动场等都已进入购物中心，不断吸引更多的年轻人。

大型的运动类的业态，如滑雪场、滑冰场、古典赛马场、高尔夫模拟场、射击场、射箭场、三人篮球馆、小型的滑雪机等都出现在购物中心，例如，上海淮海一楼的滑雪机就很吸引人。

运动馆、瑜伽馆之类的都越来越吸引人，缺点是这类运动的坪效太低，而且层高有要求，安全有要求，同时有非常明显的淡旺季，私教健身房也有淡旺季时间，比如晚上7:00—9:00是高峰期；其他的比如说滑冰等，周六日是旺场，平时小孩子都去上课，人就比较少，因此，吸粉有限，所以一般作补充面积使用。

随着人们的健康意识渐渐提升，而购物中心作为城市的"时尚客厅"，健身业态与之有了紧密的联系。此外，对购物中心而言，健身的客群具有时间固定、相对高频、兼具社交属性的消费特征，未来健身房将逐渐成为工作和休息外的第三生活空间中的重要场景。该场景不仅将承载更多功能（社交、娱乐等），且具备转化衍生消费的巨大潜力。

网红健身房与传统的健身房有不一样的地方，网红健身房更多的是一个打卡拍照的地方，有点类似网红书吧，所以必须要有出众的设计。在装修时，通过大量鲜艳的色块和涂鸦组成的背景、废旧工厂装修风格、时尚炫酷等设计，有意设置打卡场景，到店训练的会员情不自禁地拍照打卡，发布到自己的社交媒体上。做好"网红"标签的基础条件就是颜值，场馆内部一定要适合拍照，无论是训练区还是休息区，有足够空间的场馆可以额外设置打卡拍照区域。尤其是更衣间的设计要大而出众。

六、美学类业态

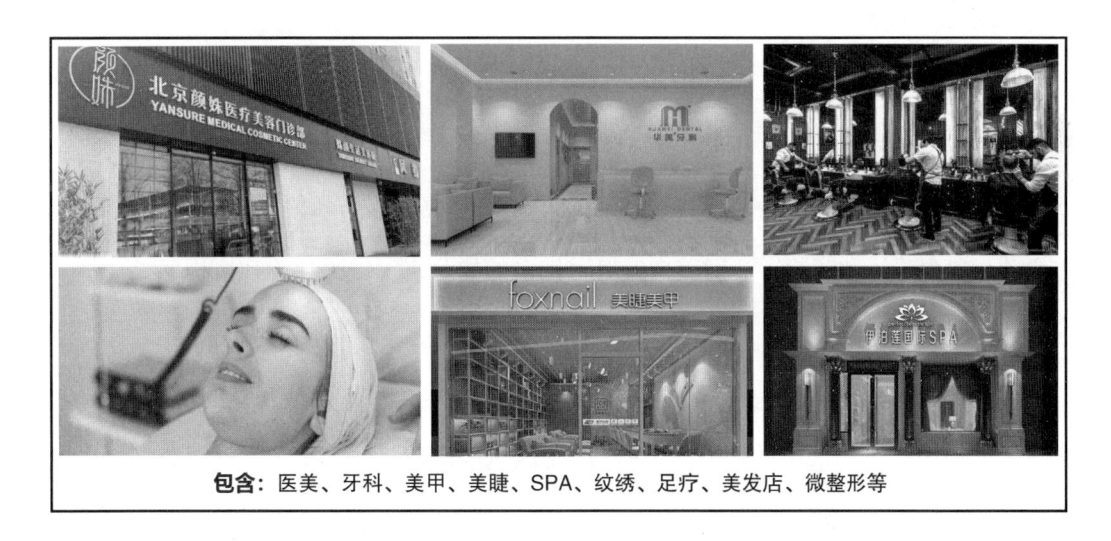

图 5-7 美学类业态

（一）医美类业态

皮肤类医美主要项目有皮秒激光、水光针、点阵激光、果酸换肤、超声波刀、光子嫩肤、镭射净肤等；与医美相关的有美容美甲、纹绣、美睫、足疗按摩、SPA等。这些都是现在年轻人不断追求的和需求量比较大的业态。

美瞳、美睫：美瞳是一种可以让眼睛变大变漂亮的隐形眼镜，一般有花纹有颜色，样式很多。美睫也称嫁接睫毛。

纹绣店：纹眉，使眉形更漂亮。

美甲：根据经营定位，可以分为以下几种形式。品牌经营店，一般实力比较雄厚，有极高的品牌知名度；服务示范店，主要是美甲产品公司为主，如甲油、甲胶、饰品、美甲工具、美甲设备等；综合美甲店，整合美甲多项服务，比如美甲、美睫、文绣，以及手部护理等。个人店，单人开店模式，有不错的美甲技术，主要是做口碑效应，但有局限性。

开一家美甲店，定位准确，才更容易被顾客记住，不管是以时尚为卖点，还是以高端技术为卖点，或者是国际大牌和服务口碑为卖点。提供个性化的超值服务，是美甲店经营的制胜法宝。

（二）微整形

微整形（Micro-Surgery）是利用高科技的医疗技术，不需开刀，短时间就可以使用户变美、变年轻。其逐渐取代过去的整形外科手术，具有安全、没有伤口、恢复期短的优点。微整形的出现让整形如同做美容皮肤护理一样简单，同时整形效果和传统整形完全一样。微整形主要项目包含除皱和瘦脸、注射美白针等，知名的如北京童仁医疗美容机构等。

（三）美发设计店

美发设计店不再以烫染为主打，而是以剪刀修剪为主，并有设计发型的功能，不是单纯的剪短头发，而是以美学理论，设计、修剪时尚发型的技能专业店，面向的顾客，也是追求时尚、消费比较高的人群，从店堂设计到员工技能，都要比普通理发店高级一些。

医美行业随着年轻人对美的需求提升，很大的发展，例如美甲从一个两平方米的小档口到美甲一条街，美甲在化妆品区域或二楼的休闲区形成几十户，而且坪效比较高；比如美发、植发、养发、白发转黑头发等普遍都很吸引人；美睫文绣、文身等也相较以前多了起来；大型店还有微整形、微创等机构，利用美容护理发展连锁品牌；但牙科的和儿童培训业态都属于过剩业态，要选择慎重引入。

孕产后护理、医学诊所入驻购物中心也不断增多，知名品牌有BF瑞士抗衰中心、梵音瑜伽等。

七、市集类业态

图 5-8 市集类业态

随着淘宝、快手直播等电商的冲击，传统的集贸专业市场和零售型的专业市场，以及曾经风行的韩国城之类都纷纷倒闭了，但是消费者对此类业态的需求依然存在，商场里做市集业态就成了一个必选项。市集业态起步是2000平方米，有的可以做5000平方米或8000平方米。

排档餐饮，以全国各地的风味餐为主，例如兰州拉面，柳州螺蛳粉等，还包括奶茶、咖啡、水果捞、鲜榨果汁、冰激凌等。

甜品类，具体包括巧克力、马卡龙、手工糖果、蛋糕等，但是糖果类的市场份额与国际上差距比较大，蛋糕类甜点现在比较过剩。

购物类的小罐茶、瓷器、服装店、文具店、药妆店、美妆店、跨境商品店，体验娱乐类的娃娃机、唱吧、快手欢唱、网红直播间、AR射击、VR照相馆、儿童游戏厅、电竞电玩、美甲、盲盒等，从而形成一个类似以前韩国城的专业市场业态。

市集类业态装修多采用市井风格、潮酷风格、文艺风格,吸引收入不高或网络社群人员。

电子烟业态要限制引入,炒货、周黑鸭、良品铺子等食品零食现在拓店强烈,燕窝类养生保健品崛起,小仙炖、牛茶等广受好评。

八、其他类业态

图 5-9 其他类业态

(一)策展店

通过将潮流、文化、情感、艺术融入商业空间,营造出沉浸式的氛围展现给消费者,通过艺术为消费者打造沉浸式的互动体验,为商场注入活力,为顾客营造一个无边界卖场,诱导客户在商场更多驻留,进行购物。

所谓策展型商业就是以破除固有的卖场划分形式,将展厅、艺术走廊、书店、微型剧场、限时活动空间、轻时尚、餐饮等多种业态打散后与传统业态进行重新组合。同时大多数策展型商业都是以销售分成取代了传统的租金收益方式。商场业态的细分化和消费者细分的形成,使商业地产从商业中心向体验中心转型。同时对美学提出更高要求。

策展店与顾客标签上的高度重合,成为商业购物中心情绪化中心的一个具象性的表现。它的核心就是把消费者的体验感进行放大。所以策展型商业的艺术等业态与零售业态的空间结合，形成了一个跨界美学。如北京SKP-S一层的"羊圈"、四层的机器人对话。

（二）快闪店

快闪店（Pop-upshop或Temporary Store）是一种不在同一地久留的品牌游击店，指在商业人流旺的地方设置临时性的铺位，供零售商在比较短的时间内（若干星期）推销其品牌，抓住一些季节性的消费者。

1. 快闪店的特点

只开几周或者几个月的店铺。时间一般限定于2周到1个月；出现在地铁口或者各个商圈等自由空间里，让开店人得以开展一个偏展览的活动。

推广方面，快闪店能突出新推产品的重要性，让人们能够专门为它而去。

营销策略方面，不仅在网上吸引顾客，如网络广告等，快闪店还通过线下的顾客交流互动亲身体验，完成品牌的线上线下一体化塑造。

2. 快闪店的注意事项

（1）时效性。快速消费的时代，人们不会对一个东西印象深刻。特别是在这个时间有限的店铺活动里，媒体宣传的时效性也是有限的，一开始刺激消费者的购物欲望非常有效还快速，但这个时间一旦过去，这家店很难再被提起来。这就需要做得格外突出，让人们印象深刻才行。

（2）传播能力极强。快闪店也是需要一番功夫才可以开的，又属于新兴时尚的理念，这就决定了它的出现会在网上有良好的反映。特别是人们的零碎时间变多，对快的东西都很敏感，即快闪店的成本效益要高得多。比如知道快闪店信息的人会去店里转转，如果是很亮眼的快闪店，去过的人都会与周围人做信息分享，会有更多的人因为看到分享而去到店里。

3. 快闪店六大新玩法

（1）复古主题受热捧。

（2）国潮元素蔓延，"国民IP"热兴起。

（3）融入"少女心"元素，以浪漫风触达女性群体。

（4）复刻异域风情，打造新奇体验。

（5）线上品牌"下线"快闪，玩转趣味娱乐内容。

（6）多元联动，打造"立体"快闪。

快闪店跳脱了传统门店环境的束缚，以灵活的形式为购物中心公共空间的运营注入更多可能性。购物中心在选择快闪店时，会倾向于选择与商场定位、形象与风格相契合的品牌进行合作，以满足目标消费者的多元化需求，促进多场景联动营销，从而提升项目的人气和销售额。

（三）夜店

一般的夜店不选择在购物中心，因为层高和消防要求。另外夜店的客流营业时间与购物中心是错开的，人流贡献不大，所以较少采用。但某些购物中心仍然可以采用夜店的形式，因为购物中心的位置优势或者停车优势，夜店一般坐落在屋顶或有逃生通道和符合消防要求的地下室，这样可以再消化一些冷区面积，KTV、小酒馆等都吸引了相当客流，容易形成黏度社群，甚至某些夜店可以在白天开业经营。

（四）客栈

客栈一般很少开设在购物中心里，但常见购物中心5楼以上是高层部分，例如6~10层作一个快捷酒店或客栈。

如果是文旅性的商业街里面会有客栈，但如购物中心是盒子类的商场，客栈或者主题酒店，就只是为了去划冷区或者项目的一个小配套小风格，例如这有山商场里的客栈。

（五）多功能教室

大型商场里开设有各种培训教室，如儿童才艺、钢琴、舞蹈、外语学习等，一般都是平面的，在国外很多是阶梯教室，这要根据层高进行组合，也可以做多功能的学习室、多功能的会议室。

另外，还有一些其他新兴业态，如不可思议减压馆、尖叫馆、爱情失恋博物馆、星座体验馆等。

第四节　新零售实体商场品牌规划简述

楼层	业态			
B1	盒马鲜生			
F1	小米	BreadTalk 面包新语	BOLON 暴龙	watsons 屈臣氏
	EAU THERMALE Avène 雅漾	UGG australia	KFC	1号店
F2	Supreme　H&M	ZARA	MUJI 无印良品	O·P·I NAIL SALON　YONGQI　星巴克
F3	Balabala	vipjr 青少儿在线教育	Toys"R"Us 玩具反斗城	ABC Cooking Studio
F4	外婆家				SiSYPHE 西西弗书店

图 5-10　品牌

以传统的五层商业购物中心为例：地下二层停车；地下一层超市加外卖店；地面一层主要是化妆品店、黄金珠宝，以及快时尚店，还有一些洋快餐店，如KFC等；二层主要是男女服装店；三层大部分是童装、家纺之类；四层整层做餐饮，各种中餐、西餐、风味餐；五层基本上是电影院。我们走进传统的购物中心时，一般看到的多是这种定位和布局。

在新零售的情况下，首先要针对客户需求、客户画像进行定位。整个卖场就是体现出购物的体验感和社交感。

招商落位是一个技术含量比较高的工作，不但要熟知各个业态、业种的品类，而且对建筑结构要有扎实的知识，一般能做好招商落位工作的总监很少。因此，我们看到很多传统购物中心的招商落位基本上大同小异，在新零售时代，随着商业逻辑的改变，招商落位也发生

升级
新场景 新推广 新销售 新招商 新运营讲义要点

了一些比较大的变化。

首先有客户画像，即要明确主体消费人群的画像，例如，靠近大学城的要以学生群体为主；地级市市中心的要以综合类为主。对客群画像主要是以消费者行为分析入手，有消费标签，如同在平台上每个ID有标签一样。

下面以一个标准的5万平方米的购物中心为例进行讲解。

购物中心5万平方米面积，单层是1万平方米，地上5层，地下2层。

地下二层：停车场。

地下一层：一般是作为互联网超市，主打线上线下一体化超市，例如京东、七鲜之类的，大约2000~3000平方米，传统的大润发+外卖店的模式淘汰了，可以考虑一个大排档或者是一个综合性的市集，大约5000平方米，剩余的可以做杂货铺、跨境商店。

一层：中庭可以做快闪活动，中庭附近可以考虑一些阶段性的策展店或者是网红直播间，大门入口处一般做咖啡、奶茶、冰激凌、快餐、烘焙这类可以驻留消费者的体验业态。

传统购物中心的入口处，一般是以品牌主力店为主，入驻黄金、化妆品、时尚店。在流量时代，以体验感为主，其余部分则引入高附加值的业态，注意是电商冲击性小的业态，如眼镜店、鞋店、快闪店、美妆店、药妆店、科技店、珠宝集合店，传统的档口模式逐渐会让位于像盲盒、二次元、泡泡玛特之类的集合店。

二层：传统购物中心女装一统天下的模式淘汰了，新零售模式下女装一般占半层，以设计师品牌店、买手集合店、快时尚集合店、古着店、内衣店、针织店为主，其余的可以是甜品、茶点、水果捞、美甲、美睫等店铺或者是无人贩卖机。

三层：儿童游乐场、儿童餐饮、家纺定制、宠物店、文创业态等集合。

四层：以餐饮各类主力店为主打，品类有火锅、烧烤、日料等，外加娱乐业态有VR、AR、网红直播间，运动类的项目如滑雪机等。

五层：主打娱乐类，影院、影咖、沉浸式剧场、密室逃脱，多功能的网红健身房、医美的大店、培训室、大型运动场、高尔夫模拟场、养发、护发、皮肤管理等，外加一些大型餐饮的包厢。以上是新零售购物中心的一个模拟落位，具体的业种品类要根据图纸反复论证，品类之间的组合要符合体验场景和消费者定位。

第五节　新零售下的招商模式

图 5-11　招商模式

●扣点模式是传统百货商场常见的一种模式，指集中收银的扣点，就是百货商场开了小票，拿到收银台集中去交钱，然后统一扣点。服装、百货、黄金、珠宝扣点比例不一样，结算时间也是不一样的，有的半个月或一个月，有的甚至是三个月、半年才给这个商家返款。但新零售下的扣点是有别于百货商场扣点的。

这里讲的扣点主要在互联网上，这种模式的扣点不是客户去收银台缴费的模式，而是像滴滴打车一样，在微信端就自动进行一个扣款分账系统，它有秒结的，也有一天、两天、三天结算的。因为涉及一个退换货，且具体根据不同项目情况，可以与商家协商扣点的结算周期。

●这里所说的扣点，是基于新零售发展的一个趋势。因为随着微信支付普及后，我们会

升级
新场景 新推广 新销售 新招商 新运营讲义要点

见到传统百货商场很多的跑单现象，造成大部分的的购物中心现在都采用的是租金模式。但是租金模式有一个弊端，就是大部分人首先会考虑租金的承受力，会有免租期、交租方式、装补等，所以现在招商比较难。

●我们采取扣点模式，可以避免免租期这个问题，因为商家没有压力，所以招商相对比较容易。实际上生意做起来了，商场的收益可能要比租金高。

当然这个扣点的点位，可以根据实际情况来设置，比如，1个月店铺的销售额做到5万元，收10个点；如果做到10万元，那我可能收8个点或7个点；如果做到30万元的话，可能就收4个点等，某些品类和某些位置可能还会涉及一个保底的问题。在不太容易招商的情况下，大部分会采用这种扣点模式。

●另一种情况是线上扣点，美团现在大部分都扣20个点左右，如果你的店是线上线下一体化的，线上交易的这部分，毫无疑问是做扣点模式的，因为现在很多的餐饮，基本上线上的外卖，占总营业额的1/2，如果是纯买东西的话，线上甚至占了1/2还要多。

如果我们做线上商城，就要采取扣点模式。且要线上扣点与线下扣点相结合。这两种模式是未来新零售的发展趋势。

为了防止跑单和私收款，有两个预防措施，一是钓鱼执法，请第三方公司针对有疑问的商家针对性地钓鱼执法。二是群众监督。即在总服务台设立举报赔偿处，凡有证据发现私收款双倍返还消费者，重罚跑单的行为，杀一儆百。

举例：这有山商场在招商初期因招商难度大，所以以流量为中心，以业态的丰富度，以符合Z世代的业态，打造Z世代喜欢的体验空间。对商家采用扣点的模式，其中有一个文创档口大约15平方米，扣点10%，其日营业额好几千元，远高于同类租金收入，使整个商场获得不错的坪效。

第六章 新运营应用

新运营应用主要是讲实体商场如何做好线上，再赋能到线下商业。线下商业要做好，需要运用好客流×客单价的模式，而线上也是同理，线上商业是由线上流量决定的，是流量×转化率，类似于线下商场的客流×客单价。线下的客流在线上则为流量，商场做客流量是旺场的必要条件，而线上首先要有流量，有流量就要有粉丝，要有DAU、活跃度，要有黏度，要交易，要复购。算下来就是吸粉，线上交易，线上线下一体化，全渠道运用这几个方面。

◎商场消费者行为的四个特征

◎商场吸粉

◎线上商城

◎社群经济

◎全渠道

◎全渠道打通

◎商业地产新零售案例

> 升级
>
> 新场景 新推广 新销售 新招商 新运营讲义要点

第一节　商场消费者行为的四个特征

图6-1　消费者三大特性

消费者的三个特征，Z世代的消费者行为在第一章已经讲过一个总的概念。这里主要讲实体商场的消费者行为，包括进入线上的商场，线上的形象推广，线上平台的系统矩阵。消费者的行为特征，不仅仅包括Z世代，而且是全年龄段的，简单说它由以下四部分组成，推荐、社交、共享、裂变。

推荐，KOL、KOC意见，种草视频文案；

社交，消费者的社交行为使商场成为一个社交场所；

共享，从共享办公到共享产业链等共享模式；

裂变，裂变复购，病毒模式传播。

一、推荐

推荐机制指现在的购物是一个种草和推荐的体系，消费者根据推荐体系和评论系统决定购物。我们之前也有这种机制，在没有移动互联网的时候，都是靠口碑传播，传播量很小，但现在网络传播量很大，所以我们会首选推荐线上渠道。

线上渠道与线下渠道能为消费者提供的利益也有很大的不同。在线上购物的过程中，消费者注重的是产品的性价比；在线下购物的过程中，消费者注重的是服务体验是否到位。

从购物频次来看，在一般情况下，50%的线下消费者在做出购物决策之前会光临两家零售商，前往第三家零售商的消费占比非常低；但是在线上，50%的购物者会选择三家及以上的店铺甚至电商平台进行比较。

购买前：线下零售店受地域限制，消费难以真正做到货比三家，线上购物则帮助消费者摆脱了地域限制，消费者可以非常方便地在不同的电商平台之间跳转，对不同平台上的产品进行仔细比较，然后做出购物决策。

购买中：线上消费者购物车中的产品品类非常相似；线下消费者购物车中的产品品类有很大的差异。这说明受线上线下经营环境、竞争环境差异的影响，相邻品类的购物内容有很大的差异。

购买后：相较于线上体验，线下体验更加抽象，它主要通过口碑传播进行连接。消费者在线下完成购物之后会到线上进行评论。也就是说，在购买后这个环节，线上与线下出现了一定程度的融合。主流快销品品类中，30%的消费者会先在线上收集产品信息，然后再到线下购买。同样，也有30%的消费者会先在线下体验产品，然后再到线上购买。

消费者在购物过程中使用了多种渠道，包括实体渠道、网络渠道和社交渠道。

新品牌=复购率×溢价率×净推荐率

如果复购率和溢价率两者都还可以，那么就要看第三个指标，即用户的净推荐率。它是指品牌商除了找付费的KOL转介绍外，用户的推荐率也是一个关键数据。

二、社交

消费者留下的过往数据将成为推荐的基点，比如购买、浏览、参与过的社交自媒体、

升级
新场景 新推广 新销售 新招商 新运营讲义要点

购买网站等，这些都会成为个性化推荐的数据积累。在经过复杂的、瞬间完成的数据分析之后，商家向每位消费者推荐的商品就都不相同，从而更符合消费者的需求。

各种社交平台、商家的线上店铺，都是消费者了解商家的渠道。这种影响会表现为我们在一段时间远离手机后，我们会忍不住"玩"一下手机，刷一下朋友圈、微博、微信、QQ、抖音等，看看有没有人找你或者错过了什么"重要"信息，这其中的心理动力就是当下通用的网上社交方式带来的"虚拟式"焦虑。

所以，每天你花多少时间在刷朋友圈、微博、微信、QQ、抖音等各种社交平台上，你对网上社交媒体的依赖就有多大，每天你也会因此减少了与朋友在现实中交流的机会。

社交平台的兴起，给了消费者畅所欲言的机会，他们可以谈论零售商，评论零售商，随手分享购物乐趣，郑重地表达自己的消费感受。消费者的购物行为和感受通过社交平台被放大，由不被重视变成极受重视。

社交指数成了评价零售商的标准之一，消费者愿意在社交网站上评价谁、提及谁，代表着零售商的活跃度和曝光度，也代表着零售商的受欢迎程度和竞争力。

由此可见，购物不再是个体行为，消费者在社交平台上的分享转发、评论都可能得到共鸣和响应，社交因素的加入让消费行为不再孤立存在。因为有社交的连接，消费者也因此成为可与零售商平等对话的一个方阵。

零售商的角色首先发生了天翻地覆的变化，原来实体零售商仅有销售功能，而现在，零售商变成一个社交平台，许多有共同爱好的消费者聚集在这里，分享体验和心得。

三、共享

（一）时间

多数人共享一个活动，代表大家提供彼此的宝贵时间，共享时间储水池。

传统购物时代，购物时间是由零售商来主导约定的，超出限定的时间段，不再提供服务，消费者需要拿出时间专门到购物中心购买商品；而现在，可边追剧边购物、边坐车边购物、边等电梯边购物。这些行为的出现，就是购物行为碎片化的体现，购物由一个片段变成一个个碎片，一笔交易随时随地就能完成，购物行为变得非常便捷。

（二）供应链

资源共享。以往实体店发展线上渠道，一般要成立独立团队，独立运作。即使能借助实体店的供应链资源，线上线下的库存也各自独立，无法互通有无，未必能获得全渠道共享。

把科技和数据注入供应链，提升整理供应商的效率，通过积累的数据挖掘消费者的需求，利用优质的供应链实现自有品牌开发、商品定制，使商品的差异化进一步提升。

四、裂变

（一）会员社交

鼓励会员互动，通过签到、问答等方式与会员交流，让会员主动获取除了购物之外的积分，积分可以兑换各种礼品和优惠券等。建立会员平台，在这个平台上不仅可以查询积分，还能兑换积分礼品、查询车位、停车缴费、排队就餐、买电影票，使会员卡的功能发挥到了最大。

（二）建立亲密伙伴关系

实体店对顾客进行数字化管理是当务之急。在没有完全建立数字化管理平台之前，实体零售商大都以传统的方式吸纳会员，会员是分散的。只有把传统的会员转化为电子会员，才有可能做会员社交。

（三）降低吸纳会员的门槛及时精准推送信息

除了社交媒体的推送，也要兼顾传统方式的运用。在天猫，许多消费者购买过的品牌在有促销活动时会给消费者发送手机信息，提醒其关注与购买。多条路径并举，创造更多传递信息的机会。

升级
新场景 新推广 新销售 新招商 新运营讲义要点

美团外卖在顾客下完单后，立即就会向顾客发放一张优惠券，这张优惠券必须在极短的时间内用掉，否则就要失效。为了让优惠券有效，消费者可能不时地去美团外卖下一单，或者把优惠券分享出去。大家互相在社交圈分享，其实提高的是美团的曝光率。

第二节 商场吸粉

一、吸粉的核心媒介平台

> 大V不抖（大众点评+微信+B站+抖音）
> 美头小手（美团+头条+小红书+快手）

图6-2 吸粉的核心媒介平台

如何在线上平台吸粉，在App平台中，归纳出来以下8个主流App平台，方便商场选择相应的平台，集中优势推广吸粉。

（一）大V不抖（大众点评+微信+B站+抖音）

大众点评：大众点评作为口碑类的App，因其强大的LBS功能，更好地给内容消费者留下口碑，打下了良好的基础。尤其在海外市场，大众点评在华人圈里的占有率比较高。商场内的商户，尤其是餐饮类以及体验类的服务业态，喜欢在大众点评上做广告导流商场。在大众点评上做宣传也是不错的选择。

企业微信号入口。商场用的都是企业微信号，从一个县城的购物中心来看，其消费者有时高达几万日流量，平时都是几千人，商场是线下吸粉的天然窗口。企业微信号作为留存号引导进入小程序商城，关注公众号、服务号，这样就完成了基础的流程——拉新功能，在黏度上，拉进社群进行孵化。具体做法是一定要先给消费者打标签，也就是在加入时要做标签，不做标签的转化率极低，退群率高，效率不高，一般消费者会屏蔽商场微信端的朋友圈，所以加入人时要打标签。

群主是商场的管理者，群管有两种，一种是商场的主管，另外一种是商户。一个主管可以管理二十个群。另外一个就是商场的商家，例如文创业态，有文创业态群要有专门的群管。一方面有积极性，内容的生产也更专业些，另一方面也方便与客户交流和导流。

相比而言，体验性业态有宠物业态、文创业态、运动类业态、娱乐业态，这些复购率高的业态，群活跃度比较高；而购物类业态中生鲜类的复购率也比较高，群活跃度也可以；但低频的，如服装、眼镜、鞋之类，活跃度低，群成员就不好拉进。这样整个微信生态在消费者领域就形成了闭环，从企业微信号入口、小程序转化、社群做黏度、公众号、朋友圈、视频号做内容形象的输出，再把传统的会员系统和停车缴费系统小程序都兼容进来，从而形成一条龙服务。

微信：微信小程序具有三大营销价值。一是拉新。搜索附近门店，微信小程序具有强大的拉新能力，可以覆盖门店周围5公里范围内的用户，帮助门店实现24小时的持续曝光。二是促销。抽奖、积分，定制小程序会员卡、优惠券、秒杀、拼团和满减等功能，吸引用户参与各种活动，以此增强用户的黏性，提高产品的销量。三是留存。公众号关联，锁定用户，将微信公众号与小程序作为平台入口，不仅可以提升商场的曝光量，而且能促进口碑传播，用最简单的方式满足顾客的需求，为客源和流量问题提供有效的解决方案。

B站：B站由于商场面临的消费者是以年轻人为主，所以在B站上的形象宣传和内容输出以及导流效果就非常有必要。B站的导流在新推广中已经讲过了，为了导流方便，一定要打标签，注重二次元的客户以及长视频弹幕的应用。

抖音：作为广告流量，毋庸置疑抖音是必选。商场在抖音上做成视频形象宣传可以持续投放，DOU+拉入热门，也可以要求消费者和管理人员点赞，一个商场工作人员大约有100多人，可以进行日更推送，也可以开展抖音挑战赛之类的活动，抖音的内容输出要专门的策划人员来负责。

商场的运营系统面临的主流人群年龄一般小于35岁，虽然都市综合类的商场面临的消费者年龄会参差不齐，单是就消费力而言，年轻人为多，所以以年轻人黏度高的App作为线上导流，而百度、微博可以依据不同情况项目，进行有针对性的选择使用。

商场的消费人群来源很杂，不像售楼处必须是高净值人群或者指向性人群，但商场的形象选择是以感性宣传为主，所以种草类和口碑类的App大行其道。

（二）美头小手（美团+头条+小红书+快手）

美头小手，"美"指的是美团，"头"指的是今日头条，"小"指的是小红书，"手"指的是快手。

不论是售楼处应用还是商场场景，所有做客户系统的核心，都是在微信体系。比如，你的交易付款、你的停车，你的小程序的关联等，都是在微信界面，所以微信是核心。前边已经讲过，这里再重复一遍重要性。

美团：LBS附近的消费，旅游、电影院这种体验式的，美团做得非常好。商场要在美团上种草，只有通过种草、文案、软文、图片、视频、客户证言等形式进行细分宣传，才能将顾客导流过来。一个商户可以单独在美团上宣传，商场也可以做为一个整体店铺进行宣传。与美团相类似的，大众点评、饿了么等都是这种产品，可以去推广。

头条：在自媒体时代，商场给消费者提供的信息较多，商场很多时候会选择公众号宣传，但是公众号的打开率太低，商场硬广性的公众号打开率可能连1%都到不了。针对这种情况，商场可以在头条上进行整个公域的宣传。之所以选择头条，是因为正常发布一个头条，且是正常账号的情况下，会有3000个展示量，如果你做得稍微好一点，过万是没有问题的。头条的资讯类推广作用已经越来越优于微博。

小红书：小红书是一个种草文案汇集的App，主要是美妆及时尚，上面有很多的种草文案，或者是网红的图片，都是非常不错的，而且小红书上的客户黏度都比较高。

还有一种App叫西5街，西5街是对抗小红书而新出的一款App。但是在平台上有很多的机器人点赞和评论。同时，还有类似的一些App，如A站等。以动漫及二次元主题吸引了很多"00后"。

快手：以抖音和快手为代表是视频第一梯队体系。视频类主要是以快手和抖音视频上进行视频宣传，进行公域吸粉，因为它的黏度高，影响力还不错。网红打卡地的那些网红的挑战赛、抖音挑战赛就做得很好，可以把一个商街带火。例如，丹东安东老街就是由一个网红直播带火的。

二、小程序吸粉方法

图 6-3 线上小程序吸粉方法

线上小程序吸粉方法主要有：签到、分享、红包、刮奖、满减、换购、预售、摇一摇、点赞等。

（一）红包

扫码领红包，消费者通过扫码领取红包时，顺便引导关注小程序，这种方式会吸引精准、有效的目标用户，实现低成本、高效率的营销。

（二）刮奖

提高用户参与活动的积极性，帮助商家积累活跃用户；可唤醒沉默用户，促进用户自发传播，最终带来新流量转化。刮奖对新品的售卖起到促进宣传作用；同时借助小程序可转发的功能，活动可被多次转发，带来曝光以及新流量的转化。

（三）满减

满减活动针对的是特定商品促销，因为即将临期或者是其他原因需要清库存。满××元减××元，如满300元减50元。有别于优惠券。

（四）换购

换购是商家促销的一种方式，主要目的是鼓励消费。

一种是满额换购。以屈臣氏的满50元换购为例，您购买的商品超过了50元，就可以在商家提供的换购商品中选择一款，加上相应的换购价（一般是10元或20元），得到换购商品。同理，如果购物满100元，您就可以以换购价购买任意两款换购商品了。

另一种是积分换购。例如，每日打卡积分加倍、积分+优惠的叠加促销、鼓励积分换购、赠送限期的积分、积分到期提醒客户使用（主要是增加提醒的理由）。又如，某座商场或者这片区域都是联盟体，顾客在其中一家门店购物之后，这一次消费的积分可以在所有联盟体中立即进行换购消费或者折扣消费，没有品牌与门店的限制。

换购商品的市价通常是换购价的两倍左右，如果换购商品中真的有自己需要的产品，换购是相当划算的。如果没有需要，不换购会更省钱。换购是把和你手上要换的物品和目标物品的差价补出来，根据活动细则，补贴一定的金额就可以换。

（五）摇一摇

摇一摇是微信基于蓝牙技术的O2O入口级应用，作为微信在线下的全新功能，为线下商户提供近距离连接用户的能力，并支持线下商户向周边用户提供个性化营销、互动、摇奖及信息推荐等服务。消费者喜欢有趣的活动，最好能轻松参与，体验乐趣。类似的还有跳一跳、大转盘等。

（六）粉丝回馈

部分大型公众号会定期举办类似活动，给关注自身公众号的粉丝一个福利，即通过转发、点赞等渠道，达到一定的数量，便可赠送粉丝相应的礼物，作为和粉丝的一个互动手段。

鼓励会员互动，通过签到、问答等方式与会员交流，让会员主动获取除了购物之外的积分，积分可以兑换各种礼品和优惠券等。建立会员平台，在这个平台上不仅可以查询积分，还能兑换积分礼品、查询车位、停车缴费、排队就餐、买电影票，会员卡的功能发挥到了最大。

在趣味娱乐至上的背景下，会员平台上可以多设置好玩的趣味场景，让消费者乐此不疲地光顾会员平台，如问答、抽奖、签到、积分返利，还可以设置寻宝等小游戏。通过这些活动与消费者建立更紧密的联系，让尽可能多的消费者感受到实体店的温度。

（七）答题

答题促进的是一种群众效应，体验参与的乐趣，最后以分享奖金的形式进一步激发大家的参与活跃度。直播问答既填补了内容空缺，也降低了流量成本，同时还发现了优质广告位，带来了各方共赢。

（八）抽奖

对抽奖来说，中奖是小概率事件，而商家可以降低奖值提升单次中奖概率，利用人们的求奖欲提升商业人气和公众参与度，从而达到既定的商业目的。例如有抽必中，最低档给个纸抽之类。

（九）积分

传统零售是你办了某一家店的会员卡，在这家店购物可以积分，这是以商场业主为主导的一种模式。

新零售模式进行会员管理时，零售商首先要打通线上与线下的会员通路，让线下的顾客到了线上同样可以使用会员身份，享受同一种待遇。比如，统一累积积分，这看似是一件简单的事情，背后的深意是增加顾客的黏性，提升会员的荣誉感。不同的会员将拥有不同的积分，属于不同的会员级别，从而享有相对应的产品奖励。

（十）寻宝

寻宝其主要目的是希望通过一个小游戏与消费者建立起更密切的联系，让消费者感到有趣味，有温度，从而对线上和线下商业提升极大的兴趣。既可以有线上寻宝，也可在线下商场里开展寻宝游戏。

（十一）大礼包

第一种是新用户访问小程序时，小程序会向用户提供代金券、折扣券、赠品等各种新人大礼包。第二种是拼团小程序开启拼团活动，让用户主动宣传进行裂变。第三种是小程序中可以在多处设计抽奖环节，如新人抽奖、首次下单成功抽奖、满额抽奖等，然后是购物。购物返现及红包分享，用户通过小程序购物成功后可以获得一定的红包，用户将红包分享给他人，本人和接收者都可以领取红包，形成裂变。

秒杀活动，利用定时秒杀活动，促进老用户持续关注小程序，如1元秒杀、9元9秒杀、今日秒杀。

签到领红包，用户购物可以签到领红包，连续签几天可以领一个大红包，也可以在系统中随机设置红包金额，让用户每天有期待。

推荐返佣金，用户把小程序或者小程序中的某个商品分享给朋友后可以获得一定的佣金，如果成交，则佣金翻倍。

满减满送，在小程序中设置满减满折满送等活动，提高用户的客单价。

游戏任务领奖励，利用游戏吸引用户每天到小程序做任务得奖励，例如拼多多的多多果园等，利用符合用户心理的设计，利用商品的稀缺性价格对比，从众心理抱团、包换、包退、包邮等节假日促销活动，多方面刺激客户下单，把客户引导在私域流量里；例如，达美乐是一家所有销售渠道承诺30分钟必达的快餐公司，它建立了自己的私域，2021年已经拥有600万会员；例如北京某餐饮公司，就是利用几个社区秒杀小程序直播等活动火起来的，吸粉、黏度、转化效果相当好，在疫情期间逆市增长。

三、线下吸粉矩阵系统

传统购物中心线下吸粉的模式非常多，如通过形象宣传的海报或户外车身、候车厅、电台、电视等广告将消费者导流到商场，办理会员卡，通过积分等刺激引流等模式，但办卡转化率很低，传统商场的会员卡达到几万就很了不起。在移动互联网时代，要尽可能地让线下来客加入企业微信号，通过这种方式留存，然后再孵化，如社群、小程序、视频号等，直接留存在企业微信号和小程序的二维码，核定广告KPI也是以吸粉量为指标。

商场作为线下最大的流量入口，举办各类线下促销活动、主题IP展、挑战活动、粉丝见面会、快闪活动等，能迅速凝聚消费者，引爆更多的关注，使商场入口流量最大化，并且活跃粉丝，加强粉丝的黏性。

商场做为线下流量的二次分发，商场的场景内容驱动线下其他门店，实现流量分发，品牌门店通过营销体验活动提高消费者的参与度，充分利用粉丝资源，再导流到线上资源，实现流量二次分发。

● 线下吸粉第一步：商场举办来就送活动，只要消费者到商场，不管消不消费都送礼品，在礼品设置上一定要有吸引力，利用消费者占便宜的心理，可以吸引大量消费者到访。

● 线下吸粉第二步：利用抽奖活动，进一步引导消费者消费，如消费满100元就可参与抽奖活动一次，消费满200元就可抽奖两次，依次类推，抽奖礼品必须是大奖和小奖的组合，控制中奖比例，而且大奖是容易得到的，数量是较多的。比如四线城市商场，一等奖奖品是200辆电动车，消费者在心里感觉容易抽中奖品，再加上现场时不时看到别人中大奖，刺激顾客进行消费参与抽奖活动。

再通过各类线下活动让消费者参与进来，慢慢培养消费习惯。线下活动非常多，如爱情表白活动、儿童才艺表演、节假日促销活动、体验活动、挑战赛、才艺表演、周年庆、Cosplay、手作集市、音乐会、比赛活动、DIY活动、爱情相亲活动等。这些都是商场做的一

升级
新场景 新推广 新销售 新招商 新运营讲义要点

些吸引消费者关注的策划活动,最终目的就是吸引消费者围观,然后消费。

目前消费主体的消费行为讲究社交性、娱乐性消费,商场还可通过场景活动、IP活动等,把商场打造成为网红打卡地,如爱情场景、怀旧场景、花园场景、儿童场景等以场景引流,吸引客群进行线下消费。

线下吸粉最方便的就是活动,形象宣传也可以吸粉,但是转化率比较低,做活动导流则效率较高。例如,抽奖大转盘,奖品多设置一些五等奖,兑奖时可以发一些优惠券,或者是线下的买200送30满减活动都可以,因为这种活动都需要一个总服务台来配合,这就很方便地完成了吸粉。

另外,网红打卡点、线下直播间等这些网红地方,首先要扫码预约,再进入排队,完成吸粉。或者是在总服务台设置扫码领奖品、领奖、红包墙等活动,这样价格不高,甚至2~3元就可以吸粉。需要注意的是,要把商场客户的线上资源裂变掉,即把其线上客户裂变后导流来,商场有效的方法就是拼多多模式的团购,如一元砍价秒杀等,通过好友助力来帮助低价获取礼品。

售楼处用的拼多多模式,这里完全可以套用,不同点是这种模式下的商场礼物设置要丰富些,成本控制在2~3元。目前在商场吸粉,5元以内就可以吸一个粉,对比在App平台上的吸粉,简直是流量的喷泉。

线下商场粉丝量有一个天花板,也就是每一个线下实体的商场都对应一个相对固定的线下消费群体,这样的群体数量是有天花板的。例如,小区的社区团购对应的是小区的群,小区居民居住的规模;小县城的都市型商业对应的是县城城市人口,区域中心对应的是区域人口规模,这样的人口数以及人口消费作为标签特征,直接影响到吸粉的天花板,也影响着商场品类的发展以及线上品类的爆款等。虽然会存在异地或者纯线上消费人群,但这种对线下的赋能不大,线下实实在在的还是以社区为中心,以社交、社群为辅的人群结构。

同样,这种吸粉后的客户标签对商场的数字化建设尤为重要,线上爆款,线下主力店引进,避免了千城一店、购物同质化的现象。

第三节　线上商城

一、线上商城的发展历程

图 6-4　线上商城的发展历程

（自建官网→入驻平台→独立App→开设微店→小程序线上商城）

1. 自建官网

自建官网就是在PC时代，由商家自己建造网站，用于PC端的销售。

2. 入驻平台

入驻平台对于实体商家来说，就是在保持线下实体店的销量不变的同时，把线下的客户引到线上，实时抓住客户，同时把线下未购买的客户引到线上，使客户产生交易，也就是搜索电商模式，如淘宝等。

3. 独立App

独立App，作为近年来新兴的购物平台，实际上承担着品牌宣传和增大粉丝黏性的作用，商品的促销以及各种实时优惠都能在App进行，最重要的是会绑定一大拨稳定的会员。

每位消费者的手机上平均安装50个App，但很多App的打开率只有50%。也就是说，就算有一定的下载率，但打开率不尽如人意。对实体零售商来说，不光要在方寸之间争夺一席之地，还要时时刻刻让消费者记得你。

手机App网站的风格有详有简，与普通网站相比，更有利于发挥营销的价值，但是随着App红利消失，独立App的淘汰率每日剧增。

4. 开设微店

微店，依附于手机微信端而存在，可为顾客随时随地购物提供便利。微店利用社交需求，在社交圈里推广营销，人人都可以当店长，把产品售卖与个人利益结合起来。

实体零售商的微店大致可分为两种形式：一种是自创微店平台，即实体零售商依靠自身的力量开发微店App，自行设计与推广。另一种是加入微店平台。

开设微店要注意以下几个问题：

一是选择在微店上架的商品应经过慎重考量和选择。要竞选品类，而不是全品类覆盖。

二是常换新原则。微店的大部分商品需要定期更换，设定销售期限，这类似于实体店的海报。

三是微店吸粉。对传统实体店而言，没有粉丝，实体店与顾客是极度松散的关系。但在移动端，粉丝显得重要无比，有粉丝就意味着有更广阔的市场，也意味着有更多的潜在销售机会。

零售商可以给每位员工分配企业二维码，附在员工的工牌上，如果顾客愿意关注微店，只需扫一下员工的二维码。扫码后，顾客还能与员工建立一对一的联系。

四是供应链共享。作为实体店的附属存在，微店不用再去开发新的资源，可完全借用实体店的供应链为其所用。同时，可省去开发成本和时间成本，快速解决实体店线上发展的渠道问题。

库存共享：微店不用另外建立库存中心，可与实体店共享库存，实体店就是微店的后方补给。但随着朋友圈的传播效力的降低，微店也越来越不行了。

5. 小程序线上商城

微信小程序商城的出现，彻底打通了线上线下一体化的瓶颈。

入驻平台实际上依靠平台的公域流量，商家交易与实体商城关系不大，实体商城可以以旗舰店的模式入驻平台，费时费力，与线下流量的交易关联也不大，因为线下的客户与线上是不同的；许多独立开发的App，由于打开率、下载率低，很难推广开。例如，万达的飞凡就没有推广成功；开设微店是商家常选的一条路，但对于商场而言，又无法利用线下的客流对线上进行赋能，小程序商城的出现解决了这个问题。

虽然淘宝、百度都是小程序，但是客户使用最多、黏度最高的应用场景还是微信，微信的小程序商城解决了一个微信客户黏度的问题和留存，同时利用微信生态的支付功能，公众号、直播等矩阵完成了整个闭环，带来了新零售发展的春天。

未来，线下与线上零售将深度结合，再加现代物流，服务商利用大数据、云计算等创新技术，构成未来新零售的几个特点：

新卖场，体验式空间：以顾客为中心，通过提升空间的美感与观感，强化商品展示与体验，打造更加贴心、便捷、舒适的体验式购物环境。

新系统，全渠道软件：利用全渠道技术，可推进"商品通、会员通、服务通"，实现全渠道大数据的互通共享，进而优化升级展示体验式卖场，提高店铺管理效率。

新货架，智能化硬件：通过智能硬件并借助触控、RFID、NFC、VR技术自动化采集与释放顾客数据，实现人货交互，货货交互。

新商品，无限制陈列：结合数据分析与体验需求，辅以触摸屏、智能货架等屏化设备，虚实结合，让顾客想购就购。

二、线上商城亮点功能

- 平台及店铺模板，页面装修随心DIY
- 可自定义专题页面，新品上市、爆款等
- 小积分、大回馈，增加注册会员与商家的黏性
- 内置客服工具，为商家和会员架起多重沟通桥梁
- 短视频+直播电商
- 全面的优惠券模块，多维度刺激会员消费
- 移动端LBS定位，开启O2O上门服务
- 解决线上商城与线下实体销售渠道的对接

图 6-5 线上商城的功能

（一）多用户商城系统

采用先进的可视化模板设计方式，让首页、导航、楼层、广告位、专题、店铺以及移动端可以根据自己网站的需求随时变动；平台首页内置整站变色功能，可一键对商城进行变色；系统自带多套首页模板，为运营者个性化设计自己的商城提供了更多的选择。

（二）可自定义专题页面

PC端、移动端都可以自定义专题页面，节假日促销活动、新品上市、打造爆款、专题分类等可自定义专门页面。

移动商城新玩法——短视频+直播电商：系统支持短视频+直播电商玩法，通过短视频、直播的形式展示商城产品，立体式的视觉购物体验让会员更具黏性。

（三）观看视频购买商品

多用户商城系统支持上传商品视频介绍，特有的视频点播、图文结合、详情页主图视频介绍等模块功能，可以全方位地展示商品。

（四）内置客服工具

为平台商家和会员之间架起多重沟通桥梁：平台客服沟通工具IM内置商城，不用单独登录，会员即可与每个商家进行网页聊天。聊天系统支持快捷回复、常见问题、浏览足迹，店铺推荐、多客服接待等功能。

（五）小积分、大回馈，增加注册会员与商家的黏性

平台的PC端及移动端内置积分商城，会员可使用积分兑换平台所发布的礼品，也可用积分抵扣现金购买商品。

全面的优惠券模块，可多维度刺激会员消费。

平台可发放自营优惠券或全平台优惠券，在有效刺激会员消费的同时，能平衡好平台与商家利益。

（六）移动端LBS定位，开启O2O上门服务

系统支持移动端的微商城、App自带LBS定位功能，用户可通过定位功能，精准地定位到周边的商家，利用地图导航即可到店体验，也可由商家进行上门服务。

（七）解决线上商城与线下实体销售渠道的对接

对于大规模的传统行业客户，全国各地分布零售网点，需要一套能够完成线上商品展示下单，线下取货，或零售网点销售统一商品并打通与线上商城会员订单的电商系统。

（八）小程序商城重点功能介绍汇集

商城展现	多商户入驻
PC移动全终端支持	微信、QQ、新浪微博互联登录
对接快递菜鸟，涵盖主流物流公司	商品主图视频
可视化装修，所见即所得	自定义专题页面，增加客户体验
微信、支付宝、银联、货到付款	会员预存款等支付方式
短视频直播	营销推广
拼团／阶梯团	限时折扣

团购	移动专享／二级分销
积分商城	优惠券
预售	满即送/推荐展位
产品组合/优惠套装	会员等级折扣
商城管理	商家手机管理后台
商家结算周期可自定义，可对接ERP系统	SEO优化设置
设置不同权限的管理账号，后台分权管理	可设置虚拟销量
商城大数据统计可对接收银系统	淘宝天猫商品及评论采集

（九）智慧物流

突破"最后一公里"配送瓶颈。

行业领先的企业正在通过布局智能柜、微仓、采用众包快递、店仓一体化等方式解决"最后一公里"配送难题。

1. 仓店一体化：有效提升消费者体验。

2. 社区仓/微仓：提升生鲜配送效率。

3. 众包物流：整合社会闲置资源。众包物流的运作流程是：发件人通过App发布订单，App软件自动计算快递费用，快递配送员接单，按照需求将订单配送到顾客手中，获得相应的报酬。

（十）线上商城交易功能简述

1. 产品展示功能

做一个商城小程序，产品展示是必备的，所有的商品都会在产品展示功能页面中，向用户展示，让用户进一步了解产品，方便用户查看产品信息，增加用户下单率。

2. 在线客服功能

用户在购物过程中，难免会产生一些疑问，这个时候需要有一个在线客服功能，这样用户与客服直接取得联系，客服为用户答疑解惑。不仅提高用户体验，而且增加用户购买率。

3. 购物车功能

用户通过产品展示，看到喜欢的产品，直接加入购物车，再进一步进行挑选。

4. 物流功能

物流功能在商城小程序是必不可少的功能，物流功能一般有四种方式：商家配送、同城限时达、到店自提、货到付款。具体选择哪种方式商家可根据实际情况而定。

5. 在线支付功能

在线下单支付功能，用户通过产品展示，看到自己喜欢的产品，直接立即购买，通过微信或银行卡、支付宝进行付款下单。但开通付款功能，需要做好付款接口申请。

6. 订单管理功能

（1）订单查询。用户在下单支付之后，比较关心的是自己购买的商品什么时候能够到自己的手里，这个时候需要一个订单查询功能，能够提供订单查询、物流查询等信息。不仅能够方便用户查询，而且能够方便商家做好销售统计以及数据分析工作。

（2）订单提醒。用户成功下单时，应该有一个订单提醒功能，授权绑定公众号，即可收到每单订单提醒。

（3）发货管理。商家可以通过发货管理，查看门店发货单，门店可以对分配订单进行发货。能够支持批量打印配送单、快递单、拆包发货、批量导入发货，而且支持对订单进行单独和批量标记，避免出现不必要错误。

（4）支持支付、取消、发货、退款消息通知，短信通知商户，自定义发货方式（仅快递/自提/快递+自提）等。

7. 客户管理（sCRM）功能（会员功能）

客户管理可以查看门店所有的客户信息，还可以对客户进行客户分组，维护老客户，不同的分组可以享受不同折扣。客户管理主要是对会员进行管理。客户管理可以设置会员卡功能、会员等级、积分、会员充值、会员签到、会员导出导入等功能。可以将会员资源充分利用。

8. 线上预约

预约功能把用户预约信息发送给商家后,商家能够在有效的时间内做好所有的接待内容,这样不但能够提高用户使用体验,同时还能够大大提高商家的工作效率。

9. 营销功能

做商城小程序,营销插件是商家赢利的神器。营销功能有优惠券、限时折扣、拼团、砍价、分销、秒杀、积分商城、社区团购、充值有礼等。商家需要好好地利用这些营销功能,发挥营销功能的最大商业价值。

10. 直播功能

直播营销,更直观地展示商品,并与客户交流互动。

11. 财务/分销功能

财务功能主要有交易明细、财务情况、微客奖励和客户提现。微客奖励和客户提现主要是商城小程序分销功能,开通分销功能,需要有一个微客奖励和客户提现的财务数据分析功能。

微客奖励:微客交易、分佣奖励明细,支持导出,便捷对账。

客户提现:微客奖励支持银行卡、支付宝和微信零钱提现。

12. 积分功能(积分商城)

用户在小程序里面购买商品,可以获取一定的积分,当达到一定数量的时候,系统会通知用户,积分可以兑换哪些产品,或者是积分可以抵销多少价格等。

13. 数据分析功能

数据分析功能可以实时查看到店铺核心数据,时刻掌握店铺经营变化,还可以进行画像、区域分布等,抓住潜在客户。

店铺交易数据分析:交易总览、交易趋势、交易明细构成,清楚店铺每笔收入来源。

商品交易数据分析:热销商品榜单、交易涨幅,智能预测可能会脱销或库存积压的商品。

分销统计数据分析:微信客户推广带来的流量、支付转化以及为其分佣奖励数据。

下载中心:订单、客户、自提等业务明细数据下载。

14. LBS功能

小程序中的LBS是基于小程序生态体系，根据用户实时地理位置，进入时间和画像提供的定向展示优化服务。

几乎任何一个应用都要获取用户当前的位置，大家应该经常会看到一个提示：要获取你当前的位置，允许不允许，这就是获取当前位置的安全验证提示。知道了我的位置就可以获取周边的饭店、学校、娱乐场所、出租车等一系列周边相关的场景。

通过小程序可以直接绘制自己的运动轨迹、分享运动轨迹、分享经验路线、目的地导航、显示距离远近等相关路线的功能。

通过这个功能，还能直接收集用户的一些实时位置信息，用于后期数据分析。

（十一）某实体商业的小程序商城案例

一个商家上线美团，美团需要从商家那里获取利润，目前来看美团的扣点大概是20%~30%。在这种情况下，商家背负了很重的经营压力，在保证产品质量不变的情况下，就只能提高商品的价格，一来二去还是消费者进行买单。例如，凡是线下实体商户入驻我们线上小程序的，前期我们是不会跟商户收取利润的，等到后期小程序粉丝有一定基数的时候，我们的线上扣点也不会比美团高，甚至会低很多。这样的情况下，同样的商品，在美团上的价格会比我们小程序线上商城的价格高，消费者肯定更愿意使用我们的小程序进行下单购买，包括线下体验。例如，一串羊肉串1元钱，一个客户想要买10串，他在美团下单10元只能买10串，但是通过我们的小程序下单可以买15串，这样的情况下，消费者肯定愿意通过我们的平台去下单。

对沉淀到企业微信和微信群的私域粉丝，进行持续的互动和不断的孵化，通过优惠券、秒杀、线上抽奖、发红包等营销手段进行孵化，增强粉丝的黏性，使其产生复购。

线上小程序是整个线上线下运转的核心，小程序可以助力企业品牌数字化升级，帮助企业解决线上线下互通、优质传播渠道、转发吸粉、与公众号互通、快速变现提升营业额、自定义装修提升品牌形象等问题，可以搭载外卖、商城、社群营销、直播、智能储值、礼品

升级
新场景 新推广 新销售 新招商 新运营讲义要点

卡、拼单,可以实现一键注册、首页弹窗、首页视频、小程序直播、即用即留、易转发高效转化、小程序里关注公众号、小程序商城、商城积分兑换、分享裂变等功能。另外,小程序可以打通众多的流量入口,如公众号关注、朋友圈分享、小程序跳转、识别码导入、微信下拉留存、小程序搜索、发现小程序入口等。小程序详细功能如下。

小程序承载集团旗下各个商业板块,将分散的老客户集中在一个平台,实现各个商业板块和商家流量共享,大大提高商家的共享客流。

小程序具有客户绑定功能,将交易、积分、停车扣积分、营销工具绑定在一起,实现消费者进出金街,通过小程序满足全方位的服务。

小程序提供会员信息化(CRM)解决方案,分前端营销体系和后端逻辑体系,前端营销体系主要包含促销、储值、积分商城、会员拉新、粉丝互动、促进复购和会员关怀,后端逻辑体系主要包含等级、积分、报表、数据库系统。

小程序具有交易系统功能,支持数量更改、单品优惠、整单优惠、订单查询、订单退货、退款信息、挂单提单、备用金、交接班、现金找零、扫码支付、会员支付、优惠券支付、银行卡支付等功能,同时支持货架签打印、小票打印、商品标签打印等功能。

小程序配置有智能配送服务系统,对市面主流配送服务商进行整合,为客户提供一体化及时物流解决方案,包含订单管理、订单分发、智能调度、数据锚点等逻辑与功能。配送渠道商有达达快送、美团跑腿、曹操跑腿、顺丰同城急送、蜂鸟配送、点我达等。

通过小程序的植入,实现全面的数字化升级,达到线上、线下同步营业,同步收益,可以大大提升商家的运营能力。

第四节 社群经济

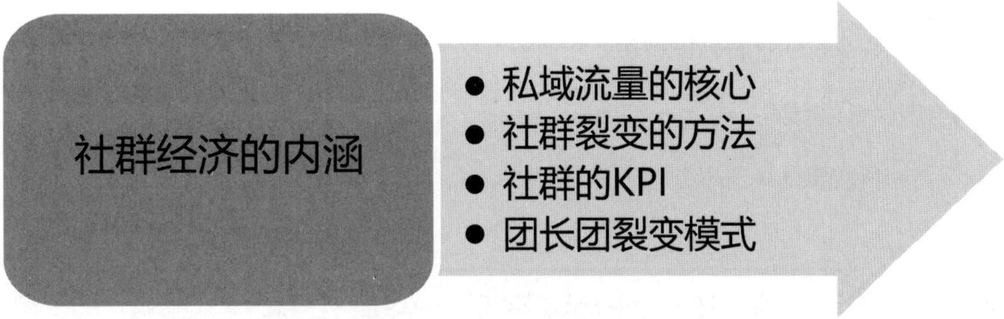

社群经济的内涵 →
- 私域流量的核心
- 社群裂变的方法
- 社群的KPI
- 团长团裂变模式

图 6-6 社群经济的内涵

一、私域流量池

流量池是指承载大量流量的载体。像京东、淘宝、百度、微博等这些公共的渠道，称为公域流量池。私域流量池是指微信个人号、微信群、小程序、公众号等自媒体、App等。

私域流量的本质是粉丝客户运营。一些单价低、易复购、话题性强的产品或行业更容易做私域流量池，比如教育培训、投资保险、特色餐饮、医美、美容美妆等，具备打造私域流量的天然基因。

公众号做内容和服务，社群来互动、关联、裂变，个人号强化关系，促转化。

二、做私域流量，用户裂变是核心

私域流量有利于经营用户关系，做好客户关系管理，创造客户价值，同时也是在不断延长客户生命周期，创造更大的单客产值，这是任何商业时代，从粗放式运营到精细化运营的必经之路。

做私域流量的主要方式如下：

1. 定期策划营销活动，吸引用户参与，增加曝光率。

2. 主动对老用户进行关怀。

3. 做好用户分层，进行精准营销。

4. 定期发放优惠券。

5. 坚持在所有媒体渠道不断地曝光。

三、社群经济=IP+社群+场景+分享经济

社群经济背后的商业逻辑，是解决IP流量和信任。社群用来催化用户关系，建立用户信任，扩大用户基础。场景用来强化用户体验，让用户感觉物超所值，诱发新需求。分享经济主要解决社群商业化和持续发展的问题，用户不仅是体验者、消费者，也是分销商，通过分享模式不仅可以锁定用户，与用户形成利益共同体，还可以通过用户口碑裂变引发同频共振效应。可以用一个公式来表达社群经济背后的商业逻辑，即：社群经济=IP+社群+场景+分享经济。

四、社群经济的特点

社群IP、粉丝参与、情感需求，指的是建立在产品与其粉丝群体之间的"情感信任+价值反哺"基础上，并共同作用形成的一种能够自运转、自循环的范围经济系统。

以信任为基础。社群成员有着共同的理念或者爱好，社群关系以情感为纽带，彼此维系。

五、社群运营是一个持续拉新、调频、协作、裂变的系统工作

没有拉新，社群就缺乏新鲜血液；没有调频，社群就缺乏指导思想；没有协作，社群就是乌合之众；没有裂变，社群就会逐渐走向衰亡。

社群营销分为四个步骤：打造IP、种子用户、分层裂变、持续转化。

六、社群裂变的优势

社群裂变所呈现的方式并不是干巴巴的广告信息，而是用户更容易接受的方式——好友的推荐。举例来说，可以通过拼团、邀请好友返红包的形式来实现社交裂变。

社交裂变的营销思路是基于社交关系圈，通过用户来传播的，我们需要给用户一个传播的动机，也就是促使他自愿传播的动力。

互联网平台行业中的裂变，是基于社交圈的裂变，通过社交工具在用户自有的圈子里进行一次或多次传播，实现在很短的时间内完成用户介绍用户的目的，从而在短时间内实现大量的用户及销售额的增长。

七、裂变式传播逻辑

（一）裂变传播三要素：传播源、激发层、裂变层

传播源：是指发出信息的渠道，比如企业的公众号、微博、微信群、朋友圈等。

激发层：就是种子用户，包括企业员工、忠实粉丝、朋友、KOL。

裂变层：则是种子用户的亲友好友、忠实粉丝等能和种子用户产生关系的人。

(二)用户转发传播的动机

利益诱导（超级福利）：如转发领红包、电子书、其他礼品、朋友购买有提成等。

形象塑造：比如星座测试、性格测试类的活动在完成后生成海报分享到朋友圈，就是自我形象塑造的一种方式。

社会比较：每个人都会在心里和别人进行比较，比如用户在游戏中获得很高段位，系统会生成一张海报，特意标注"你打败了朋友圈94%的小伙伴，你的排名是××名"。

八、高频次、低客单价的产品

要实现理想的裂变效果，所投入的产品必须是高频次、低客单价的产品。例如食用色拉油，60元4L桶的。

高频次意味着用户要经常消费，决策时不用过多犹豫是否用得上；低客单价意味着决策门槛低，不用担心万一不好怎么办、能不能退等一系列问题。

高客单价产品注重的是一对一强推荐，不必过于在意分享用户的数量，要注重推荐的技巧及用户的质量。

裂变活动是由商家发起，然后用户自由分享，再一层层地传播下去，所以会涉及三方利益：商家、分享人、受众人。

九、传播力

传播力是核心，决定裂变能否持续，传播力包含两个因素：一是精神驱动的自愿转发，二是利益驱动的转发。

驱动用户分享的心理机制：一是人性的九大弱点，贪婪、恐惧、嫉妒、惰性、好色、虚荣、难抵诱惑、害怕孤独、随波逐流。二是情感驱动的六种模式，炫耀、求关注、表达自我认同、同理心、成就感、利他心、爱国心。

例如，赚钱驱动，知识付费的平台一般都有分享返利功能。玩法就是用户购买了课程之后，可以生成一张宣传海报，把这张海报分享到朋友圈，如果有微信好友扫码买该课程，那么你就可以获得相应的奖励。

十、裂变活动经常使用的操作方法

裂变活动经常使用的操作方法包括老带新裂变、分享红包裂变、砍价裂变、拼团裂变、线上赠送裂变、拆红包裂变、分销裂变等。

1. 老带新裂变：邀请新用户，平台会给一方或双方奖励。

2. 分享红包裂变：如美团或饿了么，完成一笔订单之后，平台会发给用户一个红包，这个红包必须分享出去才能领取，红包可以用于下次消费和抵扣现金。

3. 砍价裂变：用户可以邀请好友帮忙砍价，分享给多人，直至看到最低价为止，但这种方法转化率很低。后来升级为在砍第二次价格时，需要关注公众号，系统会自动设置为如果每人只砍一次，就无法砍至最低价格，这样就会驱动用户引导他的朋友关注公众号再砍一次。

4. 拼团裂变：用户发起拼团活动，并邀请好友参加拼团，组团成功后就可以低价购买商品，个人单买的话就需要花更多的钱。

5. 线上赠送裂变：用户在线上购买一个礼品券，通过分享图片或链接的方式赠送给好友，好友可以凭礼券去线下领取实物礼品。

6. 拆红包裂变：拆红包和上文所说的分享裂变有点相似，但玩法又不太一样。拆红包是用户在某次消费之后可以获得一个红包，但是需要用户把这个红包分享出去，有其他用户点击拆开此红包，该用户才能得到相应红包，同时对方也能得到红包。与分享红包不同的是，这个红包没有固定金额，都是随机金额。

7. 分销裂变：用户通过海报或推文的形式将活动分享到社交网站，若有人成功注册或购买，则分享者会赚取随机或一定金额的奖金。比如，某些平台的推广会员模式，支付宝赚钱红包等。利用人们爱玩的属性，引导用户比拼，比如微信小游戏跳一跳、微信运动的步数排名、微信读书的时长排名等。

8.裂变活动策划流程如下。

确定产品模型：比如，饿了么"红包模型"就是一个常用的裂变模型，转化过后的老用户，因为利益驱使(可以领到一定金额的红包)，把红包分享给好友，好友输入手机号领红包，即一个新用户获取的过程。如果红包有吸引力，那么这个新用户还有可能在饿了么点餐，变成付费用户，最终实现用户的变现。

裂变速度最优化：制造紧张感，采取限时限量优惠的模式；缩短跳转路径，让操作更简单；价格宜低不宜高，线上裂变受价格因素影响比较大，高单价的产品一般不会在朋友圈成交，因此价格要合适。

十一、经营好社群的五个步骤

一是聚合粉丝是基础；二是策划活动，让粉丝参与是重点；三是线上和线下的联动是关键；四是打造核心社群是目标；五是沉淀社群文化是终点。

核心社群决定了社群生命周期的长短，建议将收费社群替换成社群贡献者邀请机制，即新人要想加入核心社群，必须通过社群重要人士邀请。

激活沉闷的社群，签到和打卡是比较常见的行为。通过签到和打卡建立奖罚机制，可以激活沉闷的社群。

十二、内容发布平台

社群内部经常需要发布分享总结之类的文章。

H5：H5适合发布社群重大活动，或者年终总结等内容，通过H5场景激发成员对社群的感情，自动自发扩散传播。

社群日常交流多以QQ群、微信群为主，QQ群本身有大量的附加工具，比如群视频可以直接演示PPT，这样就可以实现语音加PPT演示的群分享，非常方便，甚至还可以分享屏幕、实操演示。

但在社群规模变大后，进行群交流分享就需要解决跨群同步的问题。目前基于微信群的在线分享工具大量出现。

导向型KPI是指根据你的运营工作结果，对你进行绩效考评的方法。这类KPI衡量的是你的最终工作结果，是会直接对业务、营收产生影响的。比如，在社群KPI中，用户裂变总增量、用户总数、转化率、复购率、内容投放阅读及转发率等，都是结果导向KPI。

十三、案例

（一）领红包传播活动

具体的方式是让店员给好友发送一张领红包的海报，上面写着扫码立领10~55元可提现微信红包。好友收到这样的海报一般会比较好奇：一方面，这是自己认识的人发过来的，双方有信任的基础；另一方面，金额确实挺大的。用户看到海报后通常会扫码，扫码后用户会进入一个小程序，上面有一个可以拆开的红包让用户点击，点击之后会得到相应金额的红包。通过这样的方式就解决了店员好友的参与问题，扫码参与比例提高了很多（和立减金模式一样）。

（二）将成交用户引到线下

用户A分享给用户B、C、D购买，所有的成交都是通过线上小程序完成的，如何将成交用户引到线下呢？

我们借鉴了美团App的设计思路，用户购买了线上产品后到店内出示二维码，商家通过后台扫码核销，双方完成交易。这与我们在美团上购买了餐厅套餐后去该餐厅吃饭的时候向店员出示二维码或数字码核销一样。

（三）免费试用

免费试用活动最早出现在淘宝：淘宝有一个栏目，专门供商家展示一定数量的免费商品，顾客可以在线申请免费试用该商品。一般申请成功后需要支付一项押金，收到货并提交试用反馈，商家会把押金退回。

免费试用是一个很好的裂变方式，比起花大价钱投广告，很多商家更愿意以"免费送礼品"的方式换来一波曝光量。

（四）红包墙

红包墙活动主要作用是现场引流和二次传播，具体操作方法是在活动现场或门店门口，放一面非常大的红包墙，上面贴很多红包二维码并用涂层覆盖，用户刮开涂层，扫描二维码即可领取金额不等的红包。但是红包到账的前提是要转发该门店的一个关于全场免单的促销活动的图文消息。通过这样的方式，能让到店的用户为了另一个红包为门店转发朋友圈。但是商家付出的成本并不高，因为一个红包的金额一般是几角钱到几元钱不等。

十四、社群规则制定

建立社群时必须明确社群规则，需要重点把握以下几点。

社群定位是核心；设定社群群主和管理员；设定入群门槛；确定社群主题和内容；设立社群激动制度和发言内容的规范。

优质的社群离不开三个要素，合理的激励制度、高质量的内容创造者和优秀的社群管理者。

如何招募高质量的用户呢？答案是采用特殊的入群方式。

晚上8点半至12点是一个人最自由的时间段，绝大多数的红包最好集中在这个时间段进行发放。

群员愿意付费进入社群的背后原因有两个，一是希望社群内容是有价值的，背后的隐藏含义是，我不会因此而浪费时间；二是一种身份的认同，背后的隐藏含义是，我不想跟不同频的人在一起。

十五、进群宝

当拉新活动的流量承载平台是微信群时，常用的工具是进群宝。进群宝的第一个功能是生成群的活码，群内满200人后就会自动生成新二维码替换，保证用户进群的流程畅通。第二个功能是机器人群管理可以辅助管理人员进行微信群的管理。

进群宝的具体流程一般如下：设计宣传海报时，在海报二维码位置插入工具提供的群活码，设置好群机器人的自动话术，包括欢迎语、群规则、活动规则、分享文案等。设置好基本内容后，就可以开始进行推广宣传，当用户A看到海报，想要获取福利时，扫码会直接进入微信群，群机器人就会根据设置好的时间间隔，@一定时间内进群的新人，机器人推送话术，邀请用户进行分享。用户分享后截屏发回到群内，任务达成，机器人会提示用户领取奖励。这是通过福利吸引—用户分享—机器人审核—领取奖励的一个过程，这样就形成了微信群内的增长闭环。效果好坏取决于福利的设置、海报的设计、文案的设计。

这类工具主要偏向管理群的方面，主要的功能包含客服、关键词自动回复、定时发送接收新好友、关键字拉群、批量群发、自动踢人、黑名单、发言统计等。代表工具是"火把小助手"，类似的工具还有微伴助手、进群宝、八爪鱼、爆汁、紫豆助手等。

社群抽奖工具：做抽奖类活动的时候，可以使用小程序来抽奖了，适用锦鲤抽奖、公众号抽奖、朋友圈抽奖、活动抽奖等多种场景，简单好用。

第五节　全渠道

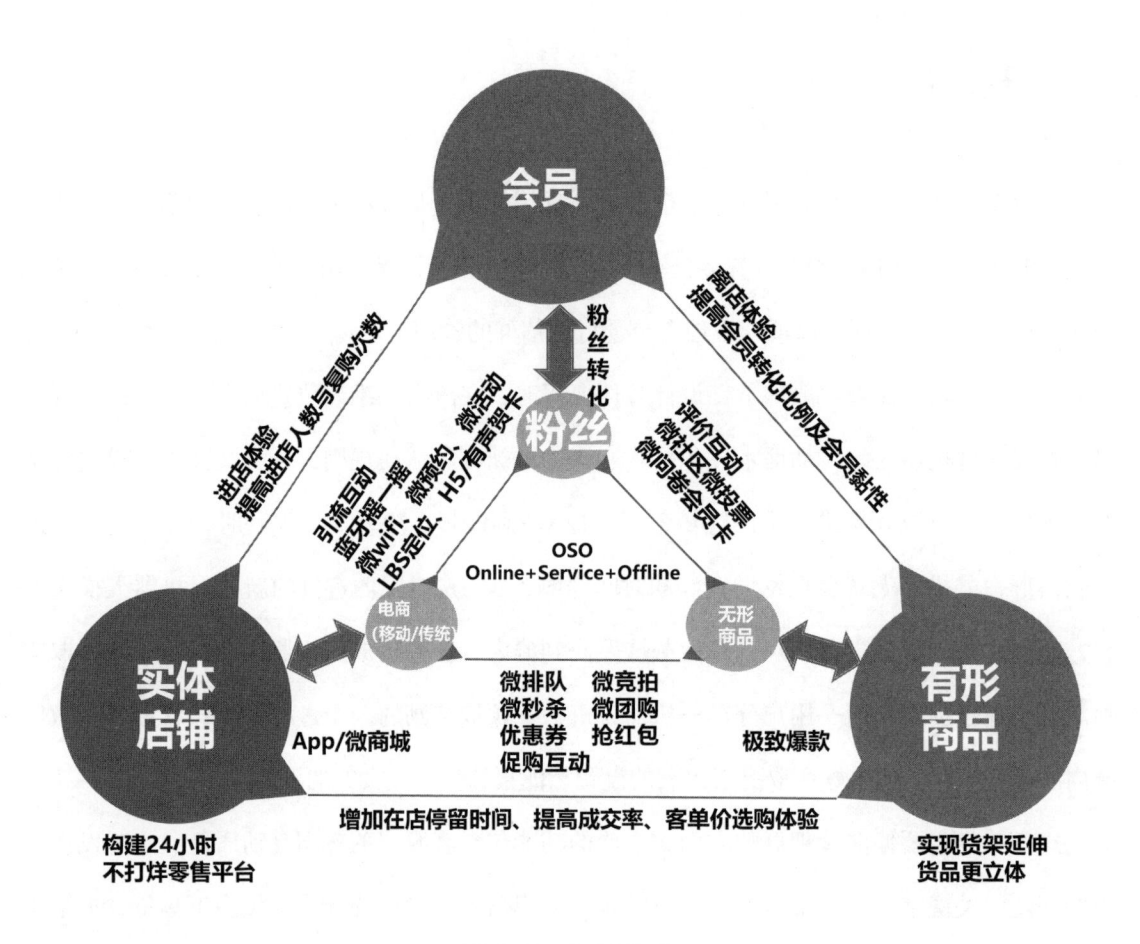

图 6-7　OSO体系

OSO系统是一套结合当前O2O模式与B2C电商模式，再把用户体验和服务纳入的新型电商运营模式，即Online+Service+Offline，简称OSO系统。

OSO系统，就是线上服务线下，线下服务线上，线上线下一体化。OSO系统是怎么组成的呢？如图6-6所示。

一名顾客在线下商场完成交易的流程。顾客在商场规定的营业时间内进入商场，形成客流量，顾客进入商场其中一家店铺消费购物形成客单量，即客单价，顾客消费后可能会办理店铺会员并产生积分，购物完成后顾客离开商场。这是线下的一个交易流程体系，那么线上是一个什么流程呢？

首先会员变成粉丝，当然粉丝也可以变成会员，这个会员有线下导流到线上的，也有线上导流到线下的，是双向转化关系。

店铺就是微信界面的小程序商城，一些大型连锁店也有自己的App，因为独立的App下载量和打开量少，所以商家一般都是在微信界面上来做，也就是小程序商城。

那么粉丝是怎么到小程序商城的呢？它是通过LBS定位、预约、优惠券、H5等，或者摇一摇等，从线下来到了线上的小程序商店。线上小程序商店是由实体店铺在线上开的店，同时还可以卖一部分无形商品，如卖票、旅游、保险、金融产品等。

通过小程序商城购买商品，这个商品就是看到的线上的商品，购买前都是通过线上来体验。比如，通过VR可以看到这些商品，这里边会有秒杀、团购、优惠券、抢红包、促销拼团、排队、竞拍等促销模式。

由于线上的促销模式比线下做得多，那么这个客户就不是客单价了，而叫作单客价。因为线上客户单客买的东西会很多。线下是客单×客流模式，线上则是客户的流量、转化率、复购率（流量×转化率×复购率）。线上商品又分无形商品和有形商品，不要把所有的线下商品都放到线上，线上展示的最好是爆款和拉新款，还有一些促销商品，这样商品才有竞争力。购买无形商品的，粉丝可以通过投票、会员卡、问卷社区等反馈评价，形成线上线下一体化的模式。这就是OSO系统。

第六节　全渠道打通

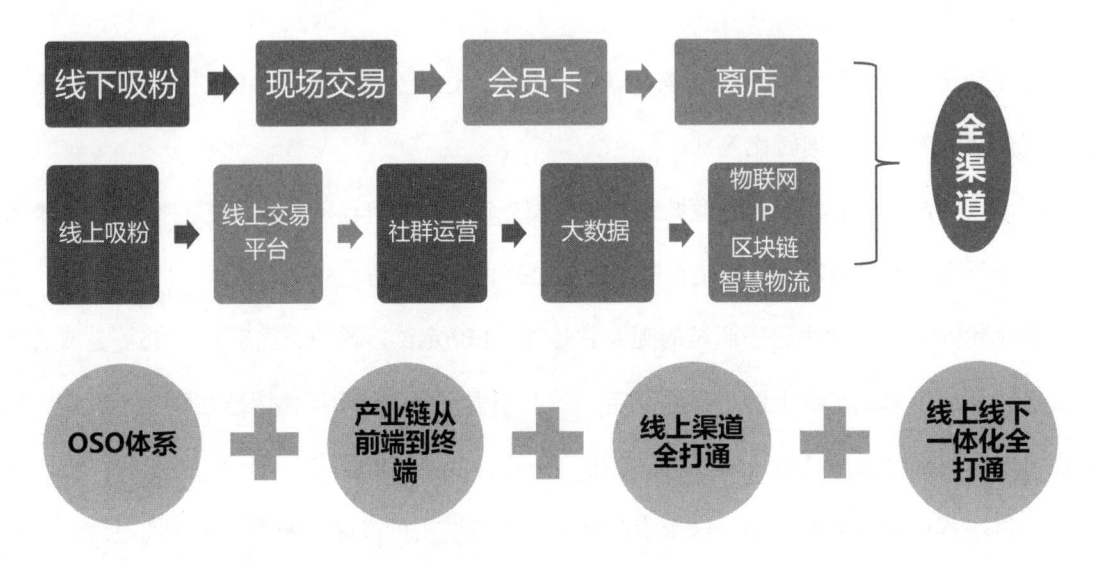

图 6-8　全渠道

一、全渠道

企业为了满足消费者在任何时候、任何地点、任何方式购买的需求，采取实体渠道、电子商务渠道和移动电子商务渠道整合的方式销售商品或服务，提供给顾客无差别的购买体验。

真正的新零售应是PC网店、移动App、微信商城、直营门店、加盟店等多种线上线下渠道的全面打通与深度融合，商品、库存、会员、服务等环节皆贯穿为一个整体。

二、未来全渠道零售的特点

1. 在全渠道电商业务中,移动将成为主渠道。

2. 在全渠道中,社交将占据主导地位。

3. 电商所做贡献将超过50%,直播带货崛起。

4. 全渠道营销将以大数据为基础展开,离开大数据,全渠道营销就会失去竞争优势,只有借助大数据,零售商才能与每位顾客对话、交流、开展"一对一"精准营销。

5. 全渠道将把一致性的顾客体验与持久的情感连接奉为核心。

三、全渠道具有三大特征

1. 三"全":全程、全面、权限。三"通":商品通、会员通、服务通。

2. 去库存,全渠道的一个方向是通过系统,物流将各地仓库,包括保税区甚至海外仓储连接起来,完成库存共享,改变传统门店大量铺陈与囤积商品的现状,引导顾客线下体验,线上购买,实现门店去库存;另一个方向是消费者从消费需求出发,倒推至商品生产,零售企业按需备货,供应链按需生产,真正实现零售去库存。

3. 智能门店,企业与商家应通过技术与硬件重构零售卖场空间,进行门店智能化改造。一方面依托IT技术,顾客、商品、营销、交易4个环节完成云数字化;另一方面店铺以物联网进行智能化改造,应用智能货架与智能硬件(POS、触屏、3D试衣镜等)延展店铺时空,构建丰富多样的全新零售场景。

四、未来零售行业的特征

1. 从传统零售向全渠道零售的转型将会是一个相当长的过程。

2. 零售企业需要同时布局多个渠道，从而充分满足消费者的个性化需求，企业需要针对消费习惯、需求心理及购买力存在明显差异的诸多细分群体，需要用更为丰富多元的产品和服务来满足其个性化需求。

3. 与消费者直接对接的零售企业将会与生产商和消费者实现无缝对接，在提升资源流通效率、降低用户购物成本的同时，打造零售生态闭环。

4. 信息化建设成为零售企业进行全渠道零售转型的关键所在。要想使线上渠道与线下渠道实现无缝对接，建立一套统一而完善的会员系统，并能够根据市场环境变化及门店经营数据变化而对资源配置进行实时调整，必须不断加强自身的信息化水平。

5. 快速灵活的供应链系统将成为零售企业打造核心竞争力的重要手段。

五、全渠道的线上线下体系应用

1. OSO系统

实体商业要关联小程序商城，这是实体交易的线上部分，是全渠道的一个交易体系。

2. 吸粉系统

任何交易的前提都在于吸粉，吸粉应该是通过线下和线上的双向吸粉来完成。比如，线下举办明星见面会或者促销活动、抽奖活动、顺访人群、儿童才艺表演等，再加上停车缴费或购物缴费等，完成吸粉。另外，利用小红书、抖音、头条等媒介，通过种草、视频、文案、图文从线上导流吸粉，所以说吸粉是线上线下，交易也是线上线下。

3. 社群

对所有的客户都要形成黏度，这个黏度必须通过社群来进行维系。当然也有别的一些做客户黏度的方法。但是，一般来说社群的黏度会好一点，利用社群经济也可以进行社交裂变，如拼多多拼团的社群。

4. 智能物流配送

目前的物流配送以众包为主，与商家使用自己的物流相比，众包物流或者是依托商城整体来做物流会便宜一点。

5. 微店

除了微信小程序商城以外，商家也会自己开微店，或者在淘宝、京东、美团上开店，所有线上的店全部打通，社群全部打通。形成统一物流配送。比如，连锁品牌服装店的物流配送，可以实现全国统一配送和调配。

6. 评价系统

评价系统是统一的，消费者购买某个商品后会对商品进行评价，其他想买同一商品的消费者看到你的评论好坏，会影响到这个商品，全部打通以后形成一个大数据。这个大数据赋能产业链，进行购物，实现全渠道应用。另外，大数据体系还会涉及产业链的前端和后端，有些项目的产品涉及从原材料厂家，一直到最后的产品交付，供应链前端到后端全部打通，形成全渠道的应用。

第七节　商业地产新零售案例

一、孩子王

- 通过社交服务化，放大客户的终身价值。孩子王借助场景化的服务，将其私域流量池变现，并借助增值服务充分挖掘、放大客户的价值
- 在线上，孩子王采用口碑、场景等方式来打通并发展会员。孩子王在微信公众号、小程序、App中融入一些线下的服务场景
- 在线下，孩子王还拥有持证育儿顾问，为准妈妈及妈妈们提供咨询服务，旨在通过情感营销提升用户黏性
- 采用线下育儿顾问互动+线上会员营销的方式，孩子王打通了线下和线上双渠道

图 6-9　孩子王

（一）孩子王的特点

孩子王是一家由数据驱动的、基于用户关系经营的创新型新家庭全渠道服务商，是中国母婴童商品零售与增值服务的品牌。它拥有大型实体门店、线上PC端购物商城、移动端App等全渠道购物体验。

孩子王可借鉴的经营之道是打造了一个成功的新零售模式，具有六个特点。

1. 特点一：以商品为核心，驱动实体店的经营

会员制模式的核心不是零售新技术，也不是大数据，而是商品与服务。孩子王将其商业模式总结为"商品+服务+社交"，其中商品是放在第一位的。

孩子王通过研究和分析顾客，进行精准选品，并借助其"大店模式"满足消费者一站式购齐的基本诉求。

在商品选择方面，孩子王采取了三种做法。

①母婴童商品采购渠道主要来自品牌商和代理商，其中品牌商直供商品占比达90%。

②经营专享商品。在一定期限内仅在孩子王渠道销售的特定产品。

③推出自有品牌商品。根据市场调研反馈，推出自有品牌商品以满足消费者需求。

在销售母婴童商品的同时，孩子王还向消费者提供母婴保健、日常护理等母婴童服务及保险等金融产品，并通过儿童游乐、原创内容及互动活动来增加会员黏性。

2. 特点二：组织架构坚持以会员制为核心

会员制的商业模式促使孩子王的组织架构也与传统零售企业迥异。主要围绕专业的咨询和服务建设组织架构，以获得客户的信任与认可，从而获得销售机会。

3. 特点三：高密度的线下沙龙活动

针对会员的活动营销是孩子王颇具特色的经营模式。单店每年能举办1000场线下沙龙活动，如准妈妈课堂、新妈妈学员、萌宝爬爬赛、玩家俱乐部、各种节日策划类活动等，通过活动不断挖掘新会员，黏住老会员。

4. 特点四：付费会员制

孩子王通过线上、线下会员调研与大数据分析，获得每位会员的精准画像，推出黑金PLUS会员卡，进入付费会员阶段，优化升级会员服务，主要体现在两个方面。

一卡享五重好礼——办卡礼、童趣礼、育儿礼、特价礼和生日礼；会员权益覆盖宝贝游乐体验、特色育儿课程等个性化育儿服务。

5. 特点五：从卖商品到打造平台

孩子王的商品体系分为实物性和虚拟性商品，全力打造全渠道母婴童零售平台、本地生活服务平台以及基于大数据的产业互联网平台。

虚拟性商品极大地提升了顾客的到店频率，使实体店的经营有可靠保障。如家长每月只需为孩子购买1~2次食品或用品，但为了孩子早教，会每周到店2次。

6. 特点六：会员制数字化经营

孩子王的会员制数字化经营有四种方式。

"人客合一"App，提升育儿顾问工作效率。开发"人客合一"App，与CRM系统、商品库、HR系统全部打通，实现会员服务、会员营销、在线学习、奖金查询等，以此帮助育儿顾问与会员进行沟通，为用户提供咨询、商品指导、服务选择，从而提升育儿顾问的工作效率。

增加亲子接触工具，完善服务体验。从移动互联网App商城、App社区、服务板块到小程序、微商城、公众号，不断增加亲子接触的工具，让会员可以随时找到服务和商品。

数字化工具，提升门店管理效率。在后端，孩子王不断用数字化工具提升管理效率，门店经营的情况可以实时地在手机上看到。每一场大促都可以实时地在系统上看到现场进行情况以及转化率、每张券的使用率和毛利率的情况。

大数据驱动订货系统。在供应链系统上，订货系统完全是大数据驱动。门店的系统每天早上会自动生成订货和补货的单子，并由系统自动下发。

（二）场景化的服务

孩子王通过社交服务化，放大客户的终身价值。借助场景化的服务，将其私域流量池变现，并借助增值服务充分挖掘、放大客户的价值。

新科技的发展让场景化的服务由线下到线上，场景化的服务无处不在。在线上，孩子王采用口碑、场景等方式来打通并发展会员。孩子王在微信公众号、小程序、App中融入一些线下的服务场景。

展现在你眼前的，并非当日爆款、秒杀产品推荐，而是一些育儿服务（如月嫂服务）、育儿活动（如周末的脑科学育儿讲座）以及育儿顾问服务。

（三）打通双渠道

孩子王还开通京东、天猫等线上店。通过网上店铺，孩子王可以挖掘到妈妈们的数据信息。通过深度挖掘数据，孩子王发现宝妈们喜欢一起交流的社交需求，于是孩子王开展了妈妈们的线上社交互动活动，如亲子电台、妈妈口碑等。

在线下，孩子王还拥有持证育儿顾问，为准妈妈及妈妈们提供咨询服务，旨在通过情感营销提升用户黏性。

采用线下育儿顾问互动+线上会员营销的方式，孩子王打通了线下和线上双渠道。

（四）孩子王的数字化变革特色

孩子王的数字化变革特色分别是用户数字化、员工顾问化、人客合一模式。

用户数字化。孩子王建立了一个500多人的技术团队，并开发出基于数据预测商品需求和反向定制的解决方案。

员工顾问化。孩子王旗下超过六成员工是育婴师，这些员工有着丰富的育婴经验，能通过微信群与消费者频繁互动，为消费者提供指导建议。此外，公司还聘请育儿专家担任顾问，并在微信中答疑和推荐新会员。

人客合一模式。孩子王将员工手机端CRM、商品库和HR系统打通，创立会员服务和分享购，并对会员标签进行分类。

门店数字化是全渠道运营的关键。

（五）孩子王线上平台PC、手机端全布局

除了常见的电商平台的商城板块以外，还设有社交内容的板块，包括成长学院、人脉地图、Wala精灵、育儿顾问四大板块。

线上+线下：渠道数字化赋能零售。

客户数据化、渠道数字化。

社交服务化：放大客户的终身价值。

孩子王的门店不单纯只是个母婴产品卖场，更像一个母婴服务中心和客户自己的店。孩子王门店内有孕妇服务中心、育儿服务中心、儿童娱乐中心等基于母婴人群的服务空间。几乎将附近3千米以内的母婴类服务都涵盖进来，而这些服务空间占了门店的2/3。

孩子王每年举办的活动在1000场左右，其中一部分活动由其他付费入驻的第三方母婴服务机构举办。举办线下活动，一是可以增加人气；二是可以提升客户参与度与黏性；三是可

以增加孩子王门店的收入。

借助场景化的服务，企业既可以将其私域流量池变现，还可以借助增值服务充分挖掘、放大客户的价值。

（六）孩子王社交零售的两个维度

客户服务的社交化、发展社交渠道。

孩子王是典型的线上板块、线下板块、社交板块高度融合的全渠道社交零售企业，其线上、线下、社交渠道并非简单地叠加，其线上客户与线下客户的重合度高达90%。

孩子王将线上、线下、社交网络融合，实现全渠道覆盖，加快全渠道零售的布局，同时裂变私域流量，打造私域流量池。

为了让客户留在App中，同时仍能享受到与微信平台类似的社交体验，孩子王App研发了类似于微信的IM、CRM、社群功能板块，客户在孩子王App中可以社交聊天、建群、互发红包。

孩子王通过线下、线上（PC端+App+公众号+小程序）、社交网络全渠道来积累客户、经营者，同时也借助全渠道实现客户和社交渠道的裂变，进而全力打造孩子王平台私域流量池。

孩子王秉承C2B的商业理念，重点打造四要素：

场景（特有的全渠道全场景）——场景重构。

内容（以育儿顾问为核心的生态内容）——体验。

关系（以情感连接为依托经营顾客关系）——社群。

数字化（有温度的大数据导向的智能化系统）——大数据。

二、百果园

- 百果园如今线上、线下会员共8000万,其中付费会员数8个月增长近60万;App月活用户200万,1500个社群,500多万群员,抖音会员130多万,微信公众号粉丝1360万;IT团队700多人,人数占公司人数1/4左右,有200多个种植基地,31个配送中心

口号是:**不好吃三天退货**

图 6-10　百果园

(一)百果园引流模式与路径

1. 引流触点:公众号菜单栏进入小程序。

2. 引流路径:菜单栏—小程序注册—领取20元优惠券—直接使用—支付首单。

3. 引流的亮点如下。

(1)诱饵

① 精准锁定用户:关注小程序商城赠送20元红包,锁定精准用户,与此同时开展邀请返礼活动,直接形成二级裂变。

② 裂变的自动化:老用户可以获得分销实惠回报,新用户可以得到下单优惠,门店也能实现用户增长,可谓一箭三雕。

③ 大众实用较强:虽然优惠券额度不大,但是对于用户而言还是有一定诱惑力的,而且对于老用户裂变是一个抓手,更重要的是对精准用户普遍性更强。

④ 引流的成本低:优惠券相对于其他方式成本比较低,而且掌控性比较强,使用优惠券是建立在用户购买产品的基础上。

（2）文案

① "邀请有礼"：通过老用户传递信任，新老用户都有奖励。

② "满39元可用，满49元可用"：低门槛引导用户首单入门体验。

③ "领券可买"：设计好优惠券使用规则，指定可用券商品，避开低毛利产品，让用户有优惠、百果园有利润；确保用户体验的过程，从而达到留客的目的。

（3）引流路径

① 以新人送优惠券，邀请有礼为诱饵，引导用户沉淀至公众号和小程序商城中，方便以后触达用户。

② 用户到店或者购买时要求用户添加企业微信，而后再引导用户进群，社群里可以定期发布活动优惠。

③ 后续做周期性的活动，可以确保用户完成首单支付，实现销售闭环。

这条引流路径完全可复用到其他行业及产品中，核心点依然是选择有足够吸引力的诱饵，足够精简的引流路径。此外，还需要持续提醒用户奖品的价值、稀缺性。

（二）引流方案的要点举例

1. 人群定位：宝妈、老年女性。

2. 诱饵设计：券类、实物类。

宝妈类：10+10元优惠券（满50元使用一张）、水果沙拉（1元扫码加微信免费领取，裂变三位好友进群领取三份，每天领取一份）、水果汁（1元扫码加微信免费领取，裂变三位好友进群领取三份，每天领取一份）、9.9元儿童套餐（提升维生素）。

老年女性：一份苹果（1元扫码加微信免费领取，裂变三位好友进群领取三份，每天领取一份）、10+10元优惠券（满50元使用一张）、9.9元儿童套餐（提升维生素）。

3. 使用工具：公众号任务宝、企业微信、小程序商城、微信群。

第七章 新零售的未来发展趋势

人工智能 Artificialintelligence
区块链 Blockchain
云计算 Cloud Computing
大数据 Bigdata
物联网 Internet of Things
IP
元宇宙 Metaverse

ABCD+2I+O

◎人工智能

◎区块链

◎云计算

◎大数据

◎物联网

◎IP

◎元宇宙

升级
新场景 新推广 新销售 新招商 新运营讲义要点

新零售的未来发展趋势是全渠道新零售,即一切线上打通,一切线下打通,一切产业链打通,一切物流库存打通,这四者又互相打通。做到这一点不容易,要依靠日新月异的新技术的支持。为了方便读者更了解未来新零售,这里简单介绍一下对新零售影响大的几种技术。

微信小程序商城的出现,打通了线上线下一体化的瓶颈,所以才迎来了新零售发展。未来的技术有什么?比如说人工智能、区块链、云计算、大数据、物联网、元宇宙等对整个零售行业会形成较大的改变,最后组合起来就打造成属于商城自己的IP。

为了方便大家的记忆,我们用ABCD+2I+O来表示,其中2I指的是IP加IOT物联网,O就是元宇宙。

元宇宙是虚拟宇宙,是"O",也包含了一切,用O来代替元宇宙。现在6G又要开始了,所以我们面临科技大爆发的前夜,一切都会重塑。

AI智能、AI技术以及大数据、云计算我们现在都已经体会很深了,从电商的个性化推荐、电商的AI短信信息、大数据识别等方面影响了我们的消费理念、消费方式和消费行为。

区块链技术则会更加改变整个零售行业的盈利模式。目前的购物中心的盈利模式主要是依靠租金收入,部分的百货商场依靠的是联营扣点,但是在新零售时代,线上的扣点会越来越多,甚至线上的扣点收入超过线下的房租收入,因为线上交易大于线下交易,所以线上的私域流量显得尤为重要。目前购物中心的线上流量都是依靠公域,美团、大众点评、快手等,这部分流量扣点被公域平台赚走了。但随着私域的发展,这部分的利润又回归到线下商场及线下实体商场控制的私域流量,只不过私域流量有相当的局限性和黏度,在某些社区有一定的天花板,就像实体商场的房租一样,有一定的天花板,但前景可观。

第七章　新零售的未来发展趋势

第一节　人工智能

人工智能导购　　　　　智能配送　　　　　智能买手

图 7-1　人工智能

一、人工智能在商业中的应用

（一）推荐系统

人工智能能够帮助建立更个性化的推荐系统。推荐系统根据我们以前的搜索和兴趣显示我们感兴趣的产品。通过在同一地点获得类似的结果，用户不再需要花费数小时来搜索产品。这可以极大地提高用户体验。

（二）内容营销

人工智能提供了一些工具，使商业营销人员能够通过提供最多人用的搜索关键字、竞争最少的关键字、关键字优化等统计信息来创建好的内容。

（三）语音搜索

语音搜索将完全超越文本搜索。在人工智能和语音识别系统的帮助下，用户仅仅使用自己的语音就可以发出各种命令。人工智能系统首先识别语音，将它们从语音转换为文本，并提供想得到的结果。现在微信的语音识别系统已经完成全监督审核功能。

（四）图像识别系统

机器人技术和人工智能使人们很容易识别人像、产品等的图像。因此，人工智能可以识别图像、视频中的人物，凭借更先进的系统能够收集消费者信息，用于进一步决策。

线上线下融合，导致"三多"现象：数据来源多、数据格式多、数据容量多。特别是各种场景应用，图片、声音、视频等非结构化数据会大幅增加数据容量。海量大数据的应用，在移动互联网时代，呈现两个显著特征：精准与实时反馈。零售业需要人工智能来处理大数据，数据价值再赋能零售业。

从人的层面来讲，新零售智能变革的关键词是数字化解析，利用大数据对人进行解析，深入挖掘人的需求，并据此对用户进行分类，从而精准地触及用户，增强用户对品牌的信任，进而提高商品的转化率。

从货的层面来讲，新零售的关键词是数字化支撑，利用数据选择合适的商品，构建一条柔性化的供应链，提高供应的精准度，此外物流企业还可通过数据化提高物流效率。

从场的层面来讲，新零售的关键词是数字化沉淀，将数字化引入各个场景，如交互场景、交易场景、交付场景等，实现商品数字化、支付自动化以及服务升级。人工智能技术进入零售行业，零售行业的库存管理、产品安全、数据管理、转换支付四大领域将得到显著改善。

二、人工智能

目前人工智能可以分为计算智能、感知智能和认知智能三个层次：计算智能是指超强计算能力和存储能力，AlphaGo是其中的典型代表；感知智能是指让计算机能听会说，可以与人交流；认知智能是指让计算机能理解、会思考，如正在研发的各种考试机器人。

人工智能主要被应用在两个方面：一是打造智慧化供应链，节约人工成本，满足消费者需求方面；二是开设无人实体店，给消费者带来极致的购物体验方面。

这种供应链以市场和消费者需求为导向，围绕"人、货、场"整体框架，基于数据智能、信息技术、流程优化和员工赋能四大基础。

人工智能领域的研究包括机器人、语言识别、图像识别、自然语言处理、专家系统等，在功能和作用方面，人工智能可以让机器按照人的思维方式去做事，并大幅提高工作的精准度和效率。

（一）虚拟偶像机器人

如今，虚拟偶像机器人已经成为横跨娱乐、文学、游戏的超级IP，可以参与到影视剧、游戏的制作中，甚至可以与工作室签约。比如，在二次元领域，科技公司Yamaha推出了一个会唱歌、会跳舞的虚拟偶像机器人洛天依。

（二）虚拟现实

人工智能与虚拟现实结合在一起可以构建出一个全新的"世界"，给用户带来沉浸式体验。在这个"世界"中，用户可以通过各种感官刺激，获得"真实"的感受。而且所有的角色都无须脚本设计，具有和人一样的思维，可以与用户进行互动。

（三）明星的语音替身

人工智能可以模仿明星的声音。例如，Lyrebird（一个声音模仿软件）利用人工智能从音调、音频、口音等方面模仿明星的声音。用户只要设定好明星的声音，再输入要说的话，Lyrebird就可以模仿明星说出这些话来。可以预见，借助人工智能，模仿明星的声音这项功能不只局限在影视行业中，还将拥有更广阔的应用前景。

（四）制作动画

人工智能可以自助制作2D动画。例如，利用人工智能研发出了一款新型的智能动画引擎Midas Creature。动画的开发者可以利用这款软件制作动画、优化流程、降低成本，获得更高的收益。

（五）根据用户的心情产生内容

人工智能可以通过观察用户的表情，感知用户的心情，并根据用户的心情产生相应的内容。例如，情绪识别技术，能通过网络摄像头捕捉用户的表情，分析用户的情绪，感知用户的心情，判断出用户是高兴的、困惑的，还是愤怒的。这项技术如今已经实现了应用。在制作一款惊悚游戏时，人工智能会根据玩家的神情，判断玩家的恐惧程度，进而自动调整难度，让玩家获得更极致的体验。

字节公司除了将人工智能用在写稿上，还将人工智能应用在抖音上。例如，抖音的"尬舞机"就是人工智能实验室研发的具有人体识别技术的机器人。它能准确地进行背景分割，观察用户的每一个动作，对用户进行"尬舞指导"。

三、智能美陈

美陈即美术陈列，是一门通过将各种元素进行合理、有创意的搭配，以增添美感，提升欣赏价值的艺术。智能美陈，顾名思义，就是用人工智能为美陈赋能，以提升陈设美感的手段。利用智能美陈，可以实现万物互联，根据人们的需要，智能、动态地变换布置，为人们打造一个美轮美奂的场景。

智能美陈主要涵盖四项技术，分别是智能感应、互动灯光、机械动作、影像技术。

（一）智能感应

首先由设计师布置智能感应器，然后智能感应器通过红外感应或人脸识别，使特定区域的物体产生动态响应。常见的智能感应应用主要有红外感应应用、压力感应应用、语音感应应用等。

在某城市广场上，设计师就用智能感应器布置了四朵"红花"，其成为一道亮丽的风景线。设计师在"红花"里面安装了智能感应器，这些感应器能够对周边的环境进行监测，感知过往的行人。一旦有行人停留，"红花"的花瓣便会缓缓打开，为行人遮阳挡雨。到了晚上，"红花"又会化身路灯，为行人照明。

此外，"红花"还能够感应到即将进站的电车，通过全速绽放花瓣的方式告诉等电车的人电车要来了。在公共场所设置这种色彩夺目、具有智能感应能力的"红花"，方便了行人，更为城市带来了美感和艺术气息。

（二）互动灯光

设计师将智能感应器与灯光联系起来，利用事先编好的程序，让智能感应器根据感应到的动态信息，操作灯光与之互动，使之呈现不断变化的、色彩斑斓的迷人光景。常见的互动灯光有地面互动灯光、立面互动灯光、装置类互动灯光、无人机互动灯光等。

（三）机械动作

设计师用技术操控机械装置，使其在特定的场景中完成升降、旋转、开花等交互动作，以吸引观众，烘托欢乐氛围。设计师还可以用机械装置，打造的机器人展现美感，为活动造势。

（四）影像技术

设计师利用人工智能构造虚拟三维空间，辅以各种影像布局，为人们带来极致的美陈体验。例如，某地曾经举办了一场大型美陈艺术展，为人们展现了各种各样的由智能影像打造的美陈艺术品。

"水粒子的世界"是由TeamLab的设计师根据超主观空间的理念，在虚拟三维空间中打造的虚拟瀑布。设计师借助人工智能在计算机上用成百上千的水粒子合成水流，营造出水流倾斜在岩石上的效果，给人们带来身临其境的感觉。

四、人工智能导购

（一）解决导购问题

百货服装业有导购，大卖场有促销员，都会面临因水平不一影响销售的问题。智能导购，是交互式的，可以对话的，比如，App里的机器人导购+人工导购。机器人导购比大部分人服务水准高，再用人工导购补充，可以达到优秀水准。随着识别设备和感应设备（比如拿起商品的感应、消费者走路移动感应），大量消费数据收集，未来将会出现语音导购或机器人导购。这也是现在很多商家为什么出台智能语音音箱的原因（亚马逊ECHO、叮咚音箱），这些音箱未来具备深度学习功能，利用人工智能做语音交互。

（二）人工智能教化妆

新科技正在逐渐改变传统的时尚行业，为消费者提供多样化、个性化的购物体验。人工智能将被用于向顾客实时更新库存，进行店铺导航，以及回答顾客的各类问题。例如，丝芙兰使用人工智能教用户化妆技巧，回答顾客问题。

（三）智能配送

目前，新型大卖场与商超，30~60分钟到家是标准，即时消费领域（如便利店），30分钟到家是标准。新零售时代，快递业也发生了巨大变化。短距离配送，如果按照传统方式，配送成本会让很多企业承受不了。其对配送标准提出了极高要求，必须通过算法与人工智能来优化，提高配送效率。以盒马为例，智能配送标准作业：拣货、分箱、合单10分钟就可完成，物流路线、智能分配，骑手20分钟内送到家。基于算法与深度学习，完成智能配货与送货。对于更多的新零售企业，短距离配送会采用第三方配送+自己配送的标准组合，每一趟配送的最优效率，人脑靠不住，只有人工智能才会给出最好最快的决策。

（四）智能买手

只有做过零售企业的，才知道买手有多重要，但也知道有多难培养，需要了解商品、卖点、视觉陈列、销售波段等。通过算法、人工智能打造智能买手，其意义在于：机器代替普通买手，解决人才问题；大数据支撑下的预测能力，提高销售能力，降低库存风险。

（五）智能魔镜

智能魔镜是为消费者将抽象变为实景的一项"黑科技"。如消费者在挑选水果时产生了疑惑，可以将带有二维码的水果放在魔镜前，魔镜就会识别二维码，将水果的产地、种植周期、甜度等信息显示在镜面上，让消费者能够放心地挑选符合自己需求的水果。

（六）数字标牌

数字标牌是一个全新的媒体概念，可以在特定场合、特定时间为特定人群播放广告。在人们将数字标牌视为与纸媒、电台、电视、因特网并列的"第五媒体"。

(七)生物识别技术

可用来验证用户身份,根据用户的身体特征完成身份验证,在此期间,用户无须刻意站直、面向摄像头。例如,在莫斯科世界杯足球赛观众入场时就采用了生物智能识别技术。

五、智能零售时代的供应链服务创新

(一)智能预测备货

通过对历史成绩、节假日、活动促销、商品特性等数据进行分析预测备货,减少库存。

(二)智能诊断

对资源配置进行优化,对商品角色进行自动划分,淘汰老旧商品,挖掘新商品,从而对商品进行全生命周期智能化管理。

(三)智能分仓调拨

将商品配送到距离消费者最近的仓库,尽可能减少区域间调拨与区域仓库间调拨,对调拨仓配方案进行优化,从而降低调拨成本。

第二节　区块链

分布式数据存储；分布式记账；智能合约；点对点传输；共识机制；加密算法等计算机技术的新型应用模式

图 7-2　区块链定义

一、区块链定义

区块链技术是一种交易记录的存储技术。它对交易记录进行永久性存储，而且存储之后永远无法删除，只能按照次序加入新的交易。且在应用领域与大数据、人工智能、物联网等形成交集与动力，成为一种整体技术解决方案的总称。

包括分布式数据存储、分布式记账、智能合约、点对点传输、共识机制、加密算法等计算机技术的新型应用模式。

数字化积分是以区块链技术为底层支持的，具备了"不可篡改、公开透明、结算颗粒度可无限细分"等特性，在实际应用场景中，可以根据情况进行二次定义和开发，甚至加入智能化、自动化的智能合约技术，是帮助企业实现智能自动化的重要手段。

在智能合约中，算法取代了银行的位置。利用智能合约"一手交钱一手交货"的商业流程，变成以下流程：第一，开发智能合约，锁定买方的部分资金，确保有足够的资金用于支付货款；第二，卖方发货；第三，智能合约自动确认收货信息。一旦确认收货，自动执行智能合约中约定的转账协议，自动向卖方账户转入提前锁定的资金。智能合约取代了银行和共管资金账户的功能。

智能合约之所以成立，就是因为基础的交易环节都在区块链上完成，每个交易环节都被精确记录，并且不能修改。

二、区块链技术的特点

区块链技术主要有以下四个特点：一是一个点对点分布式的网络；二是一份所有交易的账簿数据；三是一个去中心化的交易验证；四是一个去中心化的定量货币。

区块链建立有一定的规则和实时记账的系统，同时它的应用包括三个要素：全员可以参与的规则、激励众包的用户社区和达成共识的权益通证。

区块链技术的应用和社群有着巨大的相似性，因为社群也强调全员可以参与的规则，在商业模式中，社群的目标也是建立一个众包的社区。这些现象表明，每一个区块链项目的产生也必定伴随着一个高黏性和高协同性的社群。

从电话金融到电子金融，再到互联网金融。未来即将形成巨大冲突的是区块链金融，未来，区块链会形成较为成熟可被接受的智能合约而广泛应用。

区块链技术在新零售行业实现了广泛应用，从优化区块链管理、消费者身份确认、商品溯源三个方面为新零售赋能。

三、区块链：数字化供应链转型的关键

利用区块链技术构建数字化供应链是零售业领域，尤其是全球跨境供应链管理与流通领域的一项延伸性技术创新。区块链可以实现数字化供应链的转型，主要表现为：构建自由、公开、安全的交易市场，创造便利、更安全的零售生态，重新定义优惠券，共享资料库，智

能合约。

四、区块链在零售中的四大场景应用

区块链技术进入零售行业，零售行业的库存管理、产品安全、数据管理、转换支付四大领域将得到显著改善。

准确地说，S2B模式也是S2B2C模式，其中S指的是供应链平台，B指的是商家。

简单来说就是供应链平台（S）与商家（B）共同为用户（C）服务，这里具体是指：一是商家为用户服务时必须调用供应链平台提供的某种服务。二是对于供应链平台来说，商家为用户服务的过程必须透明。

区块链技术为商品溯源问题提供了有效解决方案。

五、区块链可以消除中间商

区块链被证实可以减少交易中间商的存在——包括不动产交易，还有艺术品经销商、房产经纪人、音乐经纪人或评价人等。

对于创造性的许可也是同样的道理。通过区块链技术的应用，音乐家们可以直接面向人群，而不是通过音乐公司去保护他们的音乐和版税。音乐家们将再一次能够用他们的音乐赚钱。

随着音乐MP3文件数字化后不久，音乐盗版紧随其后，艺术家们失去了对其工作的控制，唱片公司对收入流失产生不满。娱乐业正在寻求区块链技术来保护音乐和其他媒体的数字版权，并有可能重新获得收入。

数字签名是大势所趋，有了区块链，智能合同将不只是方便收集签名，更增加了合同履行的强制性。

区块链可以安全地进行大多数验证。从选民身份验证到政府流程、健康信息和知识产权的证明，区块链能够以安全的方式完成对多数事务价值的验证，而且会持续保持安全性。由于区块链结构的特殊性，它远远比标准云环境要安全。

区块链会成为物联网的跳板。很多人会担心"云"——甚至"雾"计算会不够安全、快速，或不足以控制物联网所产生的大量信息。可以说，区块链捡起了云技术中断的东西——通过建立高度安全的信息共享环境，这远远高于只有"云"存在时。

六、摄影的区块链应用

摄影师可能会面临挑战，特别是在我们的数码世界中，盗版往往只是一个点击而已。

柯达透露了其新型数字货币柯达币（KODAKCoin），该柯达币支持区块链分类账和图像版权平台，即柯达（KODAKOne）。柯达希望新的虚拟货币将有助于保护摄影师的数字图像权利，使他们能够安全地注册他们的作品，实现艺术品的区块链是发展趋势，也就是NFT大有前景。

七、公共记录的区块链应用

有关部门受委托会存储关于公民的各种各样的信息，包括许多敏感材料，例如关于退税或财产记录的财务数据。以前，这些信息大部分以纸质形式或孤立的数据库存在，管理这些数据可能很复杂，因为它必须是可用的，没有错误，并且防止黑客攻击和操纵。

区块链的使用代表了一种创新的解决方案，可以将这些数据编码到数字分类账中，保证信息的安全性不被改变。

第三节　云计算

云端数控中心 → 数据赋能 → 云计算 → 高效定制化体验 → 实现消费愿景

图 7-3　云计算

一、云计算

云计算是一种分布式的计算，通过网络"云"可以在很短的时间内对数以万计的数据进行计算处理。

信息获取的渠道一般来说是三种：一是浏览，二是搜索，三是推荐。一般消费者在线上渠道通过浏览、搜索和推荐这三大模式获取信息，但是信息收集的效率并不高。新零售消费全渠道构建算法，涉及用户整体的消费闭环，包含需求的识别阶段、商品信息的收集阶段、商品分析的选择阶段、商品的决策阶段以及购买行为阶段，购买后反馈阶段等数据。

二、新零售算法涵盖影响用户行为的所有内在因素

一个消费者行为，可以从消费者行为、个性价值观、动机、需求、态度、行为习惯几个方面来进行阐释。新零售的算法贯穿于消费者内在的消费行为过程，所有的数据通过算法在数据平台进行整合，形成用户的个性价值观、动机、需求态度、行为习惯内在的行为逻辑，仅内在因素在渠道上更加聚焦垂直和精细化。这种基于场景进行用户和商品的细分，相当于在数据上将商品和用户按照某些特定的维度进行分组。

这些在产品和用户表达上的聚焦方式，一般是商品聚焦，例如，垂直于某一消费领域、母婴健身等第二品牌聚焦；给予某一个特定的品牌认同，例如，买车用户聚焦品牌效应价值观的认同；基于某种价值观的认同，例如，女强人形象等个性的聚焦；基于用户个性的认同，聚焦形成的过程反映了用户与商品之间一系列重要的底层链接关系，这使得局部领域的算法比通过整体数据获得的算法具有更高的解释水平。

在问题识别阶段，通过收集个性和价值观，建立商品和用户价值观匹配的算法，在信息收集阶段收集用户动机和需求的数据，建立商品用户的动机需求匹配。在分析和决策阶段，收集用户的态度数据，建立商品用户分析和决策态度相应的算法，在消费者执行阶段及用户的行为数据，建立商品与消费者行为匹配的算法。因此，通过智能的硬件加智能的推荐算法，形成新零售，实现了算法的加持。

三、使商业最终实现线上和线下的数据融合

数据融合能为算法提供支持，主要分三个阶段。第一个阶段是由于线上数据的采集分析要领先于线下，体现在线上数据向线下的赋能，如阿里等线上向线下赋能，向周边门店的线上用户发券为线下引流，通过线上数据分析，会员画像，线下识别进行商品推荐。第二个阶段是基于线下数据采集的分析和应用，作为门店同样可以获得大量的用户信息，通过门店的数据为商业做好基础。第三个阶段是线上线下互相打通，互相数据融合。

四、云计算在生活领域中还有很多的应用

比如，云音乐可以帮助用户同步云端的播放列表，并根据不同的播放设备对音乐文件自动进行音质的选择；云视频可以自动识别播放设备来选择合适的视频文件，并同步用户在不同设备上的观看进程；云搜索让搜索内容在远程的云计算机上完成，然后将最后结果直接返

给用户。

五、云计算的三种基本服务模型：LaaS、PaaS、SaaS

其中，IaaS是租用处理、存储、网络和其他基本的计算资源，消费者通过互联网即可从完善的计算机基础设施获得服务；PaaS是将消费者创建或获取的应用程序，利用资源提供者指定的编程语言和工具部署到云的基础设施上；SaaS则是应用程序在云基础设施上运行，消费者不直接管理或控制底层基础设施。

在三种服务模型之外，云计算还具有私有云、社区云、公有云和混合云四种部署方式。其中，私有云是为一个用户单独使用而构建的；社区云是指一些由有着共同利益并打算共享基础设施的组织共同创立的云；公有云对公众或行业组织公开可用；混合云则由两个或两个以上的云组成。

通过对云计算的特点和模式介绍可知，云计算具有弹性伸缩、动态调配、资源虚拟化、支持多租户、支持按量计费或按需使用等特性，正好契合了大数据技术实现的发展需求，在数据量爆发增长以及对数据处理要求越来越高时。

六、云端数控中心

云端数据控制中心（DCC）即云供应链，就是以用户为中心，数据赋能下打造实时在线消费场景和提供定制化体验的高效流通链。无论是打造消费场景，还是数据挖掘和云计算，都是在新消费需求的背景下，为用户高效地提供优质的商品和服务（定制化体验）。未来，云供应链能实现的消费愿景就是"所想即所得，所得即所爱"。

例如，零售的主体：消费者的在线化、数字化。对商家而言，用户不再是活生生的肉体，而是一个个数字化的集合体，数据是最重要的生产和设计的"基因"，对消费者描绘全息画像，几乎可以无限逼近最真实的形象，甚至挖掘出更多内心隐藏的信息。

例如，电商访客的购买决策受到诸多因素的影响，比如，电商页面设计、导航设置、商品展现、单品价格、活动焦点、客服服务、操作便利度、历史评价等，任何一个环节都有可能招致访客不满，转身离去。

以上环节，就像一个漏斗，将大量用户筛了出去，电商最终得到的是两个数据：高弹出率和低转化率。

如此一来，零售的逻辑将发生变化，传统的"产品—终端—消费者"的流程将彻底颠覆，变成"认知—定制—产品"，产品甚至可以后产生，无须产品实物来激发人的购买欲望。这种"人和IP的链接"产生的数据可以挖掘出一种新的数据——情感数据。

七、云零售

S2b就是云零售的商业模式：S是指大的供应链平台，会大幅度提升供应端效率，b是生长在供应平台上的物种，主要是小型终端店，如"夫妻店"等。产品只是服务实现的一个中间环节，S和b之间既不是买卖的关系，也不是传统的加盟关系，而应该是赋能关系，这个模式将是未来最值得大家努力的战略方向。

云零售是一种新商业生态，典型的商业模式就是S2b，后端是云平台，是提供各种产品和资源的商业生态系统，包括商品、软件、服务、资讯等关联资源，让用户去筛选、整合、利用，给用户赋能，提供更专业的服务和优质的资源给用户，让用户具有更强大的服务能力去为他的客户服务。

首先，它是数据的云端，所有前端采集的数据都实时存储在云端，动态地进行计算，并整理计算结果（例如消费者画像）传送至前端用户，按需索取。其次，它是资源调配的云端，通过高效的供需匹配，云平台扮演着一个"调度"的角色，在合适的时间，将合适的资源高效且低损耗地分配给需要的用户。最后，它是资源整合的云端，通过搭建平台，打造一个完整的生态系统，将优质的资源整合在一起，形成规模效应，同时也丰富平台内容。

八、云端计算可以在零投入的情况下带来大量的计算能力

在未来的30年里，基于云的移动计算端将会改变从医疗到教育的各行各业。

比如，人们可以通过手机来进行体检并与云端的诊断软件直接沟通，也可以在手机上使用教育软件来学习新的技能，农民甚至可以通过手机连接到实时气象数据，通过云端软件计算最优化的收割时间。但是，这一切都需要极高的网络安全性、可靠性以及流量。商业用户以及个人用户也都需要习惯把数据上传到云端上。具有各种可以测量天气、位置、光度、声音以及生物特征的探测器的智能手机。

移动终端的发展以及移动网络的扩散，也会进一步推进云端计算的进展。

九、边缘计算

目前智能制造、智慧城市、直播游戏和车联网四个垂直领域对边缘计算业务的需求最为明确。

在智慧城市领域，应用主要集中在智慧楼宇、物流和视频监控几个场景。边缘计算可以实现对楼宇各项运行参数的现场采集分析，并提供预测性维护的能力；对冷链运输的车辆和货物进行监控和预警；利用本地部署的服务器（图形处理器）GPU，实现毫秒级的人脸识别、物体识别等智能图像分析。

在直播游戏领域，边缘计算可以为CDN提供丰富的存储资源，并在更加靠近用户的位置提供音频和视频的渲染能力，让云桌面、云游戏等新型业务模式成为可能。特别是在VR/AR场景中，边缘计算的引入可以大幅降低VR/AR终端设备的复杂度，从而降低成本，促进整体产业的高速发展。

第四节 大数据

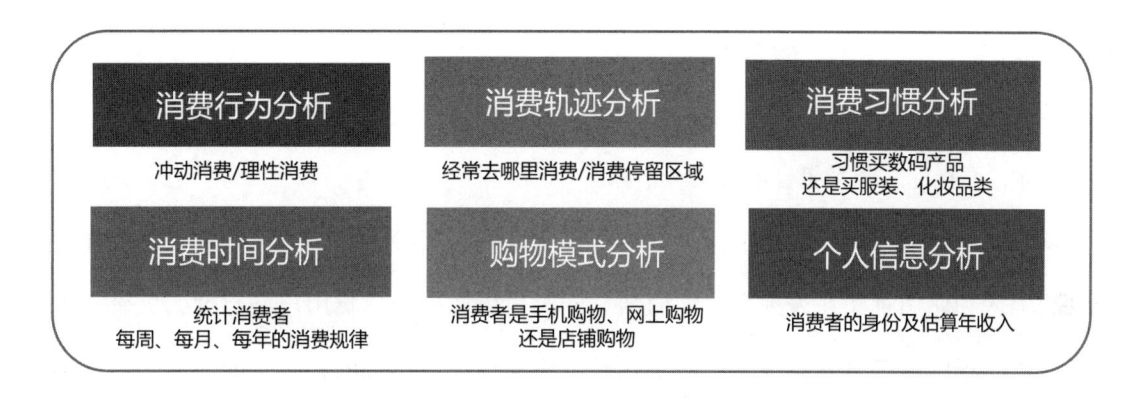

图 7-4 消费者大数据处理分析系统

大数据是指一种规模大到在获取、存储、管理、分析方面远远超出了传统数据库软件工具能力范围的数据集合，具有海量的数据规模、快速的数据流转、多样的数据类型和价值密度低等特征。

大数据主要来源于以下几方面：以阿里巴巴、京东为代表的电商大数据；以腾讯、美团、滴滴为代表的社交及生活大数据；以百度、今日头条为代表的互联网信息聚合大数据；各个垂直行业包括金融、通信、电力、交通、医疗、政府、农业等的行业大数据。大数据主要包括电商大数据、社交及生活大数据、金融大数据、通信大数据、电力大数据、交通大数据、医疗大数据、政府大数据、农业大数据等。

新零售是一场数字化革命，最终实现：消费者数字化、终端渠道数字化、营销数字化。

为保障数据赋能，让数据有"力量"，必须有三个特点：一是参与度，获得的数据不仅要让供应链参与进来，还要让消费者和相关利益者没有距离感；二是温度，有效的数据必须是有感情的，如果获取的数据不是消费者的真实想法的话就只是滥竽充数；三是黏度，通过

升级
新场景 新推广 新销售 新招商 新运营讲义要点

数据的挖掘可以改变消费者购物的频率，而企业可以在消费者没有需求或者即将有需求之前创造满足，改变频率。

门店的智能化采集到足够丰富的用户消费数据，构建算法及对各项数据进行优化。智能算法是以提高销售用户满意度转化率为目标，建立起个体用户与经营四大要素，即商品、服务、场景和交付之间一对一的关系。

形成智能化算法的模型第一变量，主要在经营四大要素：商品、服务、场景和交付的数字化指标，而指标之间又组合形成交叉指标。

第二变量是指用户描述类指标，如消费者的性别、年龄、职业特征等参数，是作为亚变量的引入和使用算法在表现上更加简洁，同时也可以成为影响用户满意度的关键变量。在人、货、场中就是以零售基础的数字化开放为前提条件形成的，零售能力的对外输出，其渠道能力的输出主要有产业链供应能力的输出、IT能力的输出以及智能输出；IT能力的输出，第一类以阿里云为代表的云能力的输出。第二类以业务中台为代表的IT能力的输出，例如有赞。第三类是以前台服务为主的，例如，搜索推荐、智能输出（如网络数据中心、人工智能物联网）等领域的开放协同。

在新零售模式下的新兴渠道，包括智能硬件、内容型场景，通过硬件智能获取环境和需求的感知能力，通过智能算法在信息层提供最佳的需求，与商品提供的方案匹配，通过区块链等技术让支付更加安全。

供应链的赋能能力，包括商品规划、选品供应链的管理供应、运营商协同等能力；门店数字化的能力，包括实现实物管理、POS、电子价签等门店能力；会员营销能力，包括会员的标签、人群标签、精准数据、私域流量运营等与人相关的能力。第三方能力即部分实现专业化、行业化的能力，通过外部提供的能力，例如独立软件开发商提供的优化选品能力，这些不只面向经营前端能力的部分，背后还有来自大中台的能力支持。交易中台、商品中台、财务中台、供应链中台、大数据中台、AI中台，基于零售能力模块的拼接，形成一家智能零售店。

数据中隐藏着有价值的模式和信息，在以往需要相当的时间和成本才能提取这些信息。

例如，沃尔玛、阿里这类领先企业都要付高昂的代价才能从大数据中挖掘信息。而当今的各种资源，如硬件、云架构和开源软件使大数据的处理更为方便和廉价。

对于企业组织来讲，大数据的价值体现在两个方面：分析使用和二次开发。对大数据进行分析能揭示隐藏其中的信息，例如，零售业中对门店销售、地理和社会信息的分析能提升对客户的理解。对大数据的二次开发则是那些成功的网络公司的长项，例如，抖音通过结合大量用户信息，定制出高度个性化的用户体验，并创造出一种新的广告模式。这种通过大数据创造出新产品和服务的商业行为并非巧合，今日头条等都是大数据时代的创新者。

玩算法也是大数据的一种，其中包括建立大数据平台、持续迭代算法、全息消费者画像、精准策略。

● **大数据的三个流派**

一般情况下，大数据可以分为三个流派：数据流、技术流和艺术流。

数据流是指企业通过对大量相关数据进行多维度的分析和解读，更精确地掌握消费者在某段时期的消费倾向。

技术流是指零售企业通过对大数据进行挖掘，进一步分析消费者的偏好。这就要求企业必须要保证数据充足，以使其能运用各种各样的数据模型、方法论对大数据进行深度解读。

艺术流是指零售企业通过分析大数据来了解时下社会生活的方方面面，例如，人们的审美情趣、思想观念、文化素养等。

● **商场大数据处理**

大数据的处理模式具有更强的决策力、洞察发现力、流程优化能力、海量高增长率和多样化的信息资产。

其战略意义不在于掌握庞大的数据信息，而在于对这些含有意义的数据进行专业化处理。

例如，通过大数据获取并分析顾客线上线下的消费行为（如：电子小票、行走路线、停留区域等信息），以此来识别顾客的购物喜好、购物频率以及品类搭配习惯等重要信息，进而改善顾客的购物体验。

线上商城搭建、线上推广矩阵体系搭建、云计算后台搭建；

通过智能停车、人脸支付、智能摄像头、智能wifi等采集收集顾客信息；

通过大数据后台分析和管理顾客浏览和交易行为及转化率等信息；分析管理商品、业态、场景组合关系；

为商场运营策略、推广策略、货品摆放、场景更新、动线调整等提供有针对性的数据支持。

（一）对顾客群体细分

"大数据"可以对顾客群体细分，然后对每个群体量体裁衣般地采取独特的行动。瞄准特定的顾客群体来进行营销和服务。云存储的海量数据和大数据的分析技术使得对消费者的实时和极端的细分有效率提高。

（二）模拟实境

运用大数据模拟实境，发掘新的需求和提高投入的回报率。现在越来越多的产品中都装有传感器。汽车和智能手机的普及使得可收集数据呈现爆炸性增长。

云计算和大数据分析技术使得商家可以在成本效率较高的情况下，实时地把这些数据连同交易行为的数据进行储存和分析。交易过程、产品使用和消费行为都可以数据化。"大数据"技术可以把这些数据整合起来进行数据挖掘，从而在某些情况下通过模型模拟来判断不同变量（比如不同地区不同促销方案）的情况下何种方案投入回报最高。

（三）提高投入回报率

提高大数据成果在各相关部门的分享程度，提高整个管理链条和产业链条的投入回报率。大数据能力强的部门可以通过云计算、互联网和内部搜索引擎把大数据成果向大数据能力比较薄弱的部门分享，帮助他们利用大数据创造商业价值。

数据存储空间出租。企业和个人有着海量信息存储的需求，只有将数据妥善存储，才有可能进一步挖掘其潜在价值。具体而言，这块业务模式又可以细分为针对个人文件存储和针对企业用户存储两大类。主要是通过易于使用的API，用户可以方便地将各种数据对象放在云端，然后再像使用水、电一样按用量收费。

（四）管理客户关系

客户管理应用的目的是根据客户的属性（包括自然属性和行为属性），从不同角度深层次分析客户、了解客户，以此增加新的客户、提高客户的忠诚度、降低客户流失率、提高客户消费等。对中小客户来说，专门的CRM显然大而贵。

过去，消费者和商家之间是一种非常松散的关系。大多数情况下，消费者从商家那里完成一次消费，基本上也就意味着店客关系的结束。这是典型的传统零售"交易时代"。

新零售需要强化商家同消费者之间的连接，要加强消费者关系管理，依靠大数据技术，商家可以从不同角度、不同层面深入分析消费者、了解消费者，来增加新客户、提高客户忠诚度、降低客户流失率、提高客户消费额度等。

（五）个性化精准推荐

在运营商内部，根据用户喜好推荐各类业务或应用是常见的。比如应用商店软件推荐、IPTV视频节目推荐等，而通过关联算法、文本摘要抽取、情感分析等智能分析算法后，可以将之延伸到商用化服务，利用数据挖掘技术帮助客户进行精准营销，今后盈利可以来自客户增值部分的分成。

（六）数据搜索

随着大数据时代的到来，实时性、全范围搜索的需求也就变得越来越强烈。需要搜索各种社交网络、用户行为等数据。其商业应用价值是将实时的数据处理与分析和广告联系起来，即实时广告业务和应用内移动广告的社交服务。从而运营商掌握的用户网上行为信息，使得所获取的数据具备更全面维度、更高商业价值。

（七）读懂消费者

通过数据记录和数据分析，可以帮助商家读懂消费者的心理和需求，知道消费群体是哪些。了解他们的兴趣、购买力、消费经历，为消费者打上各种个性化标签，以此作为互动、推荐等精准营销的后台引擎，提高服务的针对性和效率。

（八）构建"用户画像"的步骤

1. 收集各个触点数据并从静态和动态两大维度对这些用户数据进行划分。静态数据是指性别、地域、职业、消费偏好等比较稳定的用户信息；动态数据是指浏览网页、搜索商品、发表评论、个人情况（如单身、结婚、生育）等不断变化的行为信息。

2. 根据大数据分析结果给用户贴上对应的标签和指数，标签表示用户对相应的内容有兴趣、偏好或需求，指数则表明用户对这一内容的偏好程度、需求程度、购买概率等。

3. 综合所有标签，以时间、地点、任务为维度进行用户建模，即明确什么用户、在什么时间、什么地方做了什么事情。

（九）消费模拟

借助大数据和云计算，商家可以将消费数据进行储存、分析，通过对交易过程、物流配送、产品使用、售后互动的数据化建模，可以对目标消费人群的未来消费行为作出判断和预测。同时，通过模型模拟来判断不同变量（如不同地区、不同促销方案）的情况下，何种方案的投入回报最高，让商家提前作出应对措施，提高运营效率，降低成本。

（十）精准营销

零售商家收集的消费者数据包括物理数据（消费者年龄、地域、性别等）和行为数据（浏览习惯、行走路线、购买习惯、消费价位等）；线上购买行为表现为搜索、点击、浏览、对比、咨询、下单、收货、售后诉求等；线下消费行为表现为搜索（移动智能终端）、卖场行走动线、浏览商品、咨询、购买、付费、售后需求等。

线下零售商家可通过Wi-Fi、室内定位、LBS技术以及ERP、CRM系统等技术手段抓取大数据，并通过计算、分析顾客的进店频率、逗留时间、喜爱的品牌、业态、消费金额、消费偏好等数据，为尽可能多的顾客打上数字化标签，从中发现顾客需求。

零售运营人员还可深入地运用大数据资源，在现有的"消费次数和消费金额"之类的简单分析逻辑之上，增添多种维度和指标，用于分析每个顾客的消费喜好。例如，购物时间偏好、折扣敏感度、价格耐受度、新商品追求度、新品牌接受度等。

另外，线下零售店借助智能终端系统，可以实时调用后台的客户数据，卖场销售、导购人员可以即时了解客户的消费、积分、活动历史等，从而更全面地认知消费者，进行有针对性的购买推荐，提升交易的成功率。

（十一）打造智能线下卖场

零售企业重视整个供应链、客户乃至合作伙伴的数据收集与整合，加以充分利用，它们包括CRM顾客数据、社交媒体粉丝数据、供应商数据、运营数据、行业数据等，并将上述数据和资源逐步整合、不断扩大、有效积累并结构化，成为企业的独家性大数据资产，以此来深挖大数据资产的潜在价值，最终转化为用户价值、企业价值。

第五节　物联网

◆ 物联网（简称IOT）
◆ 物与物、物与人的泛链接

图 7-5　物联网

物联网最早叫传感网，是指通过射频识别（RFID）、红外感应器、全球定位系统、激光扫描器等信息传感设备，按约定的协议，把任何物品与互联网相连接，实现信息交换和通信，做到智能化识别、定位、跟踪、监控和管理的一种网络概念。

升级
新场景 新推广 新销售 新招商 新运营讲义要点

物联网IOT（Internet of Things）指的是将搭载传感器具有通信功能的"物体"，通过互联网与其他所有的物体连接起来的状态。

物联网就是物物相连的互联网，它包含两层含义：一是物联网是在互联网基础上进行延伸和扩展的网络；二是其用户端可以扩展到任何物品之间，实现信息交换。

数字经济是以网络为载体，以数字化的知识与信息为生产要素，以智能制造为动能，以大数据在线模式为物联平台，以分享经济为主力的经济模式。

1G到4G解决的是人与人之间的互联，如果说3G时代建立了全球"人与人"的连接平台，4G时代又将平台拓展到"人与信息"的数据流动，那么5G就是建立"信息与信息"的泛在平台，破除"人与人""人与物""物与物"在空间和时间上的链接限制。6G应用更广泛。

一、物联网的要素

物联网是世界信息产业的第三次浪潮。物联网的传感设备要求：传感网、射频识别系统、红外感应器、激光扫描器。物联网需要克服的三座大山：微型化、低成本、网络技术、实时处理海量感知信息并将其存储。通过物联网可以用中心计算机对机器、设备、人员进行集中管理、控制，类似自动化操控系统，透过收集小数据，最后集成大数据，实现社会的重大改变，实现物和物相联。物联网将现实世界数字化，统一整合物与物的数字信息，具有十分广阔的市场和应用前景。

二、物联网

最保守的预测认为到2045年，将会有超过1000亿的设备连接在互联网上。

这些设备包括了移动设备、可穿戴设备、家用电器、医疗设备、工业探测器、监控摄像头、汽车，以及服装等。

物联网所创造并分享的数据将会给我们的工作和生活带来一场新的信息革命。

人们将可以利用来自物联网的信息加深对世界以及自己生活的了解，并且做出更加合适的决定。

由物联网连接的可穿戴设备将会把与实时有关的信息直接打入我们的感官。

外骨骼和与大脑连接的假肢将会使我们变得更加强大，为老弱病残恢复移动力。

装有探测器和嵌入式计算机的隐形眼镜或者被永久植入体内的装备将给我们带来可以穿墙的听力、天然的夜视，以及可以嵌入虚拟和增强现实系统的能力。

在此同时，物联网设备也将把目前许多工作，如监视、管理和维修等需要人力的工作变成自动化。

三、物联网在社交网络方面

社交网络已经开始展现出改变人类行为的能力。

未来的30年里，社交科技将会给人们带来可以创造出各自微型文化圈的力量。

语音界面已经被广泛应用在智能手机中，而姿势界面则允许我们无声地与计算机通讯。最终，人脑—电脑界面将会允许我们用思想控制数码设备，使它们成为我们身体的一部分。

四、物联网应用举例

从狭义上来说，IoT指的是车载电脑、智能家电、家庭自动化以及嵌入式设备等将计算机置于物体内部的物联网。

在营销领域，许多设备都已得到了开发利用。比如通过类似于Line，"摇一摇"功能的系统，当商场的老顾客进店时，相应的信息会第一时间传达到所有的楼层。

"如果给所有的东西都附加一个ID使个体能够被识别，就相当于建立起了一个物品的互联网。"

物联网技术在盒马鲜生整个供应链系统已实现了深度应用。为了方便拣货员分区拣货，盒马鲜生门店中的每件商品都附加了电子标签，SKU、商品价格、商品库存、促销等数据都实现了线上线下同步。在射频分区拣货的过程中，拣货员使用移动终端对商品的电子标签进行扫描，从而完成商品分拣。

第六节 IP

- IP，移动互联网时代的人格化、符号化定义标签
- 在IP的连接作用下，流量、用户、产品天然整合一体，形成了极具吸引力的商业变现逻辑
- 持续的内容能力；自带话题的势能价值；差异化人格化演绎；新技术的整合善用；更具流量转化能力的内容标签……超级IP所具备的特性使其从泛娱乐表达扩展为商业模式的进阶与新要素

图 7-6　互联网中的IP定义

一、IP，移动互联网时代的人格化、符号化定义标签

IP模式，IP的英文为Intellectual Property，其原意为"知识（财产）所有权"。这里所讲的IP，主要是指具有某种价值观属性的形象、符号或者标签，比如网红IP、品牌IP、人格IP等。它通过卡通、动画、某种人格作为表现特征。

在IP的连接作用下，流量、用户、产品天然整合一体，形成了极具吸引力的商业变现逻辑。

持续的内容能力、自带话题的势能价值、差异化人格化演绎、新技术的整合善用，更具

流量转化能力的内容标签。超级IP所具备的特性使其从泛娱乐表达扩展为商业模式的进阶与新要素。

IP自带情感特质，隐含价值观属性，可以增加商品的附加值。IP的人格化特征可以在粉丝之间产生共鸣，进而带动产品销售，与其说消费者消费商品功能，不如说是在消费IP所赋予的情感。

在企业的信息战略中，最重要的有两个板块：一是品牌文本，即品牌的核心诉求、广告语之类，核心文本定义了品牌；二是内容光谱，即品牌在微博、微信、抖音、快手、B站、小红书、知乎等内容平台上的内容展示。

但是内容不是一句话能够涵盖的，它必须得是丰富的、立体的，有图文、长视频、短视频、笔记、回答等各种形式，而且针对不同类型的消费群体，不同季节和营销节点，内容得有不同的信息点和切入角度。所以，内容是可以基于品牌标签折射出来一个完善的、五彩缤纷的光谱的。我把它叫作"内容光谱"，也就是IP的内涵。

二、IP关键词

IP关键词主要有：内容、原创、人格、流量、商业化。

商业场景的"人格化法则"内容是购物依据，人格信用是入口，场景是即时性流量，真实的达人持续产生内容，流量效率来自口碑，魅力人格体本身也是自我迭代的新物种，人格化IP的扩张属性始终超越单一平台精准链接。

品牌是工业时代的规模化识别符号，IP是移动互联网时代的人格化定义标签。

绝大部分的商业都开始回归到以人为中心和以IP为中心的流量塑造、流量创造、流量变现和流量升级。要么是显性的以达人为中心的社区电商、分享电商、社群电商、社交电商；要么是隐性的传统平台，像京东、聚美优品、蘑菇街、美丽说，以及微店、有赞、微盟、有量等移动电商平台。人格化IP已不再局限于公众号、社群、自媒体范畴。

达人力量催生了新浪微博的段子手文化，催生了网红，众多社交电商平台也如雨后春笋般涌现。开辟专家达人、超级主编达人模块，以此引领社区意见。蘑菇街也将达人分为明星大咖、时尚买手、美容教主等。达人经济模式实现了用户、行业和电商的联动，一定程度上拉动了许多电商自有品牌的营销业绩。

负成本连接，是因高势能形成的被动连接状态，因连接成本的足够低廉，而被形象定义为负成本连接。它代表了其他品牌、企业、组织、社群和个人强烈的主动连接意愿，而通过多形态、多元化的连接矩阵继续构筑IP势能，形成对IP的反哺，并最终在广泛的连接中实现IP与连接对象的整体价值共建。

如同"文艺青年"催生的互联网产品（MONO、片刻、ONE等），"二次元"催生的互联网产品，如弹幕视频网站、ACG手游等。

互联网时代，对于人格化的品牌来说，以社群作为商业起点，通过社群孵化小众文化，通过小众文化制造流行成为可能。如同Supreme当初作为一家街店所提供的社交、社群场所，逐渐被在线化的阵地取代，线上阵地的形成进一步为社群的形成创造了条件。

三、超级IP本身具备人格化、符号化的特征

纵观超级IP品牌的整个商业结构，有个关键要素：亚文化根基。

所有物质和商品的表达，都隐含了这个时代物以类聚进化为人以群分，最终形成一种标签化、圈层化和仪式感的文化流程。大量的商业机会来自真正去洞察仪式感场景所形成的解决方案的能力。打造仪式感，需要我们去定义一个非常具象的应用场景，要洞察这个应用场景的痛点和情感连接价值。

这种洞察所形成的场景解决方案，必须符合以下要素：一是有一种明确正确的标签能力；二是可认同的身份符号；三是基于社交网络的可转发、可解释和可诠释；四是更加简单、直接的辨识度和接受度。

IP本质上可以看作粉丝经济的拓展和延伸，是日益火爆的粉丝经济中更具创造力和价值变现能力的一种商业形态，其核心是将粉丝转化为消费者，实现商业变现（实体商业更多是将消费者转化为粉丝）。

当前IP运营的一般流程是先从文学作品中找到受众广泛、拥有海量粉丝基础的IP，然后将文学作品改编为影视和游戏等具有更大变现价值的内容形态，进而通过粉丝购买获取商业价值。因此，IP是内容红利时代的一座金矿。

● 打造个人IP的要素

真正的IP，常规包含三层含义：价值观、利他元素、以故事呈现形式。

1. 个人定位：给自己一个明确的定位，与自己的专业相匹配，如"商业地产操盘手"

2. 展示形象：个人的IP形象。

3. 个人LOGO：你的头像=你的LOGO，最好用自己的形象照。

4. 超强标签：你的名字=商品的标签，自己名字+擅长领域，如"全网引流"。

5. 朋友圈背景墙=品牌软实力：形象照+个人标签。

6. 能量场传递：背景墙上的内容要站在利他角度，展示为他人解决问题的能力。

7. 互联网IP思维：互联网IP矩阵布局。

当你准备创造一个IP时，你就需要把这个IP当作一个有灵魂的人来打造。这个IP要有完整的人格、世界观、价值观，这样的IP诞生之后，才是一个有灵魂且具备长期可开发价值的IP。

第七节　元宇宙

- 元宇宙不是一个新的概念，它更像是一个经典概念的重生，是在扩展现实（XR）、区块链、云计算、数字孪生等新技术下的概念具化
  - 全球骨干网
  - 机器学习
  - 微服务
  - 智能数据云仓
  - 渲染/云游戏
  - CICD持续集成与持续交付

图 7-7　元宇宙定义

一、元宇宙（Metaverse）

Meta表示"超越""元"，Verse表示"宇宙"。元宇宙的概念很宽泛，简单地说，它是互联网的下一个阶段，是由增强现实（AR）、虚拟现实（VR）、三维技术（3D）、人工智能（AI）等技术支持的虚拟现实的网络世界。它脱胎于现实世界，又与现实世界相互影响，能达到真假难辨、虚实混同的境界，是Web3.0时代的产物。

元宇宙是整合多种新技术而产生的新型虚实相融的互联网应用和社会形态，它基于扩展现实技术提供沉浸式体验，基于数字孪生技术生成现实世界的镜像，基于区块链技术搭建经济体系，将虚拟世界与现实世界在经济系统、社交系统、身份系统上密切融合，并且允许每个用户进行内容生产和世界编辑。

元宇宙为人类社会实现最终数字化转型提供了新的路径，与后人类社会发生全方位的交集，展现了一个与大航海时代、工业革命时代、宇航时代同样伟大的历史时期。

在移动互联网用户红利消耗殆尽的环境下，元宇宙有望掀起下一代互联网的巨浪。

二、元宇宙构建的虚拟现实系统

元宇宙构建的是囊括用户网络和各种终端在一个永续的广覆盖的虚拟现实系统。而且这一虚拟现实系统是与现实世界相互连通，互相平行的。元宇宙的概念就是利用互联网虚拟现实和增强现实，搭建一个虚拟时空，在元宇宙中拥有与现实世界相映射的社会和经济系统，在现实世界中的个体可借助于数字化身份存在于其中。

元宇宙一方面逼真模拟了一部分现实世界中的时空规定性；另一方面又超越、解放了一部分现实世界中的时空规定性。

元宇宙具有庞大的地理空间供用户选择、探索。一种发展方向是由AI生成现实世界所没有的地图；另一种是以数字的方式生成与现实世界完全一致的地图。

元宇宙是开放的可编辑世界，用户可以购买/租赁土地，修建建筑物，甚至改变地形；

元宇宙与现实地理的重合可产生大量虚实融合场景；

元宇宙将以虚实融合的方式深刻改变现有社会的组织与运作；

元宇宙不会以虚拟生活替代现实生活，而会形成虚实二维的新型生活方式；

元宇宙不会以虚拟社会关系取代现实中的社会关系，而会催生线上线下一体的新型社会关系；

元宇宙并不会以虚拟经济取代实体经济，而会从虚拟维度赋予实体经济新的活力。

三、元宇宙的底层是P2P、点对点互联的网络

元宇宙的底层是P2P、点对点互联的网络，从而在逻辑上绕过了对平台中介的需求，对建立在集中化、可层化原则的组织结构形成了挑战。在实践中，虚拟货币的持有量越来越向大户和机构倾斜，这又带来分配结果上的中心化和垄断。

作为"大规模参与式媒介",使得元宇宙的主要推动力来自用户,而不是公司。元宇宙是无数人共同创作的结晶。在内容市场趋向充分竞争的过程中,资本将寻找优秀的内容创作者予以支持。如果平台没有可观的变现机制,优质内容与大型资本的绑定将越来越牢固。

四、虚实融合是互联网发展的大趋势

大规模元宇宙的产品化还十分遥远,但虚实融合已是互联网发展的大趋势。

1. 推动元宇宙相关专精特新技术发展,如云计算、数字孪生、VR、AR、大数据、物联网、人工智能、智能硬件等。

2. 推动元宇宙相关行业发展,如智慧城市、智慧园区、智能汽车、电子商务、数字旅游、教育类、游戏、心理治疗、老人陪伴、国潮、时尚等。

2021年是元宇宙元年,意味着人类社会正在从物理世界向数字世界迁移,并最终进入虚拟与现实融合交织的数字平行世界,6G、区块链、VR、AR、MR空间计算、IoT、大数据、DeDi、NFT、DAO等前沿技术的深度融合,构建了元宇宙的数字基底座。

五、元宇宙的三大关键要素

元宇宙的三大关键要素分别是:互存在感、互操作性和标准化。

互存在感是指用户的体验,指用户在虚拟空间与他人在一起的感觉,这种感觉的实现需要借助于虚拟现实技术与设备,主要提高在线互动的质量。

互操作性是指虚拟资产可以在虚拟空间自由流通,数字商品可以实现跨界转移,这些都依赖于加密货币和不可替代通行证等区块链技术的支持。

标准化是指实现元宇宙平台与服务互操作性的关键。

文明:具有四大核心属性,一是有同步和拟真虚拟空间与现实社会高度同步,必须相互连通，可以开展几乎真实的交互活动，对元宇宙来说同步和拟真的虚拟世界是其形成的基本条件。现实生活中发生的所有事件都将同步到虚拟世界，世界用户在元宇宙开展交互活动，也可以获得近乎真实的反馈。二是开源和创造。开源有两大内涵：技术开源、平台开源。元宇宙通过标准和协议对代码进行封装，形成不同的模块，支持所有的用户开展创造活动，从而构建一个原生的虚拟世界，推动元宇宙的边界不断扩展。三是永续元宇宙会以开源的方式持续运行，不会暂停或者是结束。四是闭环经济系统，元宇宙也有统一的货币用户可以通过工作获得货币，然后使用货币，消费也可以按照一定的比例将其置换为现实生活中的货币。

六、元宇宙产业链包括的四个环节

一是底层架构，是由区块链和NFT，也就是非同质化代币组成。二是有后端的建设CPU、云端和AR。三是前端设备，AR和VR可穿戴设备。四是场景内容，有游戏、智慧医疗、工业设计、智慧教育等。

元宇宙开拓有三个阶段，一是基础应用阶段，比如在游戏、社交、娱乐等领域进行探索。二是延伸应用阶段，如医疗、建筑、培训、教育等。三是应用生态，基于前期的探索，元宇宙全景社交逐渐成为虚拟现实的终极应用形态。

VR和AOS的技术在网络购物领域的广泛使用：用户在购物过程中可以直观地看到衣服在自己身上呈现的效果，从而可以做出最合理的购物体验。这种沉浸式购物体验是一种丰富感官的行为形式，实际上它承载着和区块链相似的功能，也就帮助用户获得更多真实的有用的信息，完成虚拟体验与现实世界的交互。

在第二个阶段，比如人工智能大数据、工业智能化等技术极大地提高了生产率，导致现实世界的劳动力需求大幅下降。虚拟世界的内容不断丰富，可以满足人们的娱乐消费需求，满足人们的工作生活需求等。在这一阶段人工智能仿生，人工基础引擎等业务实现商用变现。

七、元宇宙的用户如同生活在其中的居民

可以根据需要设立相关的规则创造出丰富的数字资产，也可以建立起社群等不同的组织结构，并最终演化成一种文明生态，例如华夏上古文明等。元宇宙的技术架构包括五大基础层面，分别是网络环境、虚拟界面、数字处理、认证机制与内容生产。网络环境，如XR，设备上的分辨率达到4K以上，虚拟界面需要CR、AR等虚拟界面。数据认证是指人工智能可以满足云计算等认证，数字数据处理认证机制。网络可以使解决价值归属和流通变现，内容生产、数字孪生体系可以获得丰富的拟真环境。

VR云化是指云计算、云渲染等技术融入VR、AR，利用高速率、低时延、高稳定性的5G、6G网络或全光网的千兆级家庭宽带，将关键数据上传至云端，利用功能强大的硬件进行处理，输出音频、视频信号，经过VR显示出来。VR云化有三大特点：一是数据处理以及渲染全部在云端完成，用户无须拥有高端设备，降低了使用成本。二是VR云化消除了设备与终端之间的连接线。云端渲染，降低了对设备性能的要求，使得VR头像显得更加轻量化，极大地提升了用户体验。三是VR云化可以对各种生态要素进行整合，实现做好VR内容版权的保护，人类可以构建一个与真实的宇宙法则无限接近的元宇宙，这样就形成了一个虚拟世界。

八、元宇宙的价值链

元宇宙的价值链包括几个方面，分别是体验、发现、创作者经济、空间计算、去中心化、人机交互和基础设施。凡涉及这些领域的企业，在布局元宇宙方面有天然的优势，上述的生活场景要素构成，入驻体验，主动发现机制（用户主动寻找包括实时显示、社区驱动、内容应用商店、搜索引擎、口碑媒体）。

对于创造者来说，比如在游戏商店里边的软件开发包，可以应用于不同的游戏环境。如

果大范围使用应用,可以将非纪实性的社交网络转变为实时的社交活动,赋予社群领导者一定的权限,让社群领导者发起活动成为一种潮流。

创作者时代,用户可以在不了解代码的情况下,几分钟内构建一个启动网站,这些平台运用完整的工具体系,具备发现社交网络和货币化功能,为用户体验提供了强有力的支持,使创作者的群体迅速壮大。空间计算是数字孪生的镜像世界,空间计算层包括3D引擎,VR、AR、MR语音和手势识别、空间映射、数字孪生。

九、数字孪生应用

简单地说,数字孪生就是参考周围真实的物理世界,按照1∶1的比例在虚拟世界创建一个数字孪生体。在这个过程中,数字孪生将物理世界映射到数字与周边,成为一个数字体,赋予数字世界基本的生长元素,最终实现数字孪生虚实相生。

随着数字孪生技术的不断发展,物联网的连接对象覆盖了实物及其虚拟孪生,促使实物对象空间与虚拟对象空间不断融合,创建了一个虚实混合空间,物联网也将发展成为新一代的数字孪生网,成为元宇宙的核心。

随着技术的不断发展,数据越积累越多,数字孪生应用将不断升级,让每一位用户都随时拥有,也可拥有可随时触达的数据交互与决策能力,让每一位普通用户都能如同专家一样。虚实结合就是要以大数据为基础,与人工智能技术紧密结合,以增强现实元宇宙,需要充分发挥互联网、物联网和大数据的优势,利用物理网传感器物理收集各类信息,增强用户的互动感和体验感。

元宇宙之所以与网络游戏等内容不同,主要区别在于元宇宙能够稳定坚实地存在个体的社交身份和资产权益,而资产权益的稳定性正是一个社会能够源源不断地提供幸福感的保障。元宇宙这一与现实世界相同的底层逻辑,也就使得其获得了无限发展的潜力。

十、VR、AR、人工智能等技术的赋能

消费者在线上购物的过程中，将获得更加丰富的信息和更加直观的体验。

线上购物的发展可以追溯至电话购物之后，随着互联网的发展成为图文电商，直到现在的直播和内容电商。在整个过程中，用户通过平台获取的信息量不断增加，购物体验持续提升，通过直播电商，用户可以获得商品的完整信息，对商品做出全方位的了解。

在元宇宙中用户的消费体验将进一步提升，在VR和AR等技术与产品助力下，消费者可以更加直观地获取产品信息，享受更具有沉浸式体验感的购物体验。

随着真实世界的所有空间都出现在元宇宙电商，必将呈现出线上线下相融合的状态，这种情况下电子商务的概念也随之消失。总而言之，沉浸式消费将成为元宇宙流行的消费趋势，会带给消费者与众不同的消费体验，而且沉浸式消费的内容极其丰富，除常见的购物外，还可以看到房屋装修、远程看房模拟、旅游景点、穿戴式设备和触觉传感技术，可以享受到具有更加沉浸式的购物体验。

例如，NFT为数字艺术品增加独一无二的链上ID，使得每个数字艺术品可以追溯确权，成为稀缺品。在NFT的支持下艺术品实现了控制权和编辑权的分离，艺术家享有对作品的修改权，而且可以获得作品的永久股权。

十一、在元宇宙中很多品牌会采用虚拟形象和虚拟偶像作为代言人

很多品牌掀起了虚拟人代言的热潮，例如蜜雪冰城的"雪人"，还有的品牌构建虚拟购物偶像。这在元宇宙可以迅速占据有利位置，元宇宙数字产品拥有一些具有独特性、追溯性、稀缺性等数字形式的建筑物，也就拥有区别于现实世界建筑物的价值，成为人们资

产的一部分。

线上购物更加方便快捷，但难以获得全面的商品信息。依托元宇宙的底层经济系统，用户也能够在其中购物，而且这种模式基本综合了两种以上购物模式的优点，极大地提升了用户的购物体验。

根据元宇宙的设想，虚拟空间的任何物品都能够NFT化，依托独特的加密技术，元宇宙的商品能够自由流通，而且不受任何第三方平台的制约。

十二、元宇宙在土地方面的应用，也就是在房地产方面的应用

土地是元宇宙中重要的一个资产，也就是用户进行一切创作的价值载体。如同在现实生活中，所有的建筑物都必须依附于土地一样，土地内的3D虚拟空间可以分割成地块，通过Declare、坐标进行区分。因此，每块地块都包含着坐标和所有者等信息，其价值也会受到人口密度、商业密度等价值因素的影响，土地除其经济价值外还拥有生态价值、文化价值和社会价值。

由此可见，在元宇宙构建的虚拟世界中，也有着跟现实世界类似的房地产概念，尤其是地理位置会在很大程度上影响一块土地的价值。如果一块土地比较靠近中央广场或者街道，用户流量会比较大，这意味着这块土地所有者更容易通过售卖商品或者服务而获利。

除地理位置外，内容对土地的影响也很大。比如，在现实生活中往往风景优美或建筑奇特的地方会吸引大量的游客，而人流量的增加会带动周边经济的发展，从而使该区域的经济价值提升，虚拟世界也是如此。

十三、优质的内容会吸引大量的用户

优质的内容会吸引大量的用户，从而提高该地块以及附近地块的价值。优质的内容可以是建筑物本身，也可以是建筑物中的设施或者展览物，在元宇宙中建造的虚拟博物馆，能够满足博物馆爱好者的需求，用户足不出户可以与心仪的名作进行近距离接触。这不仅对在现实中经济条件较差的创造者而言是一个巨大的福利，而且能够大幅提升NFT的价值，由此形成的正反馈效应，能够促进元宇宙等虚拟空间良性发展，使用户更有动力创作具有价值的内容。

值得一提的是，在虚拟元宇宙中土地与现实是紧密相连的，新的地块不能脱离已有的地块而存在，这种地块之间的联系，有利于创造者打造相关性的商业系统。而从用户角度看，地块的紧密有序也有利于其对未知世界的探索，元宇宙地理位置的优越和拥有优质内容的土地的商业潜力的爆发力更大。

十四、从代币来说，代币可以购买空间内的所有交易

用户进行活动所需要的姓名、形象、土地、物品等交易，用户参加各种娱乐或者购买数字音乐、数字产品都通过代币用作元宇宙自运行的维持。元宇宙的搭建包括三个层面，一是需要人工智能技术提供所需要的内容，二是需要VR技术为其用户带来沉浸感，三是需要区块链技术支撑底层的经济系统。例如，Soul在打造年轻人的社交元宇宙的构想，Soul是基于兴趣图谱的游戏化玩法进行产品设计，聚焦虚拟社交网络的构建。由于以算法进行驱动，因此，Soul与元宇宙在某些层面上不谋而合，通过群聊派对等创新的玩法，能够给用户带来低延迟性和沉浸式的社交体验。

十五、元宇宙的资产价值

元宇宙之所以能够在资本圈和科技圈大热，主要是因为这种新形态背后蕴含的经济效益，而与元宇宙基因契合的虚拟偶像能够以技术驱动IP变现具有巨大的商业价值。

为了解决资产流转问题，元宇宙将创建一个独立的金融体系。

利用超级账本将虚拟资产以链上资产的形式记录下来，利用智能合约进行交易，金融体系会利用哈希算法保证数据的一致性，防止数据被篡改，并利用非对称加密算法建立安全的账户体系，可以让元宇宙内的资产真正流通起来，这是资本最看重的一点。

常用专业名词英文缩写之名词解释

【AARRR模型】Acquisition、Activation、Retention、Revenue、Refer的缩写，移动应用生命周期中的五个重要环节，分别为获取用户、提高活跃度、提高留存率、获取收入、自传播。

【ABCD+2I】Artificial Intelligence 人工智能、Blockchain 区块链、Cloud Computing 云计算、Bigdata 大数据、物联网The Internet of Things、IP的缩写。

【ACGN】Animation Comic Game Novel，动画/漫画/游戏/小说的总称。

【ACU】Average Concurrent Users，平均同时在线人数。

【AI】Artificial Intelligence，人工智能，是研究、开发用于模拟、延伸和扩展人的智能的理论、方法、技术及应用系统的一门新的技术科学。

【App】Application，一般指手机程序或手机软件。

【AR】Augmented Reality，增强现实，是通过计算机系统提供的信息增加用户对现实世界感知的技术，将虚拟的信息应用到真实世界，并将计算机生成的虚拟物体、场景或系统提示信息叠加到真实场景中，从而实现对现实的增强。

【ARPPU】Average Revenue Per Paying User，每付费用户平均收益。

【ARPU】Average Revenue Per User，平均每活跃用户收益。

【ASP】Application Service provider，应用服务提供商。

【B2B】Business to Business，企业对企业的电子商务，如阿里巴巴。

【B2C】Business to Customer，企业对个人的电子商务，商家对顾客。

附件 常用专业名词英文缩写之名词解释

【BBS】Bulletin Board System，电子公告板。

【C2B】Customer to Business，消费者到企业。

【C2C】Customer to Customer，个人对个人的电子商务，如淘宝。

【C2M】Customer-to-Manufacturer，用户直连制造，是一种新型的工业互联网电子商务商业模式，又被称为"短路经济"。

【CAC】Customer Acquisition Cost，用户获取成本、获取用户所花费的成本。

【CHI】Computer-Human Interaction，人机交互。

【Coser】对Cosplay扮演者的称呼。

【Cosplay】Costune Play，扮装游戏，一般指利用服装、饰品、道具以及化妆来扮演动漫、游戏及影视作品中的人物角色。

【CPA】Cost Per Action，每行动成本，按行动收费。

【CPC】Cost Per Click，每点击成本，按点击收费。

【CPM】Cost Per Mille，每千人成本，按千人展示计费。

【CPP】Cost Per Purchase，每购买成本。

【CPR】Cost Per Response，每回应成本。

【CPS】Cost Per Sale，按佣金收费。

【CPT】Cost Per Time，按市场计费。

【CRM】Customer Relationship Management，客户关系管理。

【DAO】Decen-tralized Autonomous Cooperation，分布式自治组织。

【DAU】Daily Active User，日活跃用户数量。

【DCC】Data Center Cockpit，云端数控中心。

【DMP】Data Management Platform，数据管理平台。

【DNU】Day New User，日新增用户。

【DOU】Day Old User，日登录老用户人数。

397

升级
新场景 新推广 新销售 新招商 新运营讲义要点

【DSP】Digital Signal Processing，数字信号处理。

【DSP】Demand-Side Platform，需求方平台。

【DT时代】Data Technology，数据处理技术，电商时代的概念。

【EDM】Electronic Direct Mail，电子邮件推广。

【ERP】Enterprise Resources Planning，企业资源计划基础信息系统。

【Food+Platform】以吃为核心的用户平台。

【H5】HTML的第5版，是第5个版本的"描述网页的标准语言"。

【IAAS】Infrastructure-As-A-Service，基础设施即服务。

【ID】Identification Identity，身份识别号。

【IM】Instant Messaging，即时通信。

【IP】Intellectual Property，互联网时代的人格化定义标签。

【KOC】Key Opinion Consumer，关键意见消费者。

【KOL】Key Opinion Leader，关键意见领袖。

【KPI】Key Performance Indicator，关键绩效指标，企业绩效考核的方法之一。

【LBS】Location Based Service，基于移动位置服务。

【LTV】Life Time Value，生命周期价值。

【M2B】Manufacturer to Business，制造商与经销商进行直接贸易的电商模式。

【MAU】Monthly Active Users，月活跃用户人数。

【MCN】Multi-Channel Network，一种多频道网络的产品形态，将PGC内容联合，在资本的有力支持下，保障内容持续输出，从而最终实现商业的稳定变现。

【MID】Mobile Internet Device，移动互联网设备。

【MPS】Mobile Position Service，移动定位服务系统。

【MR】Mediated Reality，介导现实，VR是纯虚拟数字画面，包括AR在内的Mixed Reality是虚拟数字画面+裸眼现实，MR是数字化现实+虚拟数字画面。

附件
常用专业名词英文缩写之名词解释

【NFC】Near Field Communication，近距离无线通信技术、短距高频无线电技术。

【NPS】Net Promoter Score，净推荐值。

【O2B】Order To Business，以国际订单信息精准有效匹配供应商的新一代外贸拓展服务。

【O2O】Online To Offline，在线离线/线上到线下，是指将线下的商务机会与互联网结合，让互联网成为线下交易的平台，这个概念最早起源于美国。

【Omni-ChannelRetailing】全渠道零售，指企业能够随时随地满足消费者的个性化需求。

【OMTM】One metric that matters，北极星指标，指唯一重要的指标。

【OSO】Online Service Offline，结合当前O2O模式与B2C电商模式，再把用户体验和服务纳入的新型电商运营模式。

【OTT】Over The Top，通过互联网向用户提供各种应用服务。

【PAAS】Platform-As-A-Service，平台即服务。

【PC】Personal Computer，个人计算机。

【PCU】Peak Concurrent Users，最高同时在线人数。

【PGC】Professional Generated Content，专业生产内容，指平台（如视频网站）或者专家如微博专业生产的内容。

【Pop-up shop】快闪店。

【PPC】Pay Per Click，点击付费广告。

【PV】Page View，页面访问量、浏览量或点击量。

【RFID】Radio Frequency Identification，射频识别。

【RFM】Recency Frequency Monetary，用户模型。R表示客户最近一次购买的时间有多远，F表示客户在最近一段时间内购买的次数，M表示客户在最近一段时间内购买的金额。

【RTB】Real Time Bidding，实时竞价。

【RV】Repeat Visitor，重复访客数量。

【S2B】Supply chain platform to Business，云零售；S是一个大的供应（链）的平台，大幅度提升供应端效率，B是指一个大平台对应万级、十万级甚至更高万级的b，让它们完成针对客户的服务。

【SAAS】Software-As-A-Service，软件即服务。

【SCRM】Social Intercourse Relationship Management，社交客户关系管理。

【SEM】Search Engine Marketing，搜索引擎营销。

【SEO】Search Engine Optimization，搜索引擎优化。

【SKU】Stock Keeping Unit，库存量单位。

【SNS】Social Networking Services，社交网络服务，社会性网络服务。

【SoLoMo】社交（social）+本地化（local）+移动（mobile）。

【SPU】Standard Product Unit，标准产品单位。

【SSP】Sell-Side Platform，供应方平台。

【TMT】Technology Media Telecom，数字新媒体。

【Two Dimensions】二次元。

【UCD】User Centered Design，以用户为中心的设计。

【UE or UX】User Experience，用户体验，指以用户体验为中心的设计。

【UED】User Experience Design，用户体验设计。

【UGC】User Generated Content，用户原创内容。

【UI】User Interface，用户界面。

【UV】Unique Visitor，独立访客，唯一访问量。

【VMD】Visual Merchandise Design，"视觉营销"或者"商品计划视觉化"。

【VR】Virtual Reality，虚拟实境，利用电脑模拟产生一个三度空间的虚拟世界，提供使用者关于视觉、听觉、触觉等感官的模拟，让使用者如同身临其境一般，可以及时、没有限制地观察三度空间内的事物。使用者进行位置移动时，电脑可以立即进行复杂的运算，将精确的3D世界影像传回产生临场感。

【VV】Visit View，访问次数。

【WAU】Week Active Users，周活跃用户人数。

附件
常用专业名词英文缩写之名词解释

		常用互联网媒介工具栏
媒体平台	搜索平台	夸克、搜狗搜索、360搜索、必应搜索、百度、Google、QQ浏览器、UC浏览器
	短视频类	社交型：抖音、多闪、快手、秒拍、抖音火山版、B站
		工具型：美拍、小咖秀、Faceu激萌、逗拍、小影
	视频类（综合类）	爱奇艺、腾讯、优酷、西瓜视频、咪咕
	直播类	娱乐直播：抖音、快手、映客、花椒、Isplay玩潮、一直播、六间房
		游戏直播：虎牙、斗鱼
	音频类	喜马拉雅、荔枝FM、蜻蜓FM
	微博类	新浪微博、腾讯微博
	问答类	知乎、悟空问答、百度知道、新浪爱问知识人、搜狗问问
	门户头条类	今日头条、百度号、大鱼号、搜狐自媒体、企鹅号、一点资讯、虎扑、36氪
	论坛贴吧	百度贴吧、新浪论坛、西祠胡同、天涯
	电商类	平台电商类：淘宝、天猫、京东、微店、聚划算、唯品会、苏宁易购
		社交电商类：拼多多、美团、大众点评、盒马、有好东西、达令家、小红书、闲鱼、小米有品、每日优鲜、识货App
	分类信息平台	hao123、58同城、赶集网
	SNS社交网络服务平台	校园娱乐类：人人网、开心网等
		即时通讯类：QQ、微信、探探、陌陌等
		视频类：快手、抖音、虎牙等
制作工具	视频制作	App软件：图虫、快剪辑小影手机版、VUE、Quik、极拍、美拍、爱剪辑、逗拍、八角星、会声会影、趣推、巧影、inshot视频编辑、酷爱剪辑视频编辑、Vlog视频剪辑、智能证件照、最美证件照制作、咔咔视频制作、剪映
		特效制作：App：VUE、Quik、美拍大师、Slow Fast Slow、Action Movie FX AR
		视频特效软件：视+AR
	长图文制作	创客贴、图小白、稿定设计
	微信文章编辑	135编辑器、秀米编辑器、96编辑器
	二维码制作	草料、Q码、微微二维码等
	H5	易企秀、凡科互动、易速推
	GIF图	创客贴、55图片在线编辑、动图制作器App、激萌、美图秀秀
	文案写作	范文模板平台：新榜、西瓜助手、第一范文网
		精选内容平台：豆瓣、知乎、抖音等
		付费内容平台：知识星球
		开设写作课程平台：千聊
		出书平台：简书
		1v1进阶咨询：在行、知识星球
		其他素材网：TOPYS、梅花网、广告门、4A广告提案网
		微媒体排行榜、微素材、微口网、爱微帮微榜
		验证敏感词的方法： 1. 微信搜栏里输入"微信指数"出现一个小程序，进入小程序后，在搜索栏输入你想查看的任何词语，都能看到它的24小时热度、7日热度、30日热度和90日热度； 2. 微信公众号阅读量最高的文章的标题，看它们用的哪些词汇
	热点热搜	热度搜索平台：即刻
		蹭热点：微博热搜榜、微博"发现"界面、新榜排行榜、搜狗微信热搜榜
		热点评论区：新浪微博、网易云音乐、知乎、天涯、抖音评论区
制作工具	微博引流	蹭热点：微博热搜榜、微博"发现"界面
		涨粉：互粉大厅、互粉加油、互粉小助手、互粉赏金榜、贝贝微助手、互推达人、推兔互粉、多推、狠狠转、牛牛助手、微博互粉网、优推推、微推推、狗狗互粉
		微博活动： 1. 大转盘：微博官方的限时抢购活动，微博用户可以通过大转盘进行抽奖； 2. 有奖征集：活动参与人需要发布一条微博，内容中需要带有与该活动相关的话题； 3. 免费试用：电商平台常用的活动类型，微博也可以发起
	社群管理工具	建群宝、WeTool、小U管家、一起学堂、第九工厂、活动行
	投票软件	投票帮、腾讯投票
	小程序工具	小程序第三方开发服务公司：青雀小程序开发平台、即速应用、Coolsite360
		小程序论坛：蜂鸟小程序开发者社区、咫尺论坛
		红包小程序：包你拼、包你说、包你K歌
		裂变工具：立减金、分享优惠券、助力享免单
	线下红包	红包盒、微信摇一摇：线下发红包的智能盒子
		基于iBeacon、近场定位、周边互动，顾客领红包，商家赚人气，品牌有曝光；将线上线下的场景连接起来
	优惠券形式	代金券、折扣券、提货券、积分兑换券、赠券、特价券、贵宾券、体验券、买赠券、促销单、电子欢唱券、DM单等
	软件点击外挂	互点宝、推白拉
	趣味性测试	百度搜：趣味测试，包括很多脑筋急转弯、心理测试、算术题、星座测试；或天涯、QQ兴趣部落、陌陌圈子
	活动平台	互动吧
	SEO分析工具	百度指数、站长工具
	流量统计工具	友盟+、51.LA
	其他	小鹅通、荔枝微课、千聊、知乎Live、U聊客服系统、小打卡、群大师

401

感 谢

书稿即将付梓，作为一个运营两个公司的人，能抽出时间写出这样一本介绍商业地产如何实现互联网化，指导实体商业如何实现模式升级的工具书，对于时间和体力来说，实在是一个大的挑战。

这本书的写作历时5年之久，非常感谢所有的支持者！首先感谢我的家人，没有家人的支持，我便无法完成这本书的写作。

感谢我的编辑韩硕，没有她的孜孜不倦的努力，写作这么庞大的书稿几乎是不可能的。还要感谢金数巨公司的马波、张学园，非常多的素材和资料的查询是他们协助完成的。

由于互联网的飞速发展，商业地产的品牌也在快速发展变化。书中的一些案例也许很快就有了变化，但是本书的整体思路和提炼总结的内容，依然可以供大家学习和借鉴。

想在一本书里把新零售完整地写清楚是不可能的。这个系统非常庞大，本书只是作者从总结多年从业经验的角度，谈了一些体会和感受。抛砖引玉，从中一窥其貌。

再次感谢中国商业出版社的领导及编辑，是他们求真务实的工作作风和对书稿的精益求精，才使这本书得以顺利出版。

期待着愿意深造的读者，参加我的线下讲课，很多未出版的内容以及花絮可以在线下进行深度交流和分享。

作　者

2022年12月